Deutschland

Kennen und Lieben

品读德意志

鲁成文❀著

重庆大学出版社

图书在版编目（CIP）数据

品读德意志 /鲁成文著. —重庆：重庆大学出版社，2012.3
ISBN 978-7-5624-6579-9

Ⅰ.①品… Ⅱ.①鲁… Ⅲ.① 德国—概况 Ⅳ.
①K951.6

中国版本图书馆CIP数据核字（2012）第024408号

品读德意志
pindu deyizhi
鲁成文 著
策划编辑：周 晓
责任编辑：李桂英 邓桂华 版式设计：周 晓 黄俊棚
责任校对：邬小梅 责任印制：赵 晟
*
重庆大学出版社出版发行
出版人：邓晓益
社址：重庆市沙坪坝区大学城西路21号
邮编：401331
电话：（023）88617183 88617185（中小学）
传真：（023）88617186 88617166
网址：http://www.cqup.com.cn
邮箱：fxk@cqup.com.cn（营销中心）
全国新华书店经销
`重庆升光电力印务有限公司印刷
重庆市金雅迪彩色印刷有限公司装订
*
开本：940×1360 1/32 印张：7.5 字数：259千
2012年3月第1版 2012年3月第1次印刷
印数：1–3 000
ISBN 978-7-5624-6579-9 定价：25.00元

Contents
目　录

Deutschland Kennen und Lieben

第1节　维也纳

遥远又切近的爱—有些别扭的奥地利—圣·斯特凡大教堂—马勒在维也纳—将歌剧带入20世纪的贝尔格—德国表现主义的先驱毕希纳

遥远又切近的爱

最初的秋天，去北京的飞机上，开始读李长之先生的《德国古典精神》。

李长之先生是中国著名的现代作家、文学评论家和文学史家。在西学东渐的潮流中，他博采西方文化，尤其垂青德意志精神。1931年，他考入清华大学生物系，两年之后，在友人的介绍下，他读罢康德的《关于优美感和壮美感的考察》，从那时开始，他就服膺德国文化，并掉头转入哲学系。

在李长之的心里，德国人有一种精确性、神秘性、彻底性和热狂性，这四性成为了德意志一切学术、思想、文艺和技术的基础，而德意志民族是一个坚实而有活力的民族，“他们很有青年气，坦白而直率，所好所恶表现得极其明白”。1943年，李长之将自己的精研细虑整理为《德国的古典精神》出版，其中以温克尔曼、康德、歌德、席勒、洪堡和荷尔德林6位光辉人物作为评述和歌颂的对象。

当飞机降落在首都机场，北方的阳光里只剩下几颗夏天的粒子；我的胸中却又为德意志迎来了澎湃的秋日之波。我伫立着，继续想李长之之所叹和之所憾。

李长之在《德国古典精神》的自序结尾上如此写道：“假如精神上没有共鸣，原无所谓了解。因此，我并不期望人人能向往这个古典时代！”——这是我所认同的李长之之所叹。我还记得，早几年请武汉大学的德国哲学研究大家邓晓芒先生喝咖啡的时候，他也说过，即便你认为德国文化再好，也不可能希望每一个人都成为德意志人。他俩的深意我都理解，更可以说，我在这方面的思想比他们都有过之而无不及。

一个民族始终是一个民族，另一个民族始终是另一个民族。

一个人始终是一个人，另一个人始终是另一个人。

有些事理是无法去改变的，因为命定如此——个人之命如此，群体之命也如此。

李长之之所憾，确实太过巨大！这样一位被德意志文化悦志悦神的中国人，早在1935年，就诗赠赴德留学的季羡林，“你，我的益友，你去了，唯一的相赠，就是：/ 有我们的勇气，有我们的道路”。而他自己，由于各种原因，却一辈子也没有踏上德意志的土地一步，德意志之行构成了他至死也未能圆成的一桩大梦。

至于邓晓芒先生，也许是对自己要求过严，以为自己的德语口语还未入化境，因此对德意志的实地之行不是过于热衷。

《希腊女孩》。温克尔曼促使德国文化彻底摆脱了法国古典主义的影响，走上了将古希腊当做理想加以崇敬、加以效仿和加以学习的轨道

这种实际的空间间隔未必就没有什么积极意义。

“相见时难别亦难。”

不得见时，情感的饥渴更强，运思的理想性更高。

我还好——当我的情感饥渴越来越强的时候，当我的理想性越来越高的时候，我命令我自己：不要再为我的一生留下最大的遗憾。于是，我不顾我德语能力的空无和英语能力的低下，只凭着我热烈的心，去那块神秘和热狂已动荡在地幔之中的大地上，留下了我深沉而可爱的足迹。

这一雄奇旅程的第一步，我却迈得何其艰辛！

据2010年的《中国的人力资源状况》白皮书公布：近31年里，中国人去国外求学的有162万之众，而回来的只有50多万人。其中的原因，如果不是“地球人都知道”，至少我们一些中国人都知道。对这种结果的评价，有人会说“仁者见仁，智者见智”，但就怕仁者不仁，智者不智。更可怕的是，我们的身边，根本就没有什么仁者和智者。

几年前，各个国家的人都在津津乐道“地球村”，我理解那种团结的愿望首先是起于对外星人的设想和恐惧。人有时是非常理性的，也可以说是非常圆滑的吧。他们能从大到小、从宏至微地将自己隶属于不同规模或不同性质的集体。对死人来说，他们是活人；对外星人来说，他们是地球人；对外国人来说，他们是本国人；对外省人来说，他们是本省人；对外县人来说，他们是本县人；对他族人来说，

柏林博物馆岛上一座桥上的鹰雕塑。德国人爱鹰，折射出他们民族性中很强的阳性因素

霍亨索伦堡彩色玻璃画上象征王权的鹰

德国国会大厦内的鹰样标志物

霍亨索伦堡大门处的鹰雕塑

他们是本族人；对外班人来说，他们是本班人；对外俱乐部的拥趸来说，他们是本俱乐部的拥趸。那种从大到小、从宏至微的归属法，无疑是更现实的路子，也可以说是更阴暗的路子。相反，那种从小到大、从微至宏的归属法，却随时随地散发出无比光明和无比洒脱的气息。只是，还没有更多的人在更多的时候作如此想。这样，天下太平与全球和谐的景况就似乎总是一种梦幻而已了。

有些人，该想的不去想，不该想的却想入非非。自己窝囊，让他能影响的周围的人都跟着窝囊；自己不能更光明一些，让他能影响的周围的人都难以坦诚起来。中国人的“折腾”，至少这种人要负三分之一的责任。

眼看我的德国之行就要夭折，好在还是有一些好心肠的人存在着，还有一些以正常的乃至超脱的眼光来看待世界和看待历史的人存在着，我得到了他们的帮助，终于坐在了那架飞向欧洲的飞机的舷窗之旁。

我总觉得：德意志民族作为一个速成的而且优秀的民族，其实典型地夹杂了“神”“人”“鬼”这三种存在的性质。如果说德意志文化可以被比喻为一部最为宏大的交响曲，那么其主题是三重的，即“神”“人”“鬼”三个主题。这三个主题在不同的历史发展阶段，呈现，发展，再现，激荡了自己，也激荡了全世界。

有关“神”“人”“鬼”的那些主题，本来是只想去德意志聆听的。在其他地方，我的听觉是不太敏锐的，甚至我有意让它失聪。但是，为了去德国游历，我不得不就在我无法永久脱离的土地上，首先听到个别鬼一般的厉声，我相信：它无法得到救赎，因为它是那样不值得救赎。

有些别扭的奥地利

我最希望我直接就飞向德国，在我的理解和愿景里，德国是德意志的真正核心和最充分体现。但不巧，我和一个团队要先同行5日，而且是先到奥地利。在我的理解和愿景里，奥地利似乎是对德国有所偏离的，奥地利并不能最充分地体现德意志的特质。

我对音乐的态度已经全然沉迷在古典音乐尤其是德意志古典音乐当中，但我要和一个团队先同行一段路程，他们却是一个中国民乐队，而且是十多个打着“十八芳华”旗号的中国姑娘，她们带着二胡、琵琶、扬琴，年龄都才20岁左右吧。老实说，不太喜欢她们，她们除了在技术上对她们手上的乐器能“玩”几手之外，对音乐的其他方面没有认识，没有感觉，这是对音乐这门最神秘和最伟大的艺术的一种最大的无知，简直可以被视为对音乐的亵渎。至于她们对音乐之外的其他方面的认识，我更没有从她们的言行处和神貌处看出更多的东西了。有些话也许不该说，有层薄纸也许不该去戳破。我想：她们，正是仗着自己的年轻，有些音乐细胞，还有些脸蛋与体形，极其

普拉特公园内金色的约翰·施特劳斯雕像

希望以一种非常混杂的方式为自己的生活找出一条路子来。

“原谅她们吧！”或者说：“饶恕我自己吧！”

当她们在维也纳普拉特公园的约翰·施特劳斯金色塑像前，摆开队形，演奏中国民乐的时候，其间还不停地变换姿势。那些扮相，对这个年龄段的女子而言，不是过分的天真，而是足够的妖娆。

只是苦了那些音乐，为什么我们必须以这样的形式来进行文化交流呢？听过和看过这样的演出的德意志人，最容易记住的，恐怕首先不是所谓的中国音乐，而是那些演奏中国音乐的姑娘们非常外在的“色”感。

即使不是直接去德国，飞机也没有直抵奥地利。需要先飞到奥地利西边的法国巴黎，再从那里转机向东飞回来，停到维也纳机场。

傍晚时分，从巴黎戴高乐机场起飞的飞机终于飞进了德国境内。我估算了一下，应当位于法兰克福一带的上空。

伴着我对瓦格纳伟大的歌剧《罗恩格林》音乐的想象，一种超越凡姿的暮色正在天上生成：但见云层连绵，色光瑰异，其主色有黑、红、黄，又正是德国国旗的那三种颜色。

我的心，终于安定起来。就像一个婴儿看到了他的摇篮，也像一个弥留者望见了他的墓地。

维也纳没有给我太激动的感觉，因为从一开始我就没有对这个奥地利的首都生出太多的热情。

我乘坐的飞机到达法兰克福上空

对于德意志，奥地利可谓是人正统了。

“奥地利”的词义为东部边疆。公元976年，神圣罗马帝国皇帝奥托在打败匈牙利人之后，将奥地利地区交付给立下赫赫战功的巴奔堡伯爵治理，并在公元996年将这块领地命名为“奥塔利”，其音与“奥地利”的发音很相似。

巴奔堡家族的王朝统治长达300年。1156年，当时的巴奔堡伯爵亨利赢得了公爵的头衔，并宣布定都维也纳。

当1282年巴奔堡家族的男系绝嗣之后，奥地利这块领土落入了哈布斯堡家族掌中。那时，这个家族中已经涌现出一个杰出人物鲁道夫，他在1273年登基为德意志国王。由于他所属的家族是从今日瑞士阿尔高州的哈布斯堡城市发迹的，因此他开启的王朝也被称为哈布斯堡王朝。从那时起，哈布斯堡王朝以公爵、大公和皇帝等身份统治奥地利一直到第一次世界大战结束，所以他们的王朝又称奥地利王朝。奥地利王朝还从1526年起统治匈牙利和波希米亚，在1504—1506年和1516—1700年统治西班牙和西班牙帝国。

在美因河畔的法兰克福被选为德意志国王的时候，鲁道夫·冯·哈布斯堡是个56岁的伯爵。他受的教育不多，几乎不会写字，喜欢穿着农夫的装束，被人轻蔑地称为“瑞士骑士”，但他的政治直觉非同寻常。

在那些手握重权的选举人们眼里，鲁道夫本来是作为一个合适的傀儡角色被看中的。但在加冕礼后，鲁道夫就预示性地宣布：“我已经不再是从前你们所认识的鲁道夫了。”他上任后的第一个功绩就是击败了波西米亚的奥图卡国王，吞并了他的全部领土，成为奥地利境内毋庸置疑的统治者，并买下了境内残留的巴奔堡王室的继承权。

哈布斯堡家族一直雄心勃勃地为自己争取更多的势力范围，在这一过程中，他们又特别倚重结盟和联姻的政策。所以有一位匈牙利国王曾说了这样一句讽刺话：“让别人发动战争吧，而你，幸福的奥地利，还是去安排联姻。战神马尔斯给别人带来的东西，你是从爱神维纳斯那里得到的。”

从1273年开始直到1918年，哈布斯堡王朝在奥地利境内的统治

维也纳金色大厅顶部

维也纳一座教堂的上部

有645年之久。而从1452年弗里德利希统一各公爵领地而成为皇帝开始，到弗朗茨二世皇帝在1806年8月6日发表关于废除德意志神圣罗马帝国的声明，德意志神圣罗马帝国的皇冠归属哈布斯堡家族也长达354年。

弗朗茨·约瑟夫在1848—1916年当政期间的统治区域，最北点在今日捷克的希尔格斯多夫，最南端在今日克罗地亚的东拉维查山区，最西段在伦巴第的马焦雷湖一带，最东点在今日乌克兰的奇利舍尼。

不过，这时的奥地利已经不能从根本上代表德意志来思考和行动了。以1853年的奥地利人口构成来分析，我们可以看见：在4 000万的总人口数中，德意志人只有850万，另外有1 600万斯拉夫人、600万意大利人、500万匈牙利人、100万犹太人和10万吉普赛人。可能正是因为这样一种人口构成的特殊性或者说是复杂性使然，史蒂芬·贝莱尔在他所著的《奥地利史》的导论中，能够这样写道：“奥地利人可以说是个没有历史的民族，奥地利历史则是一段没有民族的历史。”

自从拿破仑1805年年底在著名的奥斯特利茨战役中打败了作为第三次反法联盟主力的奥地利军队，并在次年与奥地利签订《普莱斯堡和约》之后，奥地利在德意志和意大利的势力被完全排挤。而普鲁士王国在德意志地区北方的崛起，使更多的德意志人相信：将建立一个强大而统一的德意志民族国家的殷切期望寄托在普鲁士身上更为可靠，因此，在普鲁士领导下统一德意志的小德意志道路比在奥地利领导下统一德意志的大德意志道路显得更为宽敞和可行。

如果奥地利帝国的统治者们此时还不甘心大权旁落的话，还想有所挣扎的话，他们可以祭出的最后一招也许就是所谓正统之说了。

有关强调正统的情形，美国驻奥地利公使约翰·莫特利曾从家谱这个角度这样写道：“没有这个证件的当地人，既不能登上月球，也不能进入社会。所以这个社会也小得可怜，大概不超过300人左右，他们之间均相互结亲或相互联姻：每一个人都认识另一个人，外人想挤进去是不可能的，也没有必要划出一条界限……即使一个奥地利人集莎士比亚、伽利略、纳尔逊和拉斐尔于一身，也不要想被维也纳的优秀社会所接受，除非他能拿出一份16代纯净的家谱来证明自己的身份。”

但是，太正统，其实也就意味着太成熟，也意味着可能最接近老迈乃至已然腐朽。太强调正统，未必收获到更多的拥戴。人心许多时候会造反，甚至为造反而造反，造所谓正统的反。许多人读罢《三国演义》，其感受往往是忤逆罗贯中意愿的。刘备的确正统，却正因为正统而招不少人讨厌。曹操的确不正统，祖父曹腾为宦官被封为费亭侯，父亲曹嵩是曹腾的养子，后来袭爵为费亭侯，但就是那样一个出身、那样一个乱世英雄相，却赢得了更多人发自内心的同情和热烈喝彩。其中的原因，就是所谓正统在人们心中久而久之会滋生出反作用。

也许，除了所谓正统，奥地利没有更多的上进心和进取的力量让人可以艳羡，尤其是当它不得不和普鲁士并排着接受人们的比较的时候。约翰·莫特利也非常锐利地发现了这样一些事实：在沙龙里，只有歌剧、普拉特公园和皇宫剧院三个话题，如果对它们无话可说了，那你就会如鱼困入了沙滩；而“维也纳也许是世界上按人口比例最少学习而最多跳舞的城市”。

音乐当然在奥地利找到了非常好的温床。19世纪上半叶，维也纳的人口不过才20万，却有近70家工厂在生产钢琴，音乐的普及程度及其在人们生活中的重要地位由此可见一斑。无论怎样，爱乐之人都首先应当感激奥地利。但是，音乐不是人类存在的全部内容，而且，如果音乐不能始终与个人或集体的崇高奋斗相联系的话，音乐也无法成

柏林的俾斯麦纪念碑。俾斯麦是德国统一的首功之人

19世纪末维也纳宫廷舞会，约瑟夫皇帝也参加其中

维也纳圆舞曲

为人类艺术的最高门类。当奥地利和维也纳已为舞曲、圆舞曲的音流淹没无余的时候，在它那里，还能看到多少属于德意志的强有力的希望呢？

圣·斯特凡大教堂

头天晚上9点才降落在维也纳机场，第二天下午3点多就离开了维也纳。时间如此匆促，但我并没有感到过多的遗憾。如果说还是有一些满足，那就是我进入并观赏了圣·斯特凡大教堂，这是我在欧洲进入的第一个教堂。

和许多著名大教堂占据着城市的要津一样，圣·斯特凡大教堂位于维也纳老城的焦点之处。它的哥特式南塔建成于1435年，但是本应建起并与之呼应的北塔却最终没有建立起来，在那个位置只剩下一个低矮的残堆。因为它无与伦比的高度，成为了防火观察哨的最佳设立位置。防火员在尖塔中段的阳台上观察全城是否出现火烛，白天某处起火时，他们会敲响大钟并升起红旗，当火灾发生在夜晚时，他们会向起火的方向点燃一盏灯。

圣·斯特凡大教堂非常别致的看点有三：一个看点乃至它的彩色斜屋顶，有时候让人的观后感像是一张被摊平的蛇皮。而在屋顶的一边，站立着象征哈布斯堡王朝的双鹰，在另一边塑着维也纳和奥地利军人的战袍。另一个看点就是，在其中的一个墓穴里，存放着用药物防腐处理过的许多哈布斯堡王朝统治者的脏器。还有一个看点是，虽然教堂建筑是哥特式样的，其内部的神坛原先也是哥特式样的，但在反宗教改革运动期间，那些哥特式神坛都被巴洛克式样的神坛取而代之。从这些建筑式样的嬗变上，人们可以透视宗教在奥地利和维也纳的历史演变。

新教曾于16世纪下半叶盛行于奥地利，维也纳的新教徒曾占有80%的数量优势，但哈布斯堡家族信仰的却是天主教，他们极力召集天主教徒前来维也纳。最后，是天主教重占了上风。罗马教皇曾称奥地利是“受上帝眷顾的小岛”，也有人说，辨别奥地利身份的明显特征就是那些非常显眼的天主教教堂，这些都可以算作是几点表面上的佐证。很可笑的甚至是很可怕的是，人们是那般乐于相信：在奥地利的世袭领地上，有很多原来的新教徒将他们对新教的信仰由公开式转变为了隐蔽式，他们在表面上尊奉天主教信仰，内心深处却对之深具怀疑乃至深持敌意。这种由来已久的传统于是推动了奥地利人形成怀疑任何将外表与内在划等号的思想倾向。

圣·斯特凡大教堂屡经兵燹之害。在第二次世界大战的最后几天里，大教堂的整个屋顶终于化为了灰烬。而在1683年，斯塔黑蒙伯格伯爵就是据守在南塔之上，指挥了抗击土耳其人围攻的战斗。当时，守军每天都要派人爬上大教堂的塔顶眺望远方，希冀着看到援军出现在一个或数个方向。

圣·斯特凡大教堂

维也纳至今有名的两种饮食习俗，据说就是在上述维也纳被困与解困的斗争中被催生的。月牙状的早餐面点据说是维也纳为了庆祝战胜土耳其穆斯林而特别烤制的。咖啡馆的出现，据说是和一个名叫科尔希茨基的波兰人有关。

作家赫维西曾这样描述维也纳的咖啡馆文化，

卢弗尔为维也纳咖啡戏剧馆设计的海报

“这就是维也纳咖啡馆：一切为了大家。它是初恋者约会的地方；是穿着一般的平庸之辈的俱乐部；是商贾洽谈的场所；是无家可归者的栖身之处；是快乐单身汉的聚会地……所有这一切，这小小的世界，飘逸着摩卡的芳香，你看，这就是咖啡馆文化。”

另一位作家彼得·阿尔滕贝格写得更出奇，“你有忧虑，有这样那样的忧虑……去咖啡馆！/她可能因某种原因，没有赴约来到你的身边……去咖啡馆！/你只有800先令，却支出了1 000先令……去咖啡馆！/你勤俭得没有给自己留下任何东西……去咖啡馆！/你身为官员，却更愿意成为医生……去咖啡馆！/你久久找不到意中人……去咖啡馆！/你内心绝望，欲寻短见……去咖啡馆！/你憎恨并蔑视某些人，但又少不了这些人……去咖啡馆！/你囊中羞涩，却借不到钱……去咖啡馆！”

作家弗兰茨·布莱1924年在《文学幻想世界》中，将那些经常出入维也纳咖啡馆的著名作家风趣地比喻为各种动物，卡夫卡就被比喻为老鼠，霍夫曼斯塔尔被比喻为长颈鹿，施尼茨勒被比喻为野马。

维也纳虽然不是欧洲最早拥有咖啡馆的都市，但它现在已成为举世闻名的咖啡馆城市，也是除瑞士苏黎世之外，欧洲唯一拥有咖啡文化历史博物馆的城市。但在维也纳被土耳其军队围困时，绝大多数维也纳人还对咖啡一无所知。

科尔希茨基当时穿梭于土耳其人的营区，为被围困的奥地利军队打探情报和传递消息。他操一口流利的土耳其语，轻而易举就和土耳其人混得火热。他也因此认识并喜欢上了土耳其人嗜喝的咖啡。维也纳重获自由后，科尔希茨基冲进土耳其人的营地，首先要掠取的就是那些已经让他上瘾的咖啡豆。后来，科尔希茨基因为立有军功而获得了这样一项特殊的表彰：他被允许开办“咖啡座”。不久，许多咖啡屋就接踵而至，之前还对咖啡相当陌生的维也纳人，纷纷被裹挟进了咖啡的浓香之中。

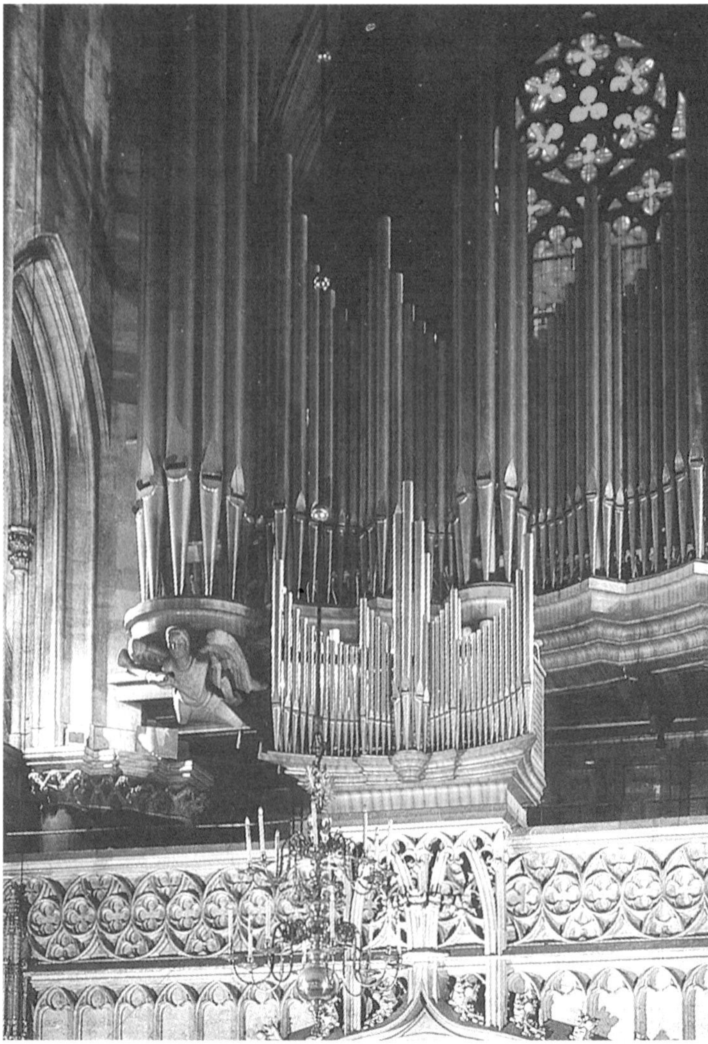

圣·斯特凡大教堂的管风琴

因为是在欧洲的第一次消费，我只有掏出一张500欧元的纸币来。我要买的也只是价格无法再低下去的商品：一张圣·斯特凡大教堂外景的明信片，一张圣·斯特凡大教堂内管风琴的明信片，总共才值2欧元。我绝非是蓄意找零，我确实很想要那两张夺我眼目的图像。

神职人员没有粗暴地拒绝我，也没有向我投来半点愤忿的眼光，虽然他有过瞬间的诧异。他还是简单地把纸币查验了一下，而后安然地收进了它，再耐心地找给我498欧元。要是在中国，恐怕很难有这样的待遇，50元的纸币都会被又搓又捏又擦又照，如果我们也印了500元一张的大币，又那样为买2元的东西将它递出去，还不要了收钱人的命！好在在圣·斯特凡大教堂能够这样找零，也许，欧元的防伪程度更高，也许，毕竟行为发生在教堂，又有多少人敢去糊弄神和诓骗神呢？

马勒在维也纳

维也纳此行还有一点让我满足的，是我站在了维也纳皇家歌剧院前。这座文化殿堂装饰繁复，音效优良，但出人意料的是，在其建设期间，大街的水平面升高了3英尺，使得歌剧院给人的感觉好像是有所下陷一般，一些批评家甚至以戏谑的口吻将之称为“建筑中的柯尼希格雷茨”，在奥地利和普鲁士于1866年进行的普奥战争中，奥地利正是在柯尼希格雷茨战役中被普鲁士打了个落花流水，从此国势颓丧。

马勒出生在捷克的波西米亚，母亲虽然出身在上流社会，但因为是跛脚，只有屈尊嫁给了开办着一个小酒厂的马勒父亲，他俩之间也许毫无真正的爱情可言，总是争吵不已，间或出现一些家庭暴力，而他俩生下了14个子女，其中，有8个先后夭折。这样的家庭背景决定了马勒形成自己异常敏感和矛盾的个性。后来弗洛伊德曾这样分析过马勒：“他父亲显然是一个粗鲁蛮横的人，对待自己的妻子极其恶劣。马勒小时候，有一次他们两人又闹得不可开交，小男孩再也受不了，从家中没命地逃了出来，此时他即听到街上一个手风琴师正在演奏流行的维也纳歌调《噢，亲爱的奥古斯丁》的曲调。马勒自己认为，这种人生至大不幸与俚俗娱乐的交相并置，此后就在他脑海中根深蒂固，其中一种情绪必会唤起另一种情绪。”

马勒

虽然父亲是一介粗人，但马勒的音乐智慧很早就被他发现。马勒6岁就开始学习钢琴，15岁被送到维也纳音乐学院学习钢琴、和声与作

维也纳皇家歌剧院

曲。马勒的音乐生涯首先是从当指挥开始的，他1880年离开大学并辗转在奥匈帝国的数个城市担任指挥，8年之后，他在布达佩斯歌剧院就任首席指挥，1891年，又去汉堡歌剧院呆了近6年，在那段时间里，他养成了夏天作曲、冬天指挥的习惯。

维也纳皇家歌剧院指挥的位置是奥地利音乐界最为重要的几个位置之一，原指挥1897年就要退休，马勒盯着这一更上一层楼的良机。他为之专程拜访了对音乐界深具影响的勃拉姆斯寻求支持，还在汉堡接受了天主教的洗礼，以之扫除自己犹太人身份造成的障碍。马勒终于在1897年5月和10月先后接到了担任维也纳皇家歌剧院首席指挥和院长的任命书。

37岁的马勒在维也纳皇家歌剧院的就职首演选中了瓦格纳的乐剧《罗恩格林》，一些在瓦格纳亲自指导下演奏过该剧的演奏家表示：自从瓦格纳去世之后，这部剧才第一次被正确地演奏。

次年，闻名世界的维也纳爱乐乐团的指挥辞职，马勒又兼任了两年的乐团指挥，马勒在自己的首演中指挥了贝多芬的《英雄交响曲》。

马勒的指挥神采奕奕，其风格在早期是热情迸发，后期才向醇熟内敛转化。总的说来，他是比较成功地征服了维也纳这一音乐之都的。当时有评论如此写道："当剧院灯光暗下，棱角分明而面容苍白、仿佛超然物外的这个瘦小身形，三步并两步地直奔上指挥台。他在维也纳头几年的指挥风姿，着实引人注目。他的指挥棒会突然向前急射，犹如毒蛇吐信；他的右手仿佛将音乐从管弦乐团拉出……他鹰一般的锐利目光所落之处，就连坐得远远的乐手也会心惊胆战。他会

拉特尔指挥柏林爱乐乐团演绎马勒《第十交响曲》的唱片封面

眼睛看着一边，同时棒子指向另一边下达指示……有时他像是挨了一口虫咬般从指挥座椅上直跳起来。马勒无时不在散发光热，有如一道熊熊燃烧的火焰。”有一段时间，出租车司机见到马勒都会向他欢呼“马勒万岁！”

在音乐创作方面，马勒集中精力耕耘着歌曲和交响曲两块园地。他创作的歌曲虽然只有42首，多属精品。而他的10部交响曲，非常鲜明地揭示了自己的情感奥秘和展现了自己的天才技艺。其中的《第十交响曲》属于音乐历史上又一部奥秘多多的“未完成”。

著名音乐家勋伯格对此评价道：“他的第十交响曲只留下草稿，如贝多芬一样，这部作品它要说些什么，我们对此所知不多，如贝多芬和布鲁克纳的一样。似乎第九交响曲成了一个界限。谁想要超越出来，谁就必须离开。看来好像第十交响曲要对我们说些我们不应该知道的东西，为此我们还不成熟。写了第九交响曲的人都已离彼岸很近了。如果那些知道这个世界之谜的人中之一写了第十交响曲的话，也许这个谜就可以解开了。”

可以说，当马勒在1910年夏动笔写《第十交响曲》的时候，他可能已经在内心里听到了死神向自己越走越近的声音。他需要给世界留下一些“遗言”。那么，他到底在这部交响曲里说些什么？人们在这部交响曲的手稿上看到了马勒写了不少有关痛苦呼喊与告诫的文字，比如“怜悯我吧，啊！上帝！您为何弃我不顾！愿您的旨意得以实现！”

马勒的心脏病是在1907年被确诊的，而后他就更加明显地不能胜任持久的紧张工作。1907年对马勒而言是厄运连连的一年。他的爱女玛利亚·安娜也在这一年死于白喉病。他在维也纳皇家歌剧院长达10年的职业生涯也在这一年告终。

马勒虽然才华非凡，但追求完美有时到了似乎在进行某种神经质实验的地步。他不能设身处地地为他人着想，无法为自己营建一个更多和谐的人际关系，无拘无束的性格使他有时对皇帝的旨意也敢怠慢，他在剧院管理和音乐演绎方面的创举也不是人人乐观其成，而且在反犹主义日盛一日的时代，他的犹太出身只能加剧他的敌对者对他的抗拒和排斥。马勒对这种环境压力一直是心知肚明的，他曾自诉自己“是三重的无家。在奥地利作为一个波希米亚人，在日耳曼人中作为一个奥地利人，在世界上作为一个犹太人”“到处我都是闯入者，永远不受欢迎”。

马勒于1907年11月24日以指挥自己的《复活交响曲》的方式向维也纳作了告别。他在12月9日离开维也纳的时候，大约200多人赶到火车站为他送行。

因为是提前解聘，马勒获得了2万克朗的补偿金，每年还可获得1.4万克朗的退休金，而且得到这样的保障：在他死后，其遗孀可领取等同于枢密大臣遗孀的年金。本来马勒可以依靠它们安心地去献身于创作，但他需要一种实践活动来作为对创作时巨大的内心世界的一种平衡力量，因此他旋即答应了美国大都会歌剧院的邀请，开始了在美国的指挥生活。也是，在生命的最后几年里，马勒过着一种所谓双重的生活：一种是向外的，一种是向内的。我们可以把“向外的”理解为他冬季时在美国的指挥活动，把“向内的”理解为他春季和夏季回到欧洲的创作活动。

1911年2月，马勒在美国最后指挥了一次音乐会，4月就因为重病而返回欧洲，在巴黎救治也没有多大的起色，5月中旬，马勒回到维也纳之后的第六天就辞别了人世。

汉堡歌剧院正门外墙上的马勒头像铜匾，标明马勒曾于1891—1897年任汉堡歌剧院首席指挥

人们在《第十交响曲》的手稿上，还看到

阿尔玛

马勒在末乐章的提纲处这样写道：“亲爱的阿尔玛，为你而活，为你而死……”也许，在马勒生命接近尾声的时期里，他还存在着另一种恐惧，那就是他可能会失去他的妻子阿尔玛，而他和她的婚姻关系早就摇摇欲坠的了。

生于1879年，死于1964的阿尔玛享有“文艺女神”的美誉，她已经过世的父亲是风景画家，母亲是个演员和歌手，其改嫁的新丈夫卡尔·莫尔也是画家，是维也纳著名的分离派的创始成员之一。阿尔玛熟悉叔本华与尼采思想，正跟从策姆林斯基学习作曲，策姆林斯基后来也成为勋伯格的老师。她已将海涅、里尔克、戴默尔等人的诗歌谱写成钢琴伴奏的歌曲，一共有9首。

1901年11月7日，在一个友人家举行的晚宴上，马勒结识了芳龄22岁的阿尔玛。在谈及策姆林斯基的时候，马勒给予了不佳的评价，作为策姆林斯基的学生，阿尔玛立即予以抨击，结果让马勒大开眼界并对她迅速产生了好感。

阿尔玛自言马勒是她所遇到过的“最纯粹、最伟大的天才人物”，而马勒《第三交响曲》的首演更加坚定了她服务马勒的热切愿望，她写道：“这一晚演出的此曲让我对马勒的伟大再无怀疑，我高兴得流下热泪，向他发誓我对他的才气由衷赞叹，我的爱只求为他奉献，我衷心只求能永远为他而活。”

但是马勒与阿尔玛的婚姻关系很快像走进了坟墓一样。这有马勒与阿尔玛两个方面的原因。

在马勒这一方面，马勒对女性的要求一向是过分严厉的，马勒喜欢的女性决不以貌取人，而是要在美丽之外还必须具备杰出的音乐才华。“如果我所欣赏的女性唱走了音或一个乐句不对，我对她的好感瞬时就消失无踪，甚至会转成了憎恨。”阿尔玛当然很好地符合着这一条件。但是，马勒的要求还非常之多，他列举为：“你必须了解，我最受不了的就是女人邋里邋遢地钗横鬓乱，仪容不端。我还必须承认我作曲时极需要孤独，我身为创作艺术家，对这一点要求无条件的配合。我的妻子必须同意我和她分房而居，彼此的寝室可能隔几个房间，我自己有一个出入的房门。她必须同意只能在若干事先预订好的时间里和我在一起，在这些时候我希望见到她梳理停当、衣着光鲜。最后一点，如果有时候我不想见到她，她不应该生气，或是以为我对她疏远、冷淡或不满，总而言之，她需要的就是最可人、最体贴的女人都没有的特质。”

这些条件都加起来，阿尔玛可能就会承受不起，她曾经半是理解、半是抱怨地说：“我的生活一切都以他为中心。我根本就没有了自我。他从没有注意到我的存在和我所付出的一切……他天生就是一个绝对的自我中心主义者，不过他也从未想到过他自己，因为他的一切的一切都是他的工作。”

在阿尔玛方面，一个才貌双全的女性通常会有的那种自以为是、随心所欲的品性也表露得淋漓尽致。在感情生活方面，她的先天本性可能就趋向于多姿多彩。马勒离开人世之后，她先后与著名的包豪斯的奠基人格罗庇乌斯和作家韦弗缔结婚姻。而在她的一生当中，画家奥斯卡·科柯施卡、著名表现主义画家克里姆特、被纳粹德国认为最好地继承了德意志音乐传统的作曲家普菲茨纳、作曲家策姆林斯基、作曲家施雷克、生物学家克拉默勒、作家特伦蒂尼都曾拜倒在她的石榴裙下。以克里姆特为例，他坚持的理论是：只有完全的肉体结合才可以将男女之情提升为真正之爱，而根据阿尔玛日记的记载，克里姆特吻过她两次。因此，阿尔玛也被称为“英雄的促动者”，意为有了她的存在，她的那些伴侣们才能够登上自己创作力的最高峰。

也许，一个涉及床笫之欢的症结极大地阻止乃至破坏了马勒和阿尔玛之间感情的持存。据研究者考察，他俩在性生活上很不般配，马勒即使不是为早泄这一类不爽所困，也肯定在性生活方面没有太多的需求。阿尔玛曾在1902年元旦的日记当中这样记道：“我去找了马

库贝利克指挥巴伐利亚广播交响乐团演绎普菲茨纳《帕莱斯特里纳》的唱片封面

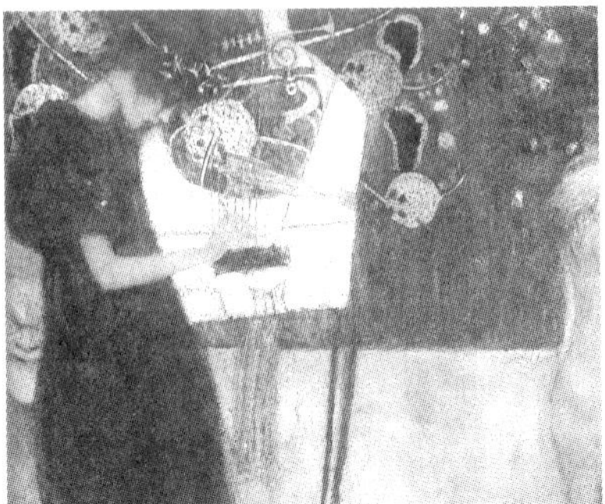

奥地利画家克里姆特1895年创作的《音乐》

勒，下午我们在他的房间里单独相处。他给了我他的身体，而我让他用手抚摸我。他的男性雄风坚硬而直挺。他把我抱到沙发，将我轻轻放下，然后趴到我身上。然后，就在感受到他的刺穿时，他失去了所有的强度。他把头埋在我的胸上，簌簌发抖——几乎要为忏悔而掉泪。”“怎么办，要是他那个以后都不行怎么办！我好可怜、好可怜的丈夫！”1月3日的日记则记到“极乐与狂喜”，4日记到“无尽的狂喜”。

阿尔玛认为自己与马勒的婚姻“从来没有丰润过我的生活”，可能既包括马勒没有给自己足够的情感上的体贴，也可能包括马勒未能在性爱上给予自己起码的满足。马勒曾专程去向他的犹太同胞弗洛伊德求教，在进行了几个小时的分析之后，弗洛伊德认为马勒有恋母情结，导致他在每个女人身上寻找他母亲那种严词厉色的受难型的特征。他后来还说：“这次诊断在马勒看来是必需的。他的妻子当时对于马勒拒绝给予她性满足这件事极其不满。我们从马勒一生中的爱情经历，特别是他那圣女变态的心理因素，明白了他个人对爱情的态度。”

1907年7月以来，阿尔玛的心与马勒的心其实渐行渐远。1910年前后，阿尔玛也几乎到了某种精神崩溃的边缘。她接受医生建议住进了一个疗养院并以跳舞来缓解阴郁的情绪，而这一疗法使她在舞场上结识了比她小4岁的格罗庇乌斯，后者迫不及待地就向阿尔玛表达了自己的爱情。而且在不久后格罗庇乌斯就将一封期望爱尔玛弃旧从新的情书寄给了已回家的阿尔玛，更为甚者，不知是激动中出了差错还是其他什么原因，这封信居然在信封上将收信人写成了马勒，其中的诡异之情就此让马勒完全洞察。马勒将格罗庇乌斯找到家中，三人一起面谈，要阿尔玛自我抉择。阿尔玛当时的反应却是：“我根本不能想象没有他的日子……更别说是要和另一个男人一起过日子。我常常会想要自己一个人到别处，展开我的新生活，但从来没有想过和另外一个人的可能。马勒是我生命的中心。”无论阿尔玛当时在情急之中是否言不由衷，但却给了马勒一个重大的反思机会。那之后，他整个人为某种罪恶与愧疚感所侵袭。日后，马勒明白了自己从来没有真正重视阿尔玛的感受，而企图以更多的体贴与关怀来作为对阿尔玛的补偿。阿尔玛早先在马勒的强求下放弃了作曲的努力，现在马勒也转过来鼓励和催促她将先前的作曲成果重做整理，出版发行。

马勒临死前将未完成的《第十交响曲》交由阿尔玛全权处置，阿尔玛牢牢守护着这部交响曲的手稿，后来她交给自己的女婿克瑞奈克去整理出第一和第三乐章。再后来，马勒的传记作者游说阿尔玛将马勒的乐稿以照相摹本方式刊印，并相信有它为依据，某一位学养兼备的、对马勒衷心爱好并熟悉其音乐风格的作曲家就有办法将全曲补写完整，继而满足演出之需。对于这桩很有意义的工作，有些人甚至找过肖斯塔科维奇和勋伯格来完成，但他俩出于某些顾虑都未能应承。

“续完”全曲的是英国广播公司的音乐撰述人库克。1960年，库克为了推出马勒诞辰100年的纪念节目，写作一本宣传马勒作品的小册子，接触到了照相摹本并认为“主导的旋律线已经完成，九成以上的和声与对位手法更是马勒的本色，而且是最为炉火纯青的马勒”。库克继而担任起了补充的重任。库克补写的全曲版1960年12月被爱乐管弦乐团演出，但一开始没能俘获阿尔玛的心。相反，她在瓦尔特的影响下，下达了库克的版本不得再举行演出的禁令。转机直到瓦尔特1962年过世后才出现，而阿尔玛在这世界上也还剩下两年的时光，在指挥家彭斯的劝说下，她聆听了1960年演出的录音，顿时“为这音乐感动得潸然泪下，坦承说她从来不知道‘这其中有如此深刻的马勒’”，并紧接着给了库克和英国广播公司可以在世界各地演出此曲的授权。

马勒在《第十交响曲》里留下一个谜而离世永去了。与贝多芬一样，他是在暴风雨发作的时间里离开人间的。他临去时吐出的最后一句话是“莫扎特”。他被埋在大女儿安娜早就被埋在了那里的格雷欣墓园。瓦尔特回忆说：“我们将灵柩抬入墓园之时，刹那间风雨大作，雨势之大几乎使仪式无法继续进行。一大群前来送葬的群众，人人静默不发一语。在灵柩安放进墓穴的那一刻，阳光穿破乌云映照了大地。”

将歌剧带入20世纪的贝尔格

既然谈到了圣・斯特凡大教堂，谈到了马勒和阿尔玛，当然应当再谈到将歌剧带入20世纪的阿尔班・贝尔格，他1885年出生在图赫劳本8号，那地方距圣・斯特凡只有几步远，而在他的成长和发展之路上，马勒与阿尔玛都对他产生过重要的影响。

马勒在维也纳的10年，维也纳皇家歌剧院步入了一个辉煌时期，马勒也同时成为了所有音乐爱好者的偶像。茨威格对那种景象如此回顾道：“那时我们年轻人都喜欢他的完美，通过他，我们看到，在我们这个残缺不全的世界上，坚强非凡的意志可以从易逝的尘俗的东西中创造出唯一和永恒来，他因此使得我们不断地去期待、去盼望。那时他是我们的教育者和帮助者，在那个时代，没有任何一个人能像他那样对我们有类似的强大的影响力。”

马勒也成为了贝尔格“活着的偶像”之一，另一个是易卜生。1901年，在听了马勒《第四交响曲》的首演之后，贝尔格兴奋地冲进后台休息室，拿走了马勒的指挥棒作为纪念物。后来阿尔玛将两页马勒手稿赠送给他，贝尔格也一直珍藏着它们。贝尔格视马勒为神圣人物，他在给妻子海伦娜的信上这样赞美了马勒的创作：“这种音乐！……我们所有人都可以停笔了！！”

贝尔格和马勒有过一次亲切的面对面的交往，那是在1907年夏季，在听到贝尔格没有当指挥的打算之后，马勒赞赏地说：这种选择是正确的，一个人如果要作曲，最好就别再去当指挥了。在那年年底，当马勒夫妇辞别维也纳的时候，贝尔格和海伦娜也前往火车站为他们送行。

贝尔格的个子长得特别高，身体因此有些前倾，他的双手又大又白，手上布满了青筋，脸庞棱角分明，双眼热情放光，嘴上常常挂上微笑，他为人谦逊，待人友好，即使他到达了成功的巅峰也从未傲慢过，他也爱说一些下流的笑话，还爱好足球和美食。

贝尔格的父亲是1867年从德国纽伦堡迁徙过来的，作为一个商人，他经营书籍、艺术品和祈祷用品。贝尔格的母亲一族，早已在维也纳居住了几代人的时间，更早时的先人是生活在波希米亚的。所以，贝尔格的家境起先还是较为宽裕的，只是在父亲去世之后变得拮据起来，后来他们又接受了一个婶婶留下的遗产，得以扭转了困厄的局面。贝尔格也从那时起放弃了令他生厌的公务员工作，将精力用来管理家庭财产。

贝尔格早年的精神生活充满了深刻的孤独，因此他就将自己所有的精力都用在音乐学习方面，企图以这种方式让自己深入到内心生活中去，使自己忘记还生活在一个可见的世界之上。

15岁那年，他的父亲去世了，而他自己也开始与纠缠了他一生的病症打交道：他得上了哮喘，而且还有一个特别容易发炎的毛病，即使是最小的脓疮也能发展为脓肿。甚至还有医生认为贝尔格还是个“疑病患者”，因为他会为瘦每一公斤而高兴，认为那对自己的精神有利，“简而言之，他追求的是非物质的东西，以便变成纯粹的精神感情。”糟糕的身体状况和精神寂寞曾逼使贝尔格多次发生自杀的企图，贝尔格是14岁才开始尝试音乐创作的，在那之前，他有着很强烈的文学抱负，而且也非常喜爱绘画，从他替自己最早印刷的两部作品设计的扉页去分析，他在绘画方面深受带有维也纳分离派特点的青春艺术风格的影响。

1904年，贝尔格的哥哥看见勋伯格教授音乐理论和作曲的报纸广告，先背着贝尔格，将贝尔格创作的几首歌曲带给勋伯格看，结果勋伯格慧眼识珠，当即收下贝尔格作学生，一直教了他6年，直到他1911年迁往柏林。考虑到贝尔格家庭生活拮据的状况，勋伯格在头两年还免收了贝尔格的学费。

勋伯格

在师从勋伯格之前，贝尔格全靠自学而写作的歌曲有140首之多，贝尔格让自己的哥哥在家中演唱它们，让妹妹担任钢琴伴奏。贝尔格后来曾想销毁它们，但被夫人阻止了，直到今日，他的这些手稿还处于不对外开放的状态。

贝尔格和海伦娜是1906年在歌剧院的楼座上相遇的，后来经由海伦娜哥哥的介绍而相识，他俩之间的爱情之火很快就被点燃并烧得气势腾腾。贝尔格公开的情书就有569封，他认为海伦娜代表了世界上一切女性的美好之处，而且她是一个绝对理解自己艺术的人，他们应当一起走向“最高、最庄严、最后的时刻”。

他们的婚礼有点戏剧性。由于海伦娜的父亲不满于贝尔格的身体羸弱而且没有一个稳定的收入丰裕的职业，一开始是不同意这门婚事的，所以在1911年5月举行的那场婚礼，他要求必须是按照新教的仪式去举行，因为那样便于女儿日后离婚。但他后来也喜欢上了贝尔格，因此，贝尔格与海伦娜在4年之后又按照天主教仪式再举办了一次婚礼。

在音乐史上，贝尔格的名字总是和勋伯格、韦伯恩紧紧连在一起的。他们三人的集合也被称为新维也纳乐派，韦伯恩也是勋伯格的学生。贝尔格与韦伯恩很快成为了亲密的朋友，从他俩之间有着600封书信和明信片往来这一点，就可以看出他们彼此是多么友爱与敬重了。

新维也纳乐派体现了德国表现主义在音乐领域的实践。他们的音乐可以说是继承了马勒并发扬光大，一开始他们也追求着丰沛宏丽的管弦乐效果，而后又转向凝练与精简之法，比如在乐队编制上以小搏大，在配器上力求经济，更讲究旋律构成的系统化，最独特的解放之处，则是他们最终拥抱着十二音体系，音乐具有怪诞、不谐和、富于刺激性的特点。所以有人大胆地设想，如果马勒再多活几年，恐怕他也会多多少少地走上新维也纳乐派所走的道路。

勋伯格曾经对马勒的音乐心存怀疑，直到听到马勒的《第三交响曲》才改变了态度，他说："我看到了你赤裸裸的灵魂，毫无掩饰……我对你的交响曲感同身受。我加入了历历在目的心灵搏斗；我为幻灭的痛楚所袭；我看到善恶的力量在缠斗交战；我看到一个受尽折磨的人挣扎着求取内在的和谐……请原谅，我的感受不容我模棱两可。"而后，马勒也对勋伯格代表的音乐新势力多方提携，他接受了策姆林斯基和勋伯格的建议，担任了他们成立于1904年的旨在推广现代音乐的音乐创作者联合会的名誉主席。马勒还一直在精神与财力两个方面给予勋伯格相当的支持。

韦伯恩1911年说，他自己还经常演奏马勒的《大地之歌》，因为它有着难以相信的美。

1912年，贝尔格向妻子海伦娜谈及马勒音乐，他写道："我又一次将马勒的《第九交响曲》弹奏了一遍。第一乐章是马勒写过的最最出色的，它是对这个尘世的一种从未有过的爱的表达，是对这个尘世上和平生活的渴望，是对它，大自然的充分享受，直至它的最深的底层——在死亡到来之前。"贝尔格喜欢马勒交响曲中的军队进行曲和葬礼进行曲。在一战前谱写《3首管弦乐队小品》的时候，他还用最后一段进行曲来向马勒致敬。

勋伯格要求其学生们绝对服从他的权威，不允许他们对自己保持丝毫的怀疑和异议。相对而言，如果说韦伯恩代表了勋伯格理论中潜在的古典主义的话，贝尔格则代表着勋伯格理论中潜在的浪漫主义，他的音乐在新维也纳乐派中浪漫的气息最重，比较容易让人联想到瓦格纳、马勒等人的音乐。

贝尔格夫妇

贝尔格一生创作的全部作品的数量不到12部，连他自己也对这种收获感到羞愧，因此在创作了自己的第七部作品即名剧《沃采克》之后，他自己也懒得再为自己的作品计数了。这里面可能有三方面的原因，首先是用十二音技术作曲较为艰深，更费时间，再者是他的身体状态总爱出岔子，还有一个则是他对自己总是自律过严，非常追求作品的完美极致，总爱趴在自己的创作成果之上，不停地

阿巴多指挥维也纳爱乐乐团、维也纳歌剧院合唱团演绎贝尔格《沃采克》的唱片封面

对它们斟酌与修改。

但是，贝尔格稀少的作品却都具有上佳的质量与非凡的影响。他创作的歌剧《沃采克》和《璐璐》具有毫不妥协的革命性，包含着独一无二的人性温暖，其音乐毫无教条，不依附于任何一种意识形态，远离苦行，饱满而有力，可以让人如痴如醉，在形成强大的震撼力的同时，仍然保持着严格的形式。斯特拉文斯基因此给予了贝尔格崇高的评价，认为他是歌剧历史上可以与格鲁克、瓦格纳并列的伟大革新者。

1914年5月14日那天，贝尔格在维也纳小剧场观看了毕希纳的戏剧《沃采克》，那种被所有人利用并折磨的可怜人的命运以及单场里罕见的气氛和内涵让他感到和自己非常贴近，他立即作出了要为之配上音乐的决定。但真正等到成品出来，已经历时将近12年。在第一次世界大战最后的几个月里，贝尔格有时还在申请休假以便进行这部歌剧的创作，而他的军旅生活经历也帮助他更好地营建了歌剧中的军营气氛。

勋伯格曾认为毕希纳的文字是不能音乐化的，想打消贝尔格的创作兴趣，但贝尔格一直都对整部作品和计划的可行性保持了十足的信心，相信《沃采克》也应当像其他作品那样成为一部歌剧，“一切都可以歌唱”。

贝尔格在1922年初结束了《沃采克》的作曲与配器，他的学生克莱因将它改编成了钢琴改写谱，但主要是由于经济方面的原因，钢琴曲没有出版商来接洽出版事宜。最后，是阿尔玛给予了极为重要的支持，她资助贝尔格将它自费出版，因此，贝尔格说：《沃采克》是献给阿尔玛的。

这部歌剧的大部分音乐是无调性的，预示了某些十二音的手法，对传统的调性音乐也有所继承，将勋伯格枯燥的作曲方法与感情的表现较好地结合了起来，增强了艺术的感染性。甚至借用了瓦格纳主导动机的手法，使音乐形象和剧中人物有更多的关联性。声乐风格也多方取材，既有勋伯格使用过的“念唱”音调，也有类似德国传统抒情歌剧中的旋律。

《沃采克》1925年12月14日首次在柏林的国家歌剧院公演，随即风靡一时，欧洲各国的歌剧院都争先恐后地要将之搬上自己的舞台。有人认为，贝尔格在疯狂之中还是条理清楚的，有人相信该歌剧在精神方面和展示本能的感知过程上自有其价值，但也有的评论家愤愤不平地在报纸上写道：“当我离开国家歌剧院的时候，我感觉自己离开的不是一个公共剧院，而是一个精神病院。舞台上，乐队中，观众席上，到处都是疯子……从音乐的角度讲，我们是在犯死罪。”

到了纳粹时代，新维也纳乐派遭遇到灭顶之灾。贝尔格被指责为那些拥有轻浮放荡的、不受德国人欢迎的世界观的题材作曲，其音乐是围绕着妓女而写的，并因此宣扬了不道德的行为。他创作的音乐看似散发着香气，实则内容相当贫乏。那是一种对我们来说属于一种病症的可卡因音乐，而且那种病是不可治愈的，因为它是整个体系的病症。1935年1月，贝尔格被政府宣布为“不是一个真正的奥地利作曲家”，其作品被暗地里封杀。

然而，《沃采克》到1936年为止共上演了180多场，创造了20世纪上半叶大型的严肃歌剧上演次数的最高纪录。现在，《沃采克》是唯一一部列入标准的常备剧目的表现主义歌剧，和德彪西的《佩利亚斯与梅丽桑德》并列为20世纪影响最大的两部歌剧。1934年，经勋伯格介绍，华盛顿国会图书馆以1 000美元收购了《沃采克》的总谱，而到了20世纪60年代末期，仅卖出一页《沃采克》的手稿，一个德国古董商人就开价3 500马克。

贝尔格还有一部很伟大的作品，那就是他的小提琴协奏曲。

1935年，美国小提琴家路易·克拉斯纳委托贝尔格写作一部小提琴协奏曲，报酬是1500美元，为了缓解自己的经济拮据，贝尔格不顾正在写作另一部歌剧《璐璐》，接受了委托。虽然克拉斯纳专门为贝尔格展示了自己的演奏技巧，贝尔格对小提琴音乐的创作方法也早有钻研，但他在很长一段时间里，他都未能确定这部协奏曲的结构与具体内容。

格罗庇乌斯

这部名作的创作转机是由一个姑娘的不幸去世带来的。4月22日，阿尔玛与格罗庇乌斯生育的女儿玛侬·格罗庇乌斯因为小儿麻痹症而病死，她在这个世界上存在了18年。贝尔格也感到非常伤心，他很快将玛侬之死带给自己的悲恸之情强烈地灌输到小提琴协奏曲的创作当中，仅用6个星期就将它完成了，还在总谱上题词："谨以此曲纪念一位天使。"

这部协奏曲虽然使用的是十二音的创造技法，但仍然让人易于理解，感觉深情动人。第一乐章描绘了玛侬的生活与成就，第二乐章表现了玛侬凋谢与死亡的过程。在第二乐章里，贝尔格首先以小提琴的华彩乐段表现了少女临终的挣扎，后来又引用了巴赫第60号清唱剧《永恒啊！你这雷鸣般的语言》的旋律片段，贝尔格特别在总谱的主旋律之下，注明了它的歌词："这够受了，/主啊,如果你愿意，/就把我带走吧！/我的耶稣会来到，说：/噢，世界，晚安！/我驶进星空。/我肯定会满意地到达那儿，/我巨大的痛苦留在了下界。/这够受了，这够受了。"被引用的巴赫的旋律得到了一定的变奏处理，成为对死去少女的悼歌，最后经过抒情的安魂曲旋律之后，结束在一种安详的气氛中。

这是贝尔格最后的一部作品，都是受委托而作，都是为死者而作，这几个方面都与莫扎特写作《安魂曲》时的情形一样。更有甚者，鉴于他完成这部小提琴协奏曲的速度一反常态，只花了非常短的时间，因此贝尔格当时可能也预感到自己不久也将步玛侬之后尘，他曾这样对妻子谈道："我估计，我没有多长的时间了。"

就在这一年的8月，贝尔格脊柱下部被昆虫蜇伤，伤口严重发炎，脓肿明显，最后发展到年底使他得上了败血症。按计划应该输血治疗，但贝尔格在向一个年轻的输血者表示了感谢之后，拒绝了输血。他坦然地让自己的生命走向了终点。

德国表现主义的先驱毕希纳

毕希纳的故乡在法兰克福以南几十公里的达姆斯塔特，毕希纳一生的足迹也没有踩到维也纳的地界上，仅仅从地理上考量，在维也纳谈他似乎没有理由。但是，要很好地理解新维也纳乐派的表现主义特征与贝尔格的杰出歌剧《沃采克》，就迫使人想很快地去历史上求索毕希纳的存在了。

1821年6月3日，41岁的退役军人沃采克在莱比锡刺杀了他的情人，她比他大5岁，是个医生留下的寡妇。沃采克动杀念的起因是她虽然答应和沃采克幽会，到时候却和另外一个人外出了，而沃采克已经知道她经常和其他男人勾搭，尤其是士兵们。沃采克被抓住后没有进行任何反抗。

在审判过程中，法医对沃采克的精神状态进行了详细观察，这是德国司法历史上第一次在审判过程中考虑犯罪嫌疑人的精神是否正常，并有可能据之量刑。但先后两次的医学鉴定，都没有做出有利于沃采克的结论，有关他常常听到神秘的声音的现象，被鉴定人员理解为是由血液循环的不正常所引起的。最后，沃采克在集市广场上被绞死，行刑时观众争相观看，为30年间所未有。这个案子在当时影响甚大，有关沃采克的医学鉴定也登上了医学杂志，引起了广泛的注意和讨论。毕希纳是在1834年秋天在家中从父亲订阅的刊物上看到那些鉴定的，并因此引发了他的创作念头。

毕希纳

毕希纳受这一案件激发而写出的戏剧《沃采克》还是采用了案件中被告人的姓名。剧中的这个沃采克有着善良、软弱和孤独的性格，他位列于非常贫困的社会底层，为了养活自己的情人玛丽和孩子，想尽一切方法去省钱和挣钱，他去旷野里为上司割荆条，求得一些额外报酬。他甚至和医生签约，进行三个月只吃豌豆的医学实验，一方面可以获得金钱，另一方面可以省下在连队里应该得到的伙食费，结果他的身体健康受到了伤害，出现幻听、脱发等后果，作为人的尊严更是荡然无存。他的上司鼓乐长还利用权力支开他，趁机去将玛丽勾引到手。沃采克因此失去了他在世界上赖以存活的唯一意义，他最后忍无可忍，买了一把刀，杀死了玛丽，而后将刀子扔到湖水里，继而在湖里洗涤身上的血迹。就在这似乎快要结尾的地方，毕希纳的笔停住了，这出戏剧因此是未能全部完成的，由于他没有注明场次，所以日后的各种演出顺序都是由导演来自行安排的。

《沃采克》作为戏剧的首演，是1913年在慕尼黑宫廷剧院完成的。20世纪80年代由赫尔措格导演拍成了同名电影，主演是克拉斯·金斯基。

《沃采克》开德国社会剧的先河，沃采克作为第一个被压迫和被欺凌的小人物被载入了德国的戏剧史册。毕希纳通过《沃采克》有力地说明了贫穷是将人们引向犯罪、耻辱与疯狂的原因。剧中沃采克的这句话“……仅仅为了是和不是、是——和不是之间的破折号，先生、上尉先生，是还是不是？是不是对不起是呢？还是是对不起不是？我要好好想一想这个问题”。堪比莎士比亚《哈姆雷特》当中“活着还是死去？”的著名提问。而他的另一句话“每一个人都是一个深渊，当你往那下面看的时候，会觉得头晕目眩”。同样震撼人心。后人将《沃采克》视为毕希纳成就最高、对后世影响最大的一部悲剧。里尔克和霍夫曼斯塔都认为《沃采克》属于最高水平的作品，豪普特曼、韦德金德等文学名家都因此将毕希纳视为自己文学上的导师。

毕希纳留世的作品只有四部，另有一部剧本《阿莱蒂诺》被认定失踪。但是，只有《丹东之死》在毕希纳生前发表，其他的都在他死后几年乃至十几年后才面世。而且在相当长的一段时间里，毕希纳其人其作都处于默默无闻状，很有些类似荷尔德林及其作品的遭遇。

直到毕希纳百年诞辰之际，德国表现主义文学风起云涌之时，他才陡然被人发现是那样的璀璨无比，他很快被尊奉为德国表现主义的先驱，其作品开始被搬上舞台，而贝尔格的音乐改编更有力地推动了毕希纳热。

1923年，毕希纳的故乡黑森州设立了“格奥尔格·毕希纳奖金”，起初只是嘉奖本州对文学艺术作出了杰出贡献的人士。该奖项在1933年到1944年间被停止评发。1945年才被恢复。

诺尔德1911年到1912年所绘《基督生平：基督降生》。表现主义绘画已不在乎物象的客观，而只在乎“心像”的主观表达

毕希纳奖现在是德国文学的最高奖项，可以说是德语作家要想获得诺贝尔文学奖必须迈过的阶梯。它的升级源自德国语言文学科学院的成立。1949年，趁纪念歌德诞辰200周年之际，德国在法兰克福宣布成立德国语言文学科学院，并将院址设在了毕希纳的故乡达姆斯塔特，因为他们认为：“在毕希纳身上，国家看到的不是已经完结了的古典主义的成绩，而是一个诗人的榜样，他的作品匆匆地走在每一个时代，也包括我们的时代前面。”从1951年开始，毕希纳奖改为了纯文学类的奖项，每年由德国语言文学科学院授予国内外对德语文学贡献非凡的作家。

尽管如此，仅仅将毕希纳聚焦在一个伟大作家的焦点上去观察和赞颂还是不公正的。1987年，纪念毕希纳诞辰150周年的展览恰如其分地用了这样的题目：格奥尔格·毕希纳：革命者、作家、科学家。这才非常合乎毕希纳的历史面目。

1813年10月17日，也就是德意志解放战争在莱比锡取得大败拿破仑的胜利的那天，毕希纳生于黑森公国首府达姆斯塔特附近的高特劳村。毕希纳的父亲恩斯特·卡尔·毕希纳是一个外科医生，曾在法国和荷兰的军队里服役，1812年回到德国结婚，妻子是黑森公国枢密顾问劳于斯的女儿卡洛丽娜。他的父亲在1816年晋升为了达姆斯塔特市立平民医院的副院长，专责城市贫民的医疗事务，他将全家带到了达姆斯塔特。

由于家境还算富贵，毕希纳与3个弟弟和两个妹妹都受到了良好教育，日后都算出人头地之人。毕希纳自不用说，他的二妹路易丝成为了一个女作家和女权运动者，大弟威廉是一个化工厂厂主，后来当上了黑森公国和德意志帝国的议员，三弟亚力山大参加了德国的1848年革命，而后流亡法国，在一所大学里任文学教授，二弟路德维希走上了从医之路，所著《力量与物质》表达了唯物主义的思考，在当时颇受社会欢迎。

毕希纳的启蒙教育是由他的母亲进行的。他在1825年春天就读文理中学，在夏天就写了一部《一个短篇小说片段：献给父亲》。毕希纳的创作也涉及诗歌，他15岁那年曾为母亲生日写过《在大海的蓝色波涛中沐浴》，圣诞节时又献给父母亲一首《夜》。

毕希纳的父亲一直希望毕希纳子承父业，便在1831年秋天送毕希纳到斯特拉斯堡大学学习医学和自然科学。由于斯特拉斯堡的地理位置，使那里的人们更容易受到法国平等、博爱和自由思想的熏陶，毕希纳也成为了一个被熏陶者，因此，当他两年后回黑森公国的吉森大学攻读历史和哲学的时候，他顺理成章地很快就积极投身到实际的政治斗争当中。

1834年，毕希纳参与了人权协会的组建，在基本原则共同商定之后，由毕希纳执笔完成了第一份传单即《黑森快报》。这份篇幅很大的传单特别使用了税收与财政支出的数据来进行详实的分析，令人信服地揭示了统治阶层的奢侈和劳苦大众所受到的剥削，并义正词严地鼓励无产者阶层起来进行整治变革。虽然是政治性的传单，但被毕希纳写得文采斐然，对后来的德国传单文学有很大影响。《黑森快报》被黑森政府称为“最危险的和最应该惩罚的”，巴伐利亚当局看到流

在吕根岛宾茨拍摄的波罗的海

传到自己境内的《黑森快报》，将其作者比作法国大革命的领导人之一马拉和空想社会主义者傅里叶。

《黑森快报》7月31日印好准备散发。不幸的是，人权协会的一个成员在4月份被捕后叛变，早就供出了许多革命者，毕希纳的好朋友米尼格罗德首先在8月1日被捕，当时他的身上正好带着100多份《黑森快报》。毕希纳赶紧通知在法兰克福和奥芬巴赫的朋友隐蔽起来。而他在几日后回到大学，发现自己的房间也被查封，书信被查抄。

在人权协会成员连连被捕、自己也随时面临危险的情况下，毕希纳回到家中，他在父亲的实验室工作，同时研究斯宾诺莎、卢梭的哲学和法国大革命的文献资料。后来他修改重印《黑森快报》，又创立了一个人权协会，商议起义计划。为了筹集款项营救米尼格罗德，从1835年1月开始，毕希纳在家中的顶楼里，用5个星期创作了《丹东之死》，当时他一方面处在警察局的监控之下，另一方面父亲也紧盯着他，要求他抓紧准备医学考试。但是毕希纳处危不乱，他在房后窗下已经靠墙放好了梯子，方便随时逃走，唯有威廉是知情人和他的支持者，稿件也是他去邮局为哥哥寄走的，而毕希纳也早料想到当出版社回信并寄来稿费的时候，自己多半已经逃亡，因此要求出版社回信时在收信人一栏上写他外婆的名字。没过多久，毕希纳就收到预审法院的传票，他果断地逃离了达姆斯塔特，最后又去到斯特拉斯堡。法院在6月发出了对毕希纳的通缉令，要求各国政府逮捕并引渡毕希纳。

《丹东之死》在德国文学史上第一次非常成功地表现了法国大革命的题材。毕希纳在中学时就写过赞美法国大革命的英雄的文章，在家里，也通过父亲的讲述和阅读父亲订阅的多达140集的杂志《我们的时代，或者1789至1830年最奇怪的历史》对法国政治风云有所了解，他还在1833年和1834年生病期间专门阅读了梯也尔、米涅等写作的有关法国大革命的专著。

丹东

对于法国大革命既庞大又驳杂的题材，毕希纳将落笔点放在了丹东身上。喜欢享受生活的丹东通过革命得到了他的自由和物质享受，他发现革命已经被罗伯斯庇尔等人引向了真正的红色恐怖专制，需要阻止它的运行机制，但是他无力回天，实际上他也无心回天，他说："我宁可被送上断头台，也不亲自把别人送上断头台；此外，我的生命不值得浪费精力，我已经厌倦了这个人类。"

毕希纳将剧情设立在1794年3月24日到4月5日为止，那是罗伯斯庇尔等人实行红色恐怖的时期，起先是革命阵营里激进的爱贝尔派被杀，最后是温和派的丹东等人被杀。毕希纳参考了大量历史文献，其中有六分之一的篇幅是逐字逐句地引用历史文献，他描绘了丹东与罗伯斯庇尔的分歧、丹东受审、丹东和其同志们被送上断头台的系列过程。由于毕希纳深受梯也尔历史宿命论的影响，他在《丹东之死》里透露了"世界如戏"的观点，以世界为上帝导演的一出戏，而每一个人不过在其中扮演了某个角色而已。

出版家、"青年德意志"文学派别的主将古茨科收到毕希纳的书稿后立即为之联系了出版，同时为毕希纳杰出的才华感到惊叹。他后来多次邀请毕希纳为他的报刊撰稿，当毕希纳不得不流亡之时，他也央求毕希纳不要远走美国，而是就待在德国附近，以免给德国文学带来巨大的损失。

毫无疑问的是，毕希纳确实是神异的。他在世不过24年，而他存世的四部文学作品都是在他离世前两年里以石破天惊之势完成的，它们各有侧重，部部精彩，反映了毕希纳创作能力的宏厚与全面。

中篇小说《棱茨》是1835年10月开始写作的。

棱茨1751年生于立陶宛，1792年死在莫斯科的街头，他是狂飙突进时期的诗人和戏剧作家，写有《士兵们》和《家庭教师》。1771年他去斯特拉斯堡，结识了歌德和赫尔德等，也认识了被歌德遗弃的情人弗莉德里克，虽然棱茨对她一见钟情，但她仍然专一地爱着歌德，终生未嫁，因此棱茨的爱始终只是单相思，最后导致他患上了精神分裂。棱茨的症状首先在友人考夫曼家中发作。考夫曼被歌德等人称为"上帝的警犬""天才时代的使徒"，常和天才诗人过从甚密而自己却没有留下任何著作，他常常穿着绿色上衣和裤子，套上黑色外套，顶着红色的礼帽，

棱茨

举止非常随便乃至怪异，但他目睹棱茨生病后，还是以极大的热情给予了关心。他在1778年1月带上棱茨，从瑞士到阿尔萨斯地区去，希望通过改变环境来治疗棱茨的病。棱茨在牧师、心理慰藉师欧柏林家中待了20天，但是，精神分裂的状况不见好转，却有愈演愈烈之危，最后人们将棱茨送回到斯特拉斯堡施劳塞尔处，施劳塞尔曾向魏玛公爵要求一些费用，以便护送棱茨回里加去。最后是棱茨的哥哥1779年夏天来将他接走了。

欧柏林曾在自己的日记里详细记下了棱茨当时的言行举止，毕希纳的小说创作就以之为据，还参考了歌德在《诗与真》里对棱茨的回忆。其中对自然景物和处于精神分裂状态中的诗人心理的描写，入木三分，左右逢源。寻求内心的和平与宁静是小说的主题，棱茨在小说里如此央求："我要安静、安静，除此之外，我什么都不要，只要一点点安静。"古茨科认为它是"圣人的遗骸"，具有文学革命的性质，表达了毕希纳划时代的美学思想。毕希纳借棱茨之口，这样说："在一切事物当中，我所要求的是——生活、存在的可能性，这就够了；然后我们不必去问它是美的还是丑的，感觉到凡是创造出来的事

迪斯拜因所绘油画《歌德在乡间》

物都有生活……大家试一试，深入到最卑贱者的生活中去吧，在他们的抽搐、暗示和十分细致、几乎察觉不到的面部表情变化里把生活再现出来吧！”

1836年6月，毕希纳完成了喜剧《雷昂采与蕾娜》，当时出版商科塔为征集最优秀的德国戏剧而设立了一次有奖竞赛，但《雷昂采与蕾娜》到达时已经超过了出版社规定的期限而被原封退回。毕希纳在这部作品里运思聪慧，行文奇巧，以浪漫主义的艺术手法，对德国那些小邦小国的统治者们空虚无聊的生活给予了尽情的讽刺，对普通人的聪慧加以了褒扬。

纵观毕希纳为数不多却光华四射的文学创作，可以感到他选材精准，热情非常罕见而浓厚，内含丰富的人情味，从非常宽广与深刻的视野提出了社会问题和美学问题，并按照自己的理解给予了有力的回答。他作品中的主人公不管怀没有怀着某种理想或信念，总是被侮辱的、被迫害的，是异化了的、孤独无助的。他的英雄不是乐观的，而是被宿命论所笼罩。他旨在让人们热爱人类，大家一起富有同情心地来建设一个公正的世界。

1835年和1836年，也是毕希纳从事哲学研究和自然科学研究的两年。他以名为《论鲃鱼的神经系统》的论文通过答辩，获得了哲学博士学位，准备到苏黎世大学讲授“从笛卡尔到斯宾诺莎的哲学史”与比较解剖学。1836年11月，他在苏黎世大学成功试讲了《论鲃鱼的神经系统》，而后被学校聘请为大学讲师。

在生命的最后两三年里，我们也可以感觉到毕希纳对政治和革命问题有了新的思考，他事实上已经从政治实践的领域里主动退避。

1836年6月，在给古茨科的信上，毕希纳写道：“而这个广大的阶级本身呢？对它来说，只有两个杠杆，那就是物质的贫困和宗教的宿命论。任何党派，谁懂得使用这两个杠杆，谁就会胜利。我们的时代需要铁与面包——然后还需要一个十字架或者类似的什么东西。我认为，在社会的事务方面，人们必须从一个绝对的法律原则出发，在人民中塑造一种新的精神生活并且让这个已经过时的现代社会见鬼去。为什么像这个社会那样的东西应该在天地之间到处乱窜呢？这个社会的全部生命仅仅存在于消磨其最可怕的无聊的尝试之中。它可能会灭亡，这是它还能经历的唯一的新的东西。”有人因此段话而将毕希纳视为马克思主义产生之前德国早期共产主义思想的代表。其实，这句话也可理解为他对“广大的阶级”有所失望，因为他们的觉悟还是不高。毕希纳已经不再相信任何政治变革的可能性了，因为他相信农民们喂饱了自己的肚子，革命就会立刻死亡。

同年9月，毕希纳写信给苏黎世市长兼警察委员会主席，请求获得居留许可，他提到："德国的政治状况迫使我在大约一年半以前离开了自己的祖国。我已经决定走科学研究的道路。"出现在字面上的这种新的选择也许是出于保身之必需，也许是毕希纳的的确确已经在改变自己的行动方向，重新构想自己的生活目标了。

但是，这个世界留给毕希纳这个神异天才的时间已然不多了。1837年2月2日，毕希纳突然因伤寒感染而病倒，病情很快就走向恶化。在19日，毕希纳非常年轻的生命就被夺走了，他被埋在了苏黎世湖畔采尔特山的公墓。

科隆一栋建筑外墙上的雕塑，也有着“思想者”的神韵，仿佛在思考着有关人的一切

Deutschland
Kennen und Lieben

第2节　萨尔茨卡默古特

林茨“雄人”—茜茜公主、伊丽莎白皇后

林茨“雄人”

奥地利的面积接近8.4万平方公里，基本上和重庆市一样大，其形状类似一把短柄向西的勺。

我们从维也纳出来，往西，前往我们在奥地利的主要落脚点巴特奇伊赛恩。巴特奇伊赛恩位于萨尔茨卡默古特地区，萨尔茨卡默古特地区属于上奥地利省。

卡尔·格雷贝是一位德国中提琴手，还曾任汉堡公共图书大厅的音乐图书馆馆长以及音乐高等学校和图书馆学校教师，他曾出版《军乐》一书，记录他第二次世界大战时在国防军中的经历，而他写的《布鲁克纳》被纳入了著名的罗沃尔特音乐家传记丛书。在《布鲁克纳》里，格雷贝是这样描述上奥地利省的特点的，“这是一块没有英雄背景的土地，没有尖锐的对立，不论是在大自然还是在社会；这是一个没有社会矛盾和经济纠纷的小市民和小农的社会，也没有多少‘伟人’或‘权势’的代表进入政治、经济和文化的核心领域。我们可以妄言，在这块自给自足的土地上，其居民远离叛逆，也没有遭受压迫和暴政，上奥地利没有明显地参与‘历史’进程，今天它仍然位于维也纳和萨尔茨堡‘之间’，位于居于阿尔卑斯山风貌的各州之‘前沿’”。

老实说，我觉得格雷贝对上奥地利省的印象是不太准确的。这块土地究竟有没有“英雄背景”？我想，最多只能这样说：在格雷贝的传主即

在高速行进的车上拍摄的林茨一带景色

奥地利被德国合并后，人们拆除德奥边境上的分界设施

布鲁克纳降临到这块土地之前，这块土地可以说是没有“英雄背景”的，而布鲁克纳将多少改变一些这块土地的背景，他不是写过一部别名“英雄”的《第七交响曲》吗？

上奥地利省的省会是林茨。有句诗句曾这样夸赞说：“一切都始于林茨。”现在的林茨位于维也纳和格拉茨之后，是奥地利的第三大城市。它在罗马时代之前就已经存在，15世纪末还曾经成为了皇族之所。奥地利的第一条铁路就是1832年在林茨和布德维斯之间开通的，而1842年在林茨创建的造船厂则生产出了欧洲最早的钢铁轮船。喜欢莫扎特音乐的人，则会因为莫扎特的《第36交响曲》而知道林茨，因为这部交响曲的别名就叫《林茨》，这部交响曲创作于1783年，当时莫扎特27岁，带着妻子和女儿访问了林茨，并受到杜恩伯爵的热情招待。应杜恩伯爵的央求，作曲家创作了这部交响曲，其首演就是同年的11月4日在林茨举行的。由于莫扎特的音乐更多的是基于音乐本身的因素去发生和发展，和外在世界及外在事件的关联并不多，因此从这部《林茨交响曲》里，听不出多少有关林茨的印象。

多少知晓一些德意志历史的人，不会不知道林茨。林茨之名会首先被他们与布鲁克纳之外的另一个名字联系起来，那个名字就是希特勒，因为希特勒在他17岁之前就主要生活在林茨。

1889年4月20日，希特勒在小镇勃劳瑙的一座客栈出生，勃劳瑙位于德奥边境，紧紧挨着茵河，著名的萨尔茨堡就在它的南边60公里处。对勃劳瑙的地理位置，希特勒非常在意，他在《我的奋斗》里如此写道：“今天在我看来，命运竟然选择茵河畔的勃劳瑙作为我的出生地，似乎是一种天意。因为这个小小的城镇坐落在两个日耳曼国家的边境上，而我们年轻一代的人至少已把竭尽全力统一两国作为我们毕生的工作……在我看来，这个边境上的小城市成了一项伟大使命的象征。”

1895年，希特勒6岁的时候，进了林茨西南不远的一座村子里的公立学校，而到他满15岁的时候，他的家在林茨一带的许多村子里迁徙，搬了7次家，他也换了5个学校。

无论怎样，希特勒对林茨作为他的家乡是有强烈认同感的。1938年春天，经过在奥地利举行的公民投票，奥地利被纳入德国，放弃了自己的国名，重新使用查理大帝时期的旧称呼“东部省” 。3月12日，当德国军队一方面在源源不断地开进奥地利的同时，德国和奥地利电台宣读了一篇冠冕堂皇的希特勒的声明，希特勒在声明中将德国的行为解释为具有正当性，并许诺奥地利人民将在“一次真正的公民投票”中选择他们的前途。这份声明在电台宣读之后，希特勒就紧接着出发去了奥地利。当天下午，他就抵达了他的第一个目的地即林茨。而后，他去他双亲的坟墓上放了一个花圈，再返回林茨发表了这样一篇演说：“在多年前离开这个市镇时，我怀着完全和今天心中所怀着的同样的信仰。在那么多年以后，我能够使这种信仰得以实现，由此可见我现在感动之深。”

希特勒爱好美术，而且一度以绘画维持生活，以成为一个杰出的画家作为自己的人生理想。当他得势之后，对旧业依然念念不忘，他要求以德国的德累斯顿美术馆为范例，在林茨和格拉茨等地建立新的博物馆，用以收藏在吞并奥地利之后通过各种手段没收的艺术品。1939年6月，希特勒将原来还很宽泛的打算变成了具体的构想，他特别召见了德累斯顿博物馆馆长汉斯·波色博士，委派他到林茨建立一座新的博物馆，在其中只收藏“各地最好的艺术品”。按照希特勒的旨意，通过行使“元首优先权”，这项“林茨特别任务”进行得很顺利，而没收及收集艺术品的地域已经延伸到德国势力所到达的许多国家。1942年，波色在柏林的医院去世，希特勒特别指示戈培尔为之致悼词，他自己也参加了在德累斯顿为波色举行的国葬。

德累斯顿茨维格宫一景

作为权倾一世的元首，希特勒还曾有过重建林茨的宏伟计划，希望自己的故乡有朝一日能取代布拉格和布达佩斯的地位，成为多瑙河流域最美丽的城市，即使是到了1945年2月，纳粹德国覆灭的趋势日益明显之际，希特勒还在总理府审阅了林茨重建规划。按照规划，在火车站直通城市中心的轴线街道两旁，将安排一个35 000座的音乐厅和各种文化建筑，其中的博物馆会收藏希特勒从欧洲各国劫掠来的艺术品。在临河地带，计划为希特勒建造一个以万神殿为模型的陵墓，还要修建一座500英尺高的钟楼，钟楼底部的地穴中将安葬希特勒的父母，而排钟将定时演奏的，是布鲁克纳的乐曲。

而布鲁克纳，也是林茨人，他于1824年9月4日诞生在特劳恩县的安斯费尔登村，他的父亲和爷爷都是乡村教师，他出生的那座房子就紧挨着教堂，从那里沿着果山河麦田，就能步行到林茨。

和希特勒很早就离开林茨去往维也纳不同，布鲁克纳直到44岁的时候，才决定前往音乐之都维也纳。他13岁的时候成为了林茨附近的圣弗洛里安教堂的童声合唱团团员，并在那里上学，接受音乐教育，1845年担任了圣弗洛里安学校的助理教师，6年后成为了圣弗洛里安教堂的正式管风琴师。1855年，布鲁克纳经过试演，成为林茨大教堂的管风琴师并前往林茨，开始了音乐职业生活。他获得持久荣誉的第一部作品《D小调弥撒曲》也是在林茨大教堂首次演出的。

作为管风琴大师，布鲁克纳的道路是较为顺畅的。他1868年去到维也纳，就任了维也纳音乐学院音乐理论和管风琴教师的职务，还担当了维也纳宫廷乐队的管风琴师职位。而后，他在南锡、巴黎、伦敦、瑞士等地举办的管风琴演奏会都是好评如潮。

而作为一位伟大的作曲家，布鲁克纳走过的道路却是非常艰难的。他42岁时才写出自己的《第一交响曲》并在林茨首演，而《第九交响曲》在他70岁时写完第三乐章，按照当时的常规，这部未能写出第四乐章即终乐章的交响曲是“未完成”的。这和另一部伟大的“未完成”交响曲即舒伯特的《第八交响曲》相映成趣。据说，1888年，人们为了对舒伯特的遗骨拍照和进行科学检验而决定开棺，布鲁克纳立即提出请求，允许他用手触摸一下他所尊敬的舒伯特的头颅骨。

布鲁克纳

在布鲁克纳生活的时代，德意志音

乐界分为两个非常敌对的阵营，一边的领袖人物是瓦格纳，另一边的领袖人物是勃拉姆斯。布鲁克纳是站在瓦格纳阵营一边的。

1865年6月19日，布鲁克纳在慕尼黑观看了瓦格纳的乐剧《特里斯坦和伊索尔德》，并结识了瓦格纳。8年后，布鲁克纳完成了自己的《第三交响曲》并将它题献给自己的偶像瓦格纳，致使这部交响曲后来也以“瓦格纳”为其别名。布鲁克纳和瓦格纳的最后一次见面是在1882年，当时他去拜罗伊特观看瓦格纳的另一部乐剧《帕西法尔》，据说这部乐剧终曲的最后一段对布鲁克纳的《第八交响曲》（“启示”）起了促进的作用。可惜的是，第二年的2月13日，瓦格纳就辞别了人世。但瓦格纳之死给布鲁克纳在同年9月完成的《英雄交响曲》烙下了异常深刻的印记。布鲁克纳写作该部交响曲的第二乐章并即将结束的时候得知了瓦格纳的死讯，他最后将这一乐章塑造成为了献给瓦格纳的安魂之曲，将自己对瓦格纳的崇敬之情表述得彻骨彻髓，长达20多分钟的这个慢乐章已经成为了怀念“英雄”、敬悼“伟大人物”的不朽名曲。

正因为无法置身在两个阵线之外，所以，对布鲁克纳的评价在当时就出现了非常对立的观点。瓦格纳认为布鲁克纳是“贝多芬以后最重要的交响乐作曲家”，而勃拉姆斯认为“布鲁克纳的音乐根本就不是作品，而是欺骗，过两年就会死去和被忘记。说布鲁克纳的作品是不朽的，或者说是交响曲？实在是可笑之极。”在“两个阵线”都成为了历史之后，后人的评价也许会更客观一些吧。其实不然，后人的评价依然呈现为某种“两个阵线”。比如，托马斯·曼如此说：“布鲁克纳的《第七》，一半无聊，一半优秀。阿多诺说它是‘原始岩石’；而霍克海默却断言，假如他自己是作曲家，他会像布鲁克纳这样作曲。”而音乐评论家奥古斯特·哈尔姆却将布鲁克纳推崇到无法更高的位置，他认为：“一种更高境界的自由来自变得神圣的现实，来自变得现实的神圣，不仅承载着大自然和个人强大的生命。我愿意这样说，我不知道还能在哪里出现，不论是哪个世界末日宣告者的最勇敢的想象力所绘成的更光彩和更坚定的图像，都无法和安东·布鲁克纳的最后的、最勇敢的和最成熟的作品相媲美。”

格雷贝的艺术观似乎让人感到了一丝“地理决定论”和“血统论”的气息，在他的理解中，“布鲁克纳的音乐和舒伯特的音乐一样具有地域特色，即作为其个性心理动因的补充……我们没有必要回过头去使这个环境理想化。熟知布鲁克纳家庭出身的人甚至断言，这或许就是他性格里缺少宏志，放弃权势的原因，一种不显山露水的个性，一种怪诞和固执的倾向，一种伤感的变态，一种会突然转向无力爆发的沮丧情绪，坚强和懦弱同样少见。”

如果人是自由的，首先他的思想是自由的；如果人的思想是自由的，甚至他戴着枷锁，他也算是自由的。

所以，对于这个世界上的各种现象和各种观点，在内心深处不妨给宽容留出真正的空间。

有时候，争论是无意义的，尤其是在咖啡馆里、酒吧里或茶馆里的争论是无意义的，那时候，最好还是让那些饮品之香弥散开来，成为空间的统帅和时间的主宰。

我也不准备和格雷贝争论，尽管我对布鲁克纳的理解和他的理解完全不同。布鲁克纳音乐的特质在我看来，是出自某种地域性，最后经过音乐神秘性的转化，成为了超越各种地域性的艺术，这也许可以解释，为什么人们最后称布鲁克纳的交响曲是“音乐的大教堂”，称布鲁克纳是“神的音乐家”。

如果加上《第零号交响曲》，布鲁克纳事实上创作了十部交响曲。《第三交响曲》别名“瓦格纳”，《第四交响曲》别名“浪漫主义”，《第五交响曲》别名“悲剧”，《第六交响曲》别名“哲学”，《第七交响曲》别名“英雄”，《第八交响曲》别名“启示”，《第九交响曲》别名“未完成”。从这些重要的、富于深意的别名去思索，就可以感到布鲁克纳通过这样的交响曲创作，已然用音乐构建了一个完整的意义世界，这种意义即是音乐本身的意义，也是音乐之外的某种寓意。

这种意义的完整性，我理解为是“圣”“王”相合的过程及结果。“圣”是关于“内”的，关于精神世界的，关于个人或集体的智慧与能力的完满集聚的，“王”是关于“外”的，关于政治世界或行动区域的，关于个人或集体的智慧与能力的外化或对象化的。所谓“圣”“王”相合的过程及结果，具体为先“圣”后“王”的过程以及“内圣外王”的结果。这多少是所谓中国哲学的语言。如果拿德国哲学的语言来类比着述说的话，它就应当是黑格尔所指的绝对精神的发展历程。

德意志人是非常需要意义的完整性的。凡事都讲究要弄个深透的他们，不仅需要意义，而且需要的是完整的意义。因此，布鲁克纳的音乐后来在第三帝国时期成为了最流行的古典音乐之一，此种现象也就没有什么可以叫人诧异的了。

布鲁克纳1896年10月11日去世。根据他的意愿，他的遗体被送往圣弗洛里安教堂，安葬在他钟爱的管风琴的下方。

而希特勒死后，没能按照他的愿望回到林茨。1945年5月30日，他同他的新婚妻子爱娃在柏林动物园附近的地下指挥部自杀身亡，遗体即刻被浇上汽油焚烧。后来苏联红军打了进去，据说对燃烧后的遗骸进行了核验和转移，反正是让希特勒“死无葬身之地”，避免日后纳粹主义沉渣泛起，将希特勒的葬身之处作为他们朝拜之所在。

柏林胜利纪念柱

值得一提的是，当希特勒的死讯被电台公告之后，跟着播放的音乐，还是布鲁克纳的《英雄交响曲》。我想，这一曲目的选择，是经过了反复掂量的，必有其道理，而那道理是有足够的说服力的，里面包含了对“英雄”的理解、对音乐的理解、对同乡关系的理解、对命运的理解。

“英雄”的称谓，是极为动人的，也是极为害人的。它是充满了感情的用词，也就是党同伐异的用词，是首先要厘清敌我关系的用词。在正统派眼里，曹操只能是奸雄；在非正统派眼里，刘备不过是小人罢了。因此，除了纳粹余孽，现在又有谁敢把“英雄”和希特勒联系在一起呢？但是，现在将布鲁克纳作为一个音乐界的“英雄”去对待，几乎是没有太大问题的。

有时候，我们不妨将“英雄”这种称谓适当悬置一番，因为它的使用有许多过于严格的条件限制，我们可以从“英雄”“奸雄”和“枭雄”这些感情色彩太浓、需要明确的价值判断的词出发，向上去找到它们的上位类词，比如，找到“雄人”这样的词，那样，我们也许可以在用词上更自由一些，因为“雄人”主要是某种事实判断罢了，就像现在我们动不动就使用“雷人”一词一样。更让人艳羡的是，“雷人”一词的使用机缘更多，使用场合更普遍，而且不用担心犯什么原则错误。

如果我们经过一番辩解，可以比较宽松地使用“雄人”一词的话，那么，和林茨有关的还有两个“雄人”，但他们不是林茨本地人，他们一个是文学家里尔克，一个是哲学家维特根斯坦。

里尔克出生在布拉格，1891年，16岁的他开始在林茨的商业学院就读，不过规定三年的课程，他半途而废了。

维特根斯坦出生在维也纳，1903年，14岁的他到了林茨，在一所

里尔克

里尔克《旗手克里斯多夫·里尔克的爱与死之歌》2006年德语版封面

住宿学校预修数学和物理学。维特根斯坦在林茨待了3年，1906年，他的物理老师波尔茨曼去世了，他便转往柏林夏洛腾堡工学院去学习机械工程。

在这两个“雄人”之间也存在一种非常巧妙的关系。1914年夏天，维特根斯坦慷慨地将自己得到的遗产进行了捐赠，6个受益人中就有里尔克。

我就是这样去看待林茨的。当大巴在1号高速公路疾驰并飞快地从林茨南边开过去的时候，我脑海里都是这样去想到林茨的。

林茨似乎成为了一个黑洞般的存在，它有着确确实实的吸引力，但是，有谁如此忧惧过？——自己是否会在抵达它的时候被它吞噬。

茜茜公主、伊丽莎白皇后

茜茜公主也就是后来的奥匈帝国皇后、匈牙利和波西米亚王国国母伊丽莎白。20世纪80年代的时候，电影《茜茜公主》引入国内，女大学生是最忠实和热情的影迷，茜茜公主的美貌和尊贵地位足以让她们顶礼膜拜。美国驻维也纳公使1864年在致母亲的信上写道：“像我常对您说的那样，皇后是个美的奇迹——挺拔苗条，绝美的身段，丰茂的浅褐色的头发，低矮的希腊式的额头，温柔的眼睛，红色的嘴唇带着甜美的微笑，轻微美妙的声音，腼腆但十分优雅的举止。”德国名帅老毛奇1865年访问维也纳后，给妻子写信道："传言并不过分，皇后确实十分迷人，比美丽更要令人动心，其实是很难描写的……”而后来成为德国皇帝的威廉二世是这样用近乎诗一样的词句来形容伊丽莎白的，“她不是坐下，而是飘然而落，她不是站起来，而是翩然而起……”

可以说，茜茜公主美丽多彩的人生是1853年8月从巴特伊施尔开始的，当时她16岁。

在那之前，茜茜公主和在父亲马克斯公爵那里当差的理夏德伯爵发生了恋情，但那段感情没有结出好果实。理夏德被派了外差，不久就病逝了。茜茜公主因此处在深重的抑郁当中。

茜茜是卢多薇卡的二女儿。卢多薇卡曾和后来的葡萄牙国王米格尔·冯·布拉冈扎王子有过一段浪漫史，由于政治原因而不能结婚。她后来同马克斯走到了一起。

马克斯是维特斯巴赫家族中最为知名的成员，维特斯巴赫家族的性格是：高度的智商、超高的敏感、强烈的自由渴望。马克斯有着明显的平民化性格，从来不按皇家思维行事。他在家中藏书27 000册，在其周围聚集了所谓“阿图斯圆桌”的一批市民阶层的学者和艺术

由久拉·本祖尔绘的伊丽莎白皇后像

年老的约瑟夫一世皇帝

家，他也好弹齐特琴，在1846年还出版了一本《上巴伐利亚民谣和民歌集》。他的这种遁世弃俗倾向可能也影响到茜茜公主。

马克斯曾明言不爱卢多薇卡，只是惧怕性情暴躁的祖父才勉强同意了这门婚事。他自己爱着一个出身平民阶层的女人，却由于门第不配的原因而不能结合。卢多薇卡在新婚一周年之时，从早到晚都以泪洗面。后来，她学会了容忍马克斯的不安分和种种桃色事件。只是到了金婚之后，马克斯对卢多薇卡的态度才有所好转。

茜茜公主母亲这边的血统要比父亲那边的血统更高贵一些。马克斯不过出身于一个旁系巴伐利亚家族，而卢多薇卡出身于巴伐利亚王室，她的父亲巴伐利亚国王马克西米连一世生有9个女儿。马克西米连一世的儿子、卢多薇卡的哥哥路德维希一世继承父位后，一直干到1848年才因萝拉·蒙泰丑闻而退位。接着是路德维希一世的儿子、茜茜的表哥马克西米连二世上台执政，他干到1864年。接替马克西米连二世的是他的儿子路德维希二世，也即著名的“艺术家国王”、瓦格纳的保护人。从辈分一层层地推，大8岁的茜茜是路德维希二世的表姨，他俩后来一个是奥匈帝国的皇后，一个是巴伐利亚的国王，而且在性格和情趣等方面都相当合得来，尤其是路德维希二世对伊丽莎白在精神上有着某种深刻的依赖。

卢多薇卡几姊妹都嫁了好郎君，这里说的这种“好”，明确地是指男方所具有的赫赫权势地位。其中，埃莉泽成为了普鲁士王后。索菲嫁给奥匈帝国弗兰茨·卡尔亲王，当前任皇帝在1848年革命后退位，他的长子斐迪南和他的弟弟卡尔都未能继承大统，登基的是他的侄儿也就是索菲和卡尔的儿子约瑟夫一世，也就是说，索菲将成为奥匈帝国的皇太后。

作为未来的皇太后，索菲极其慎重地为儿子挑选未来的皇后，皇帝个人的幸福是一回事，借机加强国家的外交也是一回事，具体来说，就是要替维也纳宫廷争来一位德意志公主。

索菲的首选本来是同普鲁士的霍恩索伦家族联姻，以此来帮助奥地利重新夺回在德意志同盟中的领导地位。约瑟夫也立即爱上了普鲁士国王的侄女安娜公主，但是，安娜公主已经订婚，普鲁士的政界也无法被埃莉泽王后说服，在他们心目中，和奥地利联姻是完全不符合普鲁士的路线的，要让安娜公主退掉订婚是不可能的。

索菲又打起了萨克森公主西多妮的主意，这种联姻也会增强奥地利在德意志的影响。但西多妮体弱多病，也不讨约瑟夫喜欢。

最后，索菲的目光停留在了巴伐利亚的海伦妮的身上，她是索菲的妹妹卢多薇卡的大女儿。

普拉特公园一景。更加平等和自由的关系形成在现代人之间

卢多薇卡对姐姐提出的计划打心底里欢喜。她俩及时拟定了日程，要在奥匈帝国皇家的夏季避暑胜地伊施尔，借为约瑟夫一世举办生日庆典的机会，让约瑟夫和海伦妮会面并订婚。卢多薇卡还不忘带上茜茜公主，希望她通过这次弥漫着幸福和浪漫气息的行旅来缓解自己的郁郁之状。

巴伐利亚和奥地利方面都对这次相亲会非常重视，皇帝的两个弟弟和其他皇亲都亲临伊施尔，连埃莉泽也从柏林赶来了。出乎所有人意料的是，预选新娘海伦妮完全没有打动约瑟夫皇帝的心，反而是茜茜公主喧宾夺主，以她的妩媚、高雅、略带稚气、略带忧郁的形与神让初次见到她的皇帝感到了极大的满足。

次日，皇帝就向母亲索菲摊了牌，他要娶，而且是娶茜茜公主，因为她像脱壳的杏仁一样清新，她的秀发是那样与其面孔相配，她的顽皮神态稚气却又甜美，她的眼睛是那样妩媚和温柔，而她的嘴唇就像是一颗鲜嫩的草莓。总之，就像在青年男女之间一见钟情通常表现的那样，皇帝觉得对方一切都美，没有一处不美。据说，当卢多薇卡问茜茜公主，她是否会爱皇帝的时候，茜茜回答说："这样一个男人怎么会不爱呢？"随着流下了眼泪，并保证尽一切努力使皇帝幸福。

皇帝和茜茜公主两人的爱火就这样在伊施尔熊熊地燃烧了起来。跟着的那些活动一直持续到8月底，皇帝无比兴奋地将这段日程形容为"神仙般的伊施尔之旅"。

8月19日，皇帝来到伊施尔旅馆，得以和他的未婚妻单独见面和说话，他们在临近午时时，又在人们唱颂的奥地利国歌陪伴之下，进入教堂接受祝福。1890年，伊丽莎白的女儿瓦莱丽和萨尔瓦托的婚礼也是在伊施尔的教堂举行的，瓦莱丽和她的妈妈回绝了一切宫廷礼仪，甚至没有举行正式的婚礼弥撒，只是婚礼前在家庭小范围内举行了一次小弥撒活动。演奏管风琴的是受瓦莱丽崇拜并资助的布鲁克纳。

8月19日那一天的晚宴是在哈尔施塔特举行的。宴后的郊游让人们更加兴致勃勃。夕阳照射巍巍山峰，哈尔斯塔特湖尽情反射着金色的夕阳之光。普鲁士王后埃莉泽情不自禁地叹道："在这绝美的景色里观看一对幸福的年轻人，实在是美妙之极！"

那一天的晚上，整个的伊施尔被成千上万支蜡烛以及涂有奥地利和巴伐利亚国旗颜色的灯笼照得热烈异常，更具创意的是，在西里乌斯山峰之上，五颜六色的灯笼在空中组成了一座古典神庙，并带有大写花体字的"FJ"和"E"两组字母，它们分别是弗兰茨·约瑟夫和伊丽莎白两人名字的开头字母。沿街的居民都争相向他俩热情欢呼。

1854年4月20日，伊丽莎白离开了她的故乡慕尼黑，大批慕尼黑人前来向她告别，那些雷鸣般的欢呼使她倍加感动，她从马车上站立起来，流着泪向他们回敬。次日，她到达帕绍，这是一座位于今日德国、奥地利和捷克交界处的美丽城市，多瑙河、因河、伊尔茨河在那里三江汇流，帕绍特意建立了一座凯旋门，皇帝派的特使到了这里迎候未来的皇后。两艘轮船被装饰得美轮美奂，它们将护送伊丽莎白横穿整个上奥地利州。

皇帝也走了一半的路，到达林茨迎接他的新娘。在他俩会合的那个夜晚，林茨话剧院举办了题为"献给伊丽莎白的玫瑰"的盛大演出，全城灯火通明，还举办了火炬游行和合唱表演。

从林茨开始去维也纳的航程，伊丽莎白乘坐的是"弗兰茨·约瑟夫"号大型水轮式航船，它使用的动力是伦敦制造的140匹马力发动机，在当时也就是一项奇迹般的新技术，而多瑙河上当天不再准许其他船只航行。

婚庆活动最后在维也纳形成高潮。以婚庆为由，皇帝对因政治罪行而受到剥夺自由处罚的200余位在押犯人作了赦免，另外100人被

哈尔斯塔特附近景观

伊施尔一景

帕绍一景

减刑一半。在匈牙利、伦巴第和威尼斯施行的戒严状态被取消了。有3 400万奥地利先令被拨付给部分地区，用于给穷人减困。帝国所有教堂，都为大婚举行了专门弥撒，很多城镇在大婚典礼当日，为穷人提供免费用餐，发放燃料和面包，为穷孩子换上新衣服。皇家霍夫堡剧院举行庆典演出，演出席勒的话剧《钟之歌》，颂扬家庭幸福。小施特劳斯为宫廷舞会创作了《伊丽莎白旋律》，糅合了奥地利国歌与巴伐利亚国歌的曲调。后来建成的维也纳—慕尼黑线路列车还被命名为伊丽莎白皇后西部列车。尤有甚者，奥地利国歌增加了这样的第二段——“亭亭玉立，坚贞淑贤，/伴随吾皇侧边。/绚丽妩媚，永不凋残，/皇后风采无限。/上天赐福，恩似渊海，/永驻陛下胸怀！/万岁弗兰茨·约瑟夫，万岁伊丽莎白！/哈布斯堡家族长盛不衰！”

人们普遍赞美伊丽莎白的美丽。伊丽莎白也非常在意美，包括自己的美和他人的美。她曾建立美人相册，甚至通过外交大臣指示奥地利驻国外的外交官收集美女照片并寄回维也纳。

美丽的伊丽莎白，她美在何处?

伊丽莎白身高1.73米，比皇帝还要高几厘米。体型苗条诱人，始终保持在偏瘦的100斤左右，腰围保持在50厘米，臀围据说是在62~65厘米。

当她意外地被皇帝相中的时候，她才15岁，还没有长出一个女人诱人的身段。婚后4年就三次生育，也极伤她的身体，皇储鲁道夫1858年的难产出生导致她患上了严重的咳嗽。她节食导致了贫血，为了稳定神经而运动却又过度，后来的医学认为这些问题部分是心理障碍，

人们在慕尼黑圣米歇尔教堂参加婚礼。这个教堂里的地下室有着巴伐利亚国王路德维希二世的陵寝

是一种寻求消瘦的神经官能症，即神经性厌欲症，常常伴有对性欲的拒绝。但是，慢慢地，她的丽质出落至极，也许是少妇的韵味和年轻妈妈韵味有了一种奇妙无比的结合吧。

发现皇后丽质的首先是那些普通人，当她去宫廷外活动的时候，人们常常为一睹皇后而从四处潮涌而来。有一次她去著名的斯特凡大教堂，人群将她重重包围，吓得她不知所措，只好哭着逃进神父的更衣室。

男女之间不太公平的地方其实很多，“郎才女貌”就可以算是一种。女性对自己所钟爱的男性，看重他内在的品格和力量之余，对他的外形是不太苛求的，他的外形随意一点，也许还是浪漫主义的一点象征。但是，一个男性即使最终发觉，作为他疼爱对象的女性，最要害的品质还是性情和脾气，但他对她外在形式的要求仍然会一直严格下去，女性如要在外形上随意一点，那就不叫浪漫而只能被叫做邋遢。也就是说，男性对自己的外形尚可随便一些，而女性如想要始终在男性心中站稳自己的位置，就必须对自己的外形时时加以呵护。

呵护外形就成为了女性的一项不得不去完成的使命，虽然她并不是完全为男性去完成的，也可以只是为自我欣赏去完成。

这项使命对皇后这样耀眼的人物，在他人看来简直算是一种折磨：过度享受、过度讲究就是折磨。

伊丽莎白的美容法是这样的：每夜使用生小牛肉面膜，草莓季节则用草莓面膜，洗橄榄油温水澡。为保持苗条，常用湿布围在腰部以上睡觉，每日喝下一种由五六个白鸡蛋加食盐混合的饮料。每日穿衣服耗时近3个小时，而且可能是多次换穿衣服。每天理发的时间，也要花上3小时，她那极其复杂的用长辫编成的发型，被她称为“通缉令式发型”。

一天穿衣服和理发就花了6个小时，去掉了一天时间的四分之一，如果按非睡觉时间算，就近乎去掉了它的4成。真的有意义吗？

好在这世间，人是一茬茬地去，又一茬茬地来，人有的是。有人乐意这样，有人乐意那样，各得其所就行。所以，只要伊丽莎白自己觉得乐意，我们旁人又着什么急？

将穿衣服和理发的时间除外，还剩下6成的非睡觉时间。在这些时间里，伊丽莎白像皇帝所希望的那样，在臣民面前履行着自己的职责，参与一些政治的、礼仪的活动。德国皇帝威廉二世曾在报告上批示：“她是本世纪政治观点最鲜明和最客观的一位皇后。”从当时的普遍观感看，伊丽莎白的政治观点被视为“革命的”“市民阶级的”“反教权的”和“反贵族的”，因而，她在公众场合的露面、她的一些言行并不总是受到帝国统治阶层的欢迎。渐渐地，本质上悲观厌世的伊丽莎白就返回了自我，埋首于诗歌创作，最终退隐到孤寂当中。

伊丽莎白最大的艺术爱好就是读诗歌和写诗歌。她最大的骄傲是想当一个大诗人。她最热爱的诗人非海涅莫属。

伊丽莎白认为自己和海涅有灵魂的沟通，是他为她的笔口述着诗句，“海涅的诗中，出现的每一个字，每一个字母，都是一颗宝石”。她拜访过在汉堡的海涅之妹夏洛特·冯·昂布当，瞻仰了在巴黎的海涅之墓。她作为海涅专家的名声很大，甚至有包括文学史家的人前来求教。有一次，她准确地在3

长发的伊丽莎白

首准备发表的海涅诗歌中指出了其中一首非海涅所作。不过，海涅的犹太身份以及他对德意志的不友好态度在当时引起了许多德意志人对他的反感和敌视，这种环境也使伊丽莎白的情感取向常常受到钳制。

无论是谁，外表的美是无法永久的。这个铁律对一个阿尔卑斯山区的寻常妇人有效，也对一个帝国宫廷里的高贵妇人有效。也往往是，另有一个规律也紧跟着这个规律一起生效，那就是“色衰爱弛”。

这个世界上，真正能从外到内都“白头偕老”的两人可能是很少见的，“色衰爱弛”是一个很容易被观察到和被理解的原因，另外那些不容易被观察到的原因，也是容易被理解的，那些是性格、志趣、生活细节等方面的始终不匹配或者经久失调。

约瑟夫皇帝很早就移情别恋了。也许，他对伊丽莎白的一见钟情完全奠基在很容易被观察到的外在的原因方面。可是，太美了，既容易诱人，也容易伤人和害人。那种人与一度爱她的对象是很难平和地、长久地相处于婚姻和家庭生活当中的。

霍夫堡皇宫剧院的歌剧演员施拉特后来成为多情好色的约瑟夫的重要情人，她比皇帝年轻23岁，令皇帝感到非常舒坦，她以自己平静而自然的风度使约瑟夫有了一种终于到家的感觉。也许，那就是一种真正的好伴侣的标准吧。

有些不可思议的是，伊丽莎白不仅知道这种关系，而且放任乃至支持了这种关系，也许，她知道皇帝的寂寞乃至孤独并对之感到了某种负罪感。

伊丽莎白之子鲁道夫的自杀，加速了伊丽莎白从美的高峰向下跌落。

伊丽莎白为皇帝和哈布斯堡家族诞下了皇子鲁道夫，曾经带给皇室巨大的欢乐。皇帝特别送给了伊丽莎白价值70 000多古尔登的珍珠项链，给躺在摇篮里的儿子赐赠了金羊毛勋章，意味着从他降临世间的第一天起，他就成为了帝国军队的上校，皇帝如此感慨，“上天赐给我一个儿子，他将看到一个更新、更大和更美丽的维也纳，即使这座城市发生变化，皇子仍将获得古老维也纳人的永不改变的忠诚的心，必要时，维也纳人不论在什么情况下都会为他做出久经考验的牺牲”。

鲁道夫异常聪慧，5岁时就能使用德语、匈牙利语、捷克语和法语。但他生性怯懦，稚弱多病。为了使皇子体力方面的发展和智力方面的发展相协调，皇帝特意安排了严酷的军训方面的调教，结果导致鲁道夫身心两方面都备受折磨，几乎变成了傻瓜。是伊丽莎白顶住来

茜茜公主和约瑟夫皇帝订婚后在伊施尔进行了一次浪漫的游历

自各方面的压力，将儿子解救了出来，并按照自己以市民阶级意识为主甚至是反宫廷式的教育方式将他培养。

长大之后，鲁道夫偏好动物，后来专攻鸟类学，参与了《动物生活》的编写工作。他渴望去大学正常学习自然科学，却未获准。而在开明得多的普鲁士，威廉二世年轻时在具有自由思想的父母督促下，前往了波恩大学学习，虽然他在学业上不很用心，最后也未能毕业。

确切地说，鲁道夫终生都感激他的母亲伊丽莎白，他曾经在巴黎高价买到11幅海涅的照片，送给母亲作为圣诞礼物。他也更多地承继了母亲的种种特质，并自然而然地在精神上脱离了他事实上生活于其中的贵族环境。但最终的后果说明这种分化对他是致命的。

1889年1月底，鲁道夫和一个名叫玛丽·韦采拉的年轻姑娘用子弹结束了自己的生命。医生的推断是：鲁道夫在皇室内是一个陌生人和孤独者，始终生活在绝望和孤立无援当中，他是在精神恍惚的状态下和那个姑娘共赴黄泉的。

当鲁道夫不幸辞世，瓦莱丽又结婚别居之后，伊丽莎白也年届50了。她的世界也就开始真正垮塌了。

“我一想到自己已经老了，就感到要在这个世界隐退。世上最可怕的事情，莫过于一步一步变成木乃伊，还不想和青春的幻觉告别。如果还要扮演一个浓妆艳抹的毛毛虫四处招摇撞骗，呸！今后我将永远戴着面纱出门，即使我亲近的人也不许看到我的脸。”1889年底，奥地利驻外机构得到指示：皇后希望在她生日和命名日的时候，不要再致祝贺，“不仅是在近期，而是永远”。她将所有彩色的、鲜艳的

威廉二世

衣物、雨伞、鞋、头巾等都送给了两个女儿，自己只穿素色的丧服。所有的首饰也外送，她决意以“悲痛的圣母”形象度过自己的余生。性情变得怪癖的她，随便到陌生的地方过夜。她曾在一个地方试图进入一所民居，结果被老妇赶了出来。她常常在不经邀请的情况下，事先也不通知，就出现在欧洲的一些宫廷。有一次，她就这样去柏林拜访威廉二世的母亲，结果被宫殿的警卫关进了警卫室。

无论人们会对伊丽莎白的美丽作任何“成也萧何，败也萧何”式的评价，人们最后都会对她的不幸结局感到深深的悲伤——她的儿子是自杀的，而她，是被杀的。

伊丽莎白喜欢瑞士的自然风光，1898年9月，伊丽莎白到了日内瓦，预定作4周的疗养。她非常喜欢日内瓦湖，“它的颜色很像海水，它也很像大海”。“这是我最喜欢的驻地，因为我可以在世界主义者当中游荡：它会给你一种幻觉，似乎看到了生灵的真谛。”这些感慨都是在她生命的后几年才形成的。

伊丽莎白化名住在丽滨旅馆，但不知哪里露出了破绽，有关她的消息还是登在了报纸上面。一个意大利无政府主义分子、25岁的青年卢亨尼早就潜藏于此，他本来的暗杀目标是法国皇位继承人之一、奥尔良王之子亨利，但亨利没有如期而至。只想刺杀一个专制贵族的卢亨尼很快将目标改到了伊丽莎白头上。

10日下午，伊丽莎白走出旅馆，准备去渡口乘坐班轮，卢亨尼向她冲了上去，对着她的胸口，用三棱锉刀狠刺下去。伊丽莎白即刻向后倒去，却又戏剧性地很快站了起来，甚至还用匈牙利语问旁人：“这个人想干什么？是想抢我的表吗？”她还继续往前走了100多米，即将到船上的时候，她才突然倒了下去。2点40分，她死去了。因为伤口很小，血慢慢地回流进了心包，缓慢地使心脏最终停止了跳动，而溢到外面的只是极小的一滴血迹。

罗马尼亚王后、才女卡门·西尔维娅相信这样一个结局对伊丽莎白“却是美好和宁静的，在她热爱的大自然的怀抱里毫无痛苦而平和地死去，这是她的一个伟大时刻。在无数悲痛欲绝的人们的中间闭上眼睛，并不是每个人的愿望。有些人很愿意在这个世界上悲壮地死去，但这却不是伊丽莎白的性格。她不想为这个世界做任何事情，也不愿她的死给这个世界带来什么好处。她想保持孤寂，也希望默默无闻地离开这个她的足迹踏遍的世界，她一生都在寻觅宁静，以她匆匆的奔波求索更高和更完美的东西”。

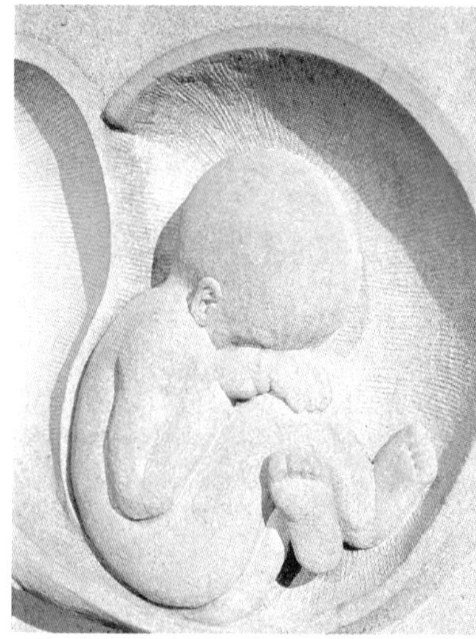

美因茨古腾堡博物馆前反映活字印刷技术的雕刻。生在一头，死在另一头，人的存在既是复杂的，又是简单的

在巴特伊施尔，有一家以茜茜命名的咖啡店，据说，伊丽莎白生前常常去那里喝咖啡。许多人都会特意走进那家外墙是柠檬黄色的空间里去。我也走进去了，咖啡又浓又香，并被那个比较阴郁的天气反衬得有些热烈。

我知道：茜茜咖啡店里的咖啡不仅是一种饮品，更是有关那个美丽女人的记忆中介和历史桥梁。

Deutschland Kennen und Lieben

第3节　纽伦堡

衡量丢勒的标准—画家格吕内瓦尔德和音乐《画家马蒂斯》

衡量丢勒的标准

纽伦堡出过丢勒这样一位伟大的德国画家。

纽伦堡人和全体德国人都以拥有丢勒这样一位画家为莫大的光荣。早在1840年，丢勒纪念碑成为了德国为艺术家所设的第一座公共纪念碑。从1815年开始，每年都会为德意志画家们举办“阿尔布雷希特·丢勒节”的庆祝活动，在1928年即丢勒逝世400周年和1971年即丢勒诞辰500周年之际，德国都隆重举办了“阿尔布雷希特·丢勒年”的纪念活动。

丢勒1471年出生在位于伯格大街和上铁匠街交界处的一所房子里。他从1509年开始一直在此居住直到1528年离世。在丢勒逝世300周年纪念日的时候，这栋木结构建筑被政府收购下来并加以重整，一楼摆放着一台丢勒时期的印刷机，在四周的墙壁上，挂着示意图，它们标示着丢勒的主要作品以及那些作品被哪些世界各地的博物馆收藏着。

丢勒的创造力无比旺盛，其作品超过1万件。也许是契合了某种天意，丢勒的最后一件作品，也可以被视为丢勒最伟大的一部作品，一幅名叫《四使徒》的宗教画，被丢勒赠送给了家乡纽伦堡市的参议会，17世纪下半叶被挂在市政厅作为装饰。

丢勒在《四使徒》上，画了福音书的四位作者约翰、彼得、马可和保罗，该画是由两块高215厘米、宽76厘米的长条画组成的。在左图中，约翰年轻英俊，穿着浅绿色的上衣，外披红色大麾，正聚精会神地看着手上的《圣经》，在气质上，丢勒将他处理为乐天达观的多血质。年老的彼得站在约翰身旁，俯首阅读，手中还捧着巨大的金色钥匙，他属于冷静淡泊的黏液质。在右画上，保罗的大麾是浅色的，他一手捧着《圣经》，一手握着利剑，属于压抑多疑的忧郁质，马克则

1493年的纽伦堡

纽伦堡景色

四使徒

手握书卷，机警地注视着四周，他的性格是急躁易怒的胆汁质。尽管四人的性格不同，神态有异，但是他们都对基督教会的建立肩负着重要的使命。丢勒通过此画，寄托了自己对基督教终能将人类从生与死的恐惧中解脱出来的坚定信念。

丢勒的父母多产，一共生了18个孩子，丢勒排行第三。丢勒的父亲是一位匈牙利籍的金匠，而母亲也是一位金匠之女，丢勒后来娶到的妻子则来自一个铜匠家庭。丢勒最初也跟随父亲学习了一段时间的金匠工艺，当父亲将自己的当家本领几乎都传授给了儿子的时候，15岁的丢勒却发现只有从事绘画才是自己应该去走的人生之路。于是，他毅然离开了父亲的作坊，跑到同一条街上的卡尔·沃格穆特那里，跟随这位他心目中的当地最优秀的画家学习绘画。

据说丢勒的学画过程非常感人。他有一幅著名的素描《祈祷的手》就连着这样一段故事：和丢勒一起学画的还有一个名叫尼格斯坦的朋友，他俩因家境不富无力从师，便决定一边打工一边画画。后来，尼格斯坦感到丢勒的绘画天赋更高，便主动放弃了绘画的理想，每天去拼命打工以便供给两人的生活，让丢勒更加专注于绘画。3年的粗活干了下来，尼格斯坦的双手已经变得非常僵硬，指关节变短，指甲板干裂，但他依然无怨无悔。有一天，丢勒从外回来，看到了尼格斯坦正在为丢勒做着祈祷，不禁感激涕零，及时画下了这幅素描，明示自己要在艺术上成功的决心，并表达了对尼格斯坦的无限敬意。现在，我们容易在许多场合见到《祈祷的手》，比如，我在香港的基督教艺术品商店就见到过以它为图案的小铜盘。

丢勒被认为是伟大的，他的伟大以何为标准呢？

德国浪漫主义的鼻祖瓦肯罗德很早就赞美过丢勒的绘画，他也和朋友蒂克一道寻访到了纽伦堡。瓦肯罗德称颂丢勒是“我们德高望重的鼻祖”，其绘画贴近人生，具有大地般的厚重感，他还认为不能单单从绘画艺术的成就去评价丢勒，那样的话，拉斐尔等意大利大师的成就会站在丢勒之上，必须加以重视的，是丢勒的艺术深深植根于德意志民族精神，有着强大的生命力和感染力，他的绘画作品看似粗重笨拙，布局还欠严谨，但是它们的真正魅力在于那深刻的内涵，在于那“本初而内在的灵魂”。

瓦肯罗德实际上也是在承认，如果绘画艺术以意大利人的标准为标准，那么丢勒还是不够最高的标准的，而意大利人的标准在丢勒的时代又的确是一种最高的标准或者说普世性的标准。

如果以阿尔卑斯山为界来划分的话，山北的德意志地区可谓是北方，而山南的意大利地区可谓是南方。北方和南方存在着完全不同的文化发展优势门类。在意大利，文化向来是以美术文化为主导，作为教皇的驻地所在，天主教一直统辖着人们的心灵，它也庇护和鼓舞着美术文化的正常发展。相对而言，音乐文化主宰着德意志文化的本质，作为新教的营盘，在反偶像崇拜的口号鼓动下，美术的发展一度受到钳制乃至扼杀。就人们普遍的心理定势和性格特征分析，阴冷萧瑟的北方导致其居民的心灵需要较为内在深刻，他们的精神追求显得比较含混复杂，因此，要获得某种凝固的、外显的艺术表现形式，需要更长的时间过程。相反，明快温暖的南方使其居民的胸次较为明朗，精神追求比较浅表化，在获得和确定某种凝固的、外显的艺术表现形式方面，似乎要容易和迅捷得多。

这些因素形成了一种合力，使北方比南方在美术上显得要落后一些，要低下一些，也容易使先进的南方成为某些在美术方面的所谓世界标准的制定者或体现者。

丢勒所处的时代，正是北方绘画需要的时代。而按照传统习惯，从艺者在完成学徒阶段的学习之后，也要经历一个“漫游岁月”。丢勒因而从1490年开始，用了4年时间到德国各地和邻近国家旅行，婚后不久，开始了又一次意大利之旅。等到这第二次学习完毕回到纽伦堡的时候，丢勒就已经迅速跻身到了一流画家的群体之中。对这两次学习，丢勒是非常看重的，他本人也的确从中受益不小，他在自己的画中也特别加以纪念。在一幅他26岁的油彩自画像中，从画中所画的窗口，可以看见在室外很远处的

丢勒绘于1508年的《祈祷的手》

丢勒创作于1498—1500年的针叶木板画《哀悼基督》

阿尔卑斯山，丢勒的意图是借此说明自己曾翻越阿尔卑斯山去意大利游历，也寓意自己已经不是一个仅仅局限在纽伦堡的职业工匠，而是穿越了国界、见多识广的美术大师。

所以，有评论家认为，丢勒是通过南方的形式而使自己成为世界性的画家的。而他的那些著作则将科学原理和方法带进了德意志艺术，引领了德意志艺术的现代化。这种论点有值得进一步推究的地方。它意味着北方的心灵需要一时还找不到更好的、更准确的表达形式，需要到南方去借用它们的形式；它意味着衡量德意志的标准还是意大利的标准；它意味着衡量一个特定地区的标准还是所谓整个世界的标准。

仔细观摩丢勒的绘画，它们被画得非常准确、真实，可以感受到其中凝聚了巨大的理性成分。但它们所表达的这些，一方面的确表达了北方心灵需要的一部分，另一方面也就是的确没有更好地表达北方心灵需要的全部或整体。因此，衡量丢勒的标准，实际上就不是德意志自身的标准，不是适合德意志本质的标准。如果人们要坚持接受这种标准，那无异于说，意大利人能够画的，德意志人也能画，丢勒也就不过如此。于是，当我们站在丢勒的绘画之前，在肯定有相当的陶醉感之余，有一种失落和惆怅会隐然发作。

画家格吕内瓦尔德和音乐《画家马蒂斯》

如果一些人对衡量丢勒的标准有所不满的话，他们不必太过绝望，因为和丢勒同时代的，还有一位伟大的德意志画家格吕内瓦尔德，他的绘画实践事实上也孕育出来了另一个标准，那是一个非常贴切地满足着北方心灵需要的标准，从整个欧洲绘画史去判断，那既是特别针对德意志区域的标准，也毫不夸张地可以称得上是一种世界性的标准。

格吕内瓦尔德虽然也属于伟大者之列，但他是那样神秘，非常像一块珍稀的历史残片短笺。

格吕内瓦尔德原名为马西斯·尼哈特·高哈特，作为姓，尼哈特的意思居然是“满怀邪恶”，也许是为了冲淡和调和这样一个不善的词义，画家又在姓名之后加了一个词“高哈特”，意思是“满怀上帝”。他的卒年是确定的，是1528年，地点在哈雷，而他的生年只能推测为大约在1480年，地点在维尔茨堡，1505年，格吕内瓦尔德在阿莎芬堡为碑文作画，其生平才形于文字记载。他的第一件标有日期的作品是1503年创作的《嘲笑基督》，现存在慕尼黑。

从1510年起，格吕内瓦尔德往返在法兰克福和美因茨之间，作画的同时还承接一些水利工程。次年，他以自己非凡的才华成为了美因茨大主教的宫廷画家，现藏于法国科尔玛的《伊森海姆祭坛画》就是1512年开始创作的，直到5年后才完竣。

格吕内瓦尔德和丢勒等名画家生活在同一时代，他们之间也发生过交往。美因茨大主教同时还聘用着丢勒、克拉纳赫、荷尔拜因等画家。查理五世1520年在亚琛举行神圣罗马帝国皇帝的加冕礼之时，格吕内瓦尔德和丢勒一块儿参加了。

闵采尔领导的农民战争失败之后，格吕内瓦尔德移居法兰克福，专心于油画销售，还致力于生产一种药用肥皂。1527年去哈雷当水利工程师。去世后，人们发现他留下的一个箱子里装满了路德新教的书籍，还有几件用高级布料做成的衣服。

格吕内瓦尔德的生平是很不完整和不很准确的，只是他留下的那些不多的画作却以异常震撼的力量，表明了他是欧洲过去表现主义者中最强大、最壮美、最激动人心的一位。他用内在情感最强大的攫取力来体验从自然形状到极度变形结构的转变，他对观者接受状态提出了至高要求。

格吕内瓦尔德1503年创作的针叶木板画《受辱的基督》

从格吕内瓦尔德留下的最著名的伊森海姆祭坛画分析，我们可以感到，格吕内瓦尔德同丢勒一样，希冀通过绘画表现德意志人根深蒂固的寻求伟大和崇高的内驱力，但是，丢勒的作品总让人首先体验到一种伟大的静态性质，而格吕内瓦尔德的作品则表现出情绪激昂的动态精神。

创作伊森海姆祭坛画大约在1510年左右，当时，在西欧的大部分地区正流行着一种可怕的以剧烈灼痛为主要表征的疾病麦角中毒症，人们又称它是“圣火病”。伊森海姆修道院也来了许多香客，染病者在祭坛前乞求早日治愈病痛，无病者则祈祷上天保佑自己躲过灾祸。伊森海姆修道院的古伊多·古厄希听说格吕内瓦尔德曾为美因兹主教管区设计过祭坛，便慕其盛名，向格吕内瓦尔德发出邀请，委托他为自己的修道院设计一个大型祭坛。格吕内瓦尔德则向他们保证，他的祭坛画定能坚定人们的信仰，给病人精神上以安慰和信心。

伊森海姆祭坛画是一个后期哥特式的带有两扇侧翼的祭坛画，其主画是高2.69米、宽3.07米的《耶稣被钉在十字架上》。十字架和被钉在上面的耶稣居于画面正中，右边站着神态平和的施洗者约翰，他一手托着翻开了的《圣经》，一手正以告诫的手势指着救世主。十字架左边的使徒约翰正用手臂托着因悲伤就要倒下去的圣母玛利亚。在耶稣脚下，右边是一只正抬头看着他的小羊，左边跪着被画得较小的忏悔者玛丽亚·马格达雷娜。

人们从伊森海姆祭坛画上看到了格吕内瓦尔德具备穿透人类情感核心的能力，他所创造的是那种直接通向本质的真实，而没有按照那些南方的、传统的绘画法则去描写自然，一种真正属于自己的艺术意志无法遏制地主宰了格吕内瓦尔德的创作。格吕内瓦尔德绘画中的人物都呈现出异常强烈的痛苦感，同时兼备真挚的母爱和虔诚。尤其是人们可以明显看出，在《耶稣被钉在十字架上》中，画中人物的尺寸大小不是出于解剖和透视的考虑，而是由他们在事件中的意义来决定，基督的身高几乎是其他人的两倍，橄榄绿的腐肉颜色充满画面，这样奇崛张扬的造型和用色完全置当时的传统画理于不顾，完全不是从理性出发，而是从情感、从心灵深处、从生命最充沛的那部分感觉出发，简直就是一种德国式的、德意志式的“表现主义”的超前表现，难怪后来的德国表现主义艺术家都要争相向格吕内瓦尔德顶礼膜拜，奉他为自己的鼻祖。

我们对格吕内瓦尔德的认识和理解，在依赖他的画作本身以外，还可以从音乐的聆听出发。德国现代音乐家欣德米特敏感地抓住了格吕内瓦尔德的题材，先后创作了三乐章的交响乐《马蒂斯》和七场歌剧《画家马蒂斯》。

欣德米特1895年生于哈瑙，1963年在法兰克福去世。欣德米特的家境不好，父亲是一个房屋油漆工人，而且在儿子19岁时就战死沙场。在那之后，全家的生计就主要靠欣德米特去担负。

欣德米特天资聪颖，11岁就开始到咖啡馆、剧场等场所演奏音乐，3年后进入了法兰克福音乐学院。

他是闻名的快枪手。据说，他的一首小提琴奏鸣曲末乐章是在火车上完成的，从火车启动到下一站停车，他就将它写完了。还有一首奏鸣曲是这样谱写的：到了预定录音的前一日，他才发现还没有动手，于是，次日清早他爬起来就动笔，几个小时后就拿着成品去电台录音了。

欣德米特被一些人评为音乐家中的音乐家。他能演奏管弦乐队中的每一件乐器，如果他对某一种乐器把握得还不够自如，他会利用一个星期的时间去钻研，直到自己心满意足。也许这和他的出身和生活经历有关，他也非常尊重那些非专业的音乐爱好者，除了创作用于音乐会的作品之外，他还专门为音乐爱好者们创作了适合他们演奏的作品，这些作品的演奏乐器也囊括了音乐爱好者可以使用的每一种乐器。

欣德米特反对为艺术而艺术，他提出：“今天的作曲家只有当他明白他的创作目的时，才应该创作。为作曲而作曲的时代也许将一去不复返了。”

欣德米特坚持自己反浪漫主义的哲学理念，创作了大量严酷的、带有很重的原始味道的不谐和音乐。理查·施特劳斯对此感到非常不解，他抱怨地说：“你为何要用这种方式来作曲呢？你有足够的天资。”欣德米特的回答是：“教授先生，您尽管创作你的音乐，我会创作我的作品。”

欣德米特将马蒂斯作为一个这样的创造性艺术家来加以表现，即马蒂斯在自己的艺术召唤和政治、经济、宗教对他的要求之间无法调和。欣德米特这样理解活在自己音乐作品里的画家：马蒂斯参加战争，站在了反对贵族和教会的造反农民一边，他想象中的理想是美好的战斗和正义的胜利，但在这种理想和农民战争的险恶之间有着巨大的矛盾。在一个寓言式的场景里，马蒂斯体验到了圣安东尼的考验，在他受磨难的灵魂中所有良心的感觉都起来责问他、折磨他，并且要求他加以解释。

欣德米特根据格吕内瓦尔德的部分生平，再加以部分虚构，自撰了歌剧脚本。事实上歌剧是在交响曲完成之后再完成的。交响曲于1933年希特勒上台之后开始创作，1934年由富尔特文格勒指挥柏林爱乐乐团进行了首演，但很快遭到纳粹的禁演，富尔特文格勒虽然立即辞职以表抗议，却毫无效果。

富尔特文格勒

在歌剧《画家马蒂斯》中，第一场是，马蒂斯为大主教供职，他在修道院的十字路口作画，正好碰上了农民起义领袖施瓦尔布在其女蕾吉娜伴随下闯进了院内。马蒂斯送给蕾吉娜一根丝带，帮助她的父亲逃跑，并向尾随而至的追踪者承认是自己放走了施瓦尔布。

第二场，追踪者向大主教控告了马蒂斯放走农民起义领袖的罪过，但大主教却宽容了马蒂斯。

第三场，大主教的顾问卡皮托促使大主教改信基督教，而后与使命之女乌尔苏拉成婚。乌尔苏拉不从，因为她的芳心早已倾向于马蒂斯。但马蒂斯最后却追随起义的农民去了。

第四场，起义农民占领了王城，处死了伯爵，让伯爵夫人陪侍他们饮酒。马蒂斯不忍看到这样的场景，他出面阻止却被打翻在地。此时，施瓦尔布和蕾吉娜来到，动员农民们前去和逼近的联盟军队作战。战局最后以农民的失败告终，施瓦尔布牺牲了，王城再回统治者手中。由于伯爵夫人的从旁说情，马蒂斯免于被捕，他带上因亡父而绝望至极的蕾吉娜逃走。

第五场，乌尔苏拉最后以自己的纯洁打动了大主教，大主教宣布同意路德教徒的信仰自由，自己也想开始像隐士那样去生活。

第六场，马蒂斯和蕾吉娜来到一个陌生之地，他以天使们奏乐的故事使蕾吉娜缓缓入睡。而后出现了一系列梦幻般的景象，其中大主教渐渐化身为圣保罗的形象，他提醒艺术家应当遵从自己的天职，重回绘画的本位。

第七场，在艺术家的工作室内，乌尔苏拉照料着蕾吉娜，但后者最后还是停止了自己年轻的生命。马蒂斯在完成祭坛画之后，也精气竭尽，他希望在与世隔绝的安宁当中度过余生。他打开了一只衣箱，将蕾吉娜临死前还给他的丝带藏了进去。

在交响乐《画家马蒂斯》中，每一个乐章都用伊森海姆祭坛画的一个画面来命名，它们分别是《安琪尔的音乐会》《埋葬》和《圣·安东尼的引诱》。作曲家解释说：“这是以3幅画为主而作曲，但并非标题音乐，而是尝试让听众在欣赏时，产生如欣赏画一样的心情。”

值得一提的是，交响乐《画家马蒂斯》1937年在杜塞尔多夫演出获得了这样的待遇：按照纳粹的标准，它是作为颓废音乐的一个样本来对待的。在剧院的入口处，醒目地写上了“谁同犹太人一起鬼混，谁就不得好死！”

格吕内瓦尔德1515年所绘制的伊森海姆祭坛画的中央画板《基督受难图》

其实，欣德米特是一个标准的德国人，但他在现代音乐方面的尝试冒了第三帝国的大忌，而且他的政治态度根本没有认同国家社会主义运动。他进出柏林高等音乐学校的大门时，总是拒绝行纳粹礼，不仅他教授的学生里有两名犹太学生，他还在公开场合与犹太人一起举办音乐会，和国内外的犹太艺术家依然保持着亲密的来往，更有甚者，纳粹认为欣德米特在创作一部室内音乐作品的时候，对一首经常出现在纳粹集会上的军队进行曲作了滑稽的模仿，无异是在攻击纳粹运动。有鉴于此，纳粹不可能不对他进行整肃，首先是对他在1929年创作的歌剧《当日新闻》加以抨击，它的题材反映的是魏玛时代盛行的表现主义运动，其次，戈培尔在一次集会上点名批判了《画家马蒂斯》，指责它是颓废的音乐。

鉴于当时担任帝国音乐总指挥的杰出指挥家福尔特万格勒已经在《音乐总汇》杂志发表过文章赞誉《画家马蒂斯》，希特勒专门接见了福尔特万格勒，但他们的意见未能达成一致，结果是福尔特万格勒被免去了一切职务。接下来，是戈培尔登场对欣德米特大加鞭挞：“他的血统也许是纯德国的，但是这一事件却表明，犹太精神对我们肉体的腐蚀有多深。一个真正的德国艺术家必须是一个实实在在的艺术家，而绝不是制造出无调性噪音的那种人。”

欣德米特最后被校方给予了半年的请假许可，免于被驱逐出境，但他还是于1938年离开了德国。直到1953年才以美国公民的身份回到欧洲。

Deutschland
Kennen und Lieben

第4节　慕尼黑

理查·施特劳斯的“变形”—画家之城—“蓝骑士”的家

理查·施特劳斯的“变形”

慕尼黑有4个世界有名的乐团，巴伐利亚广播交响乐团、慕尼黑爱乐乐团、巴伐利亚国家乐团和慕尼黑巴赫乐团。

历史最悠久的当属巴伐利亚国家乐团，它是巴伐利亚国立歌剧院的管弦乐团，历史可以溯源到1753年创办的雷季登兹剧院。它以演出瓦格纳乐剧为自己的品牌特色。

1886年，伟大的作曲家、指挥家和社会活动家理查·施特劳斯曾在巴伐利亚国家乐团担任了3年的第三乐长，初试锋芒。他指挥的第二部歌剧是莫扎特的《女人心》，在那之前，这部歌剧在莫扎特的全部作品中没有得到应有的重视，施特劳斯的努力使它的地位得到了提高。

理查·施特劳斯就出生在慕尼黑。其父亲就在巴伐利亚国家乐团担任首席圆号手，他的圆号吹得特别棒，快近70岁了，他在乐池里的地位依然不可替代。他的提琴也拉得很好，曾常年在慕尼黑独奏弦乐四重奏团担任中提琴手。他的脾气简直可以和他的演奏水平一争高下，在瓦格纳如日中天之时，他也敢对瓦格纳不恭不敬。

理查·施特劳斯在巴伐利亚国家乐团担任乐长的3年里，还获得了另一重收获，那就是他结识了女歌手保利娜，后来她成为了他的妻子。保利娜的父亲阿纳官拜巴伐利亚国防部将军，阿纳本人的音乐才华很高，到了可以演唱瓦格纳作品的地步，他也是施特劳斯迷。

保利娜曾几次担任施特劳斯作品中的独唱角色，其中不乏作曲家专门为她的嗓音而量身定制的。施特劳斯每次都为她担任伴奏，对她的呼吸控制水平赞美有加。施特劳斯和保利娜的婚姻关系一直非常良好，连著名的音乐评论家、被称为“乐评界的俾斯麦”的汉斯立克也称赞保利娜是施特劳斯“美丽贤惠的另一半”。

慕尼黑全景

在人们对艺术家浪漫多情、诡异多端的私人生活见怪不惊的时候，在施特劳斯身上体现出来的忠诚单一的确让人们多了一份见识。更有甚者，套用现在的俗语，施特劳斯简直成为了一个不折不扣的“妻管严”，从一些生活细节可以看出端倪，比如，施特劳斯非常着迷于纸牌游戏，可是当保利娜冲他喊上一句“理查，去作曲吧！”他就会乖乖地离开牌桌。美国作曲家有一次登门拜访施特劳斯，看见他走进房子之前，停下来在放在门前的一小块潮湿的擦脚垫上擦了擦脚，向前走了一步，又在一块干擦垫上再擦一次，过了门槛，最后还要用放在门里的一小块橡胶擦垫擦第三次。

慕尼黑爱乐乐团的前身是1893年创立的慕尼黑市立管弦乐团，曾因创立者的缘故，取名为凯姆管弦乐团，1928年改称现名。写过康塔塔《德国人》的著名作曲家普菲茨纳在第一次世界大战后担任过它的指挥。

1979年之后，由罗马尼亚籍的切利比达克接棒，他的怪才让慕尼黑爱乐乐团再一次风生水起，吸引了全球爱乐者的眼球。其实，切利比达克很早就显出了他的雄胆高华，在富尔特万格勒下台之后，他差一点就当上了柏林爱乐乐团的掌门人，不过最后他输给了另一个竞争者卡拉扬，也许他并非德国人是一个原因吧。

每一次谢幕时，他都会走到乐队中间，双手合十，手指尖并拢，举到前额，而后神情庄重地埋下自己的头，作出丢勒式的祈祷，也就是丢勒在《祈祷的手》画中所画的那种祈祷。1992年，当他80岁生日的时候，获得了慕尼黑市荣誉市民的称号并第一次获得了德国护照。也是在这一年，他被德国总统魏茨泽克邀请去柏林，指挥柏林爱乐乐团一起演出两场慈善会，并将演出收入捐助给罗马尼亚的儿童们。切利比达克为那两场演出精选的曲目，是布鲁克纳的《英雄交响曲》，好有纪念意义！这位被魏茨泽克称为“伟大和智慧的指挥与音乐教育家”，为了使那两场演出尽善尽美，居然让世界第一的柏林爱乐乐团排练了6次之多，在德国音乐界，一场音乐会的排演一般就三四次，排练6次，对乐团是毫不留情，对音乐倒是用情至深。

巴伐利亚广播交响乐团是1949年才创立的，当时它以德国为中心遴选团员，也向东欧国家选才，负责筹建的尤金·约胡姆当上了首任指挥。

约胡姆就生在巴伐利亚州，一家人都从事音乐事业，其父亲是一名优秀的管风琴家和当地一个合唱团的团长。其哥哥奥托·约胡姆后来成为了有世界影响的作曲家，其弟弟乔治·路德维希·约胡姆是一名指挥家，还当上了杜伊斯堡音乐学院的院长。约胡姆本人曾在杜伊

切利毕达克

切利毕达克指挥慕尼黑爱乐乐团演绎柴可夫斯基《第五交响曲》的唱片封面

斯堡音乐学院学习指挥、钢琴和管风琴演奏，后来转到慕尼黑音乐学院继续研习作曲和指挥。

1926年，24岁的约胡姆首次登上了指挥台，和他合作的慕尼黑爱乐乐团，一起演绎的曲目也是布鲁克纳的《英雄交响曲》，顿时让人耳目一新。

约胡姆深得德意志音乐的精髓，他指挥的乐团主要是德国乐团，他的指挥风格特别德意志化，即非常丰厚、沉重和深邃。还值得一提的是，约胡姆尤其精研布鲁克纳音乐，曾担任国际布鲁克纳协会主席。

约胡姆指挥阿姆斯特丹音乐会堂管弦乐团演绎布鲁克纳《第五交响曲》的唱片封面

在约胡姆的10年调教下，巴伐利亚广播交响乐团迅速窜红，而后的常任指挥先后由库贝利克、马泽尔、科林·戴维斯担任，这样一系列的名家施教让巴伐利亚广播交响乐团在业界的地位能够位居柏林爱乐乐团之后而傲视德国群雄。

慕尼黑巴赫乐团的特长在于演绎巴洛克时代的音乐，特别是巴赫、海顿和莫扎特的作品，它是由德国管风琴家、羽管键琴家、指挥家卡尔·李希特1955年在慕尼黑创建的。他1951年才从莱比锡移居到慕尼黑。在那之前，他进入过莱比锡宗教音乐学院学习，担任过莱比锡的教堂合唱团团长，在巴赫曾长期任职的莱比锡圣托马斯教堂当过管风琴师。李希特是巴赫音乐权威，他指挥慕尼黑巴赫乐团演绎的巴赫音乐，堂堂正正，扬葩振藻，几乎每一张唱片都可以作为购买的首选。

慕尼黑的音乐演出场所数量众多，大大小小的加起来有近60家。它们的类型是多样化的，比如，歌剧和芭蕾舞集中在巴伐利亚国立歌剧院、歌尔特那广场剧院和雷根腾王子剧院；音乐剧集中在德国剧院；前卫话剧集中在慕尼黑小型剧场。

这些音乐演出场所中最负盛名的，当属巴伐利亚国立歌剧院。

我在音乐王国的德国和奥地利走了一大圈，见到过不少的剧院建筑，但我还是对巴伐利亚国立歌剧院情有独钟。我不仅在她的外面反复端详和用心欣赏了她的外观之美，我还在第二次德国之行的时候，事先在国内通过网络买好了戏票，专门进到了她的里面，且听且看了一场瓦格纳乐剧《罗恩格林》。

巴伐利亚国立歌剧院独树一帜的地方，也是她给予人们过目难忘印象的地方，就是她正面的双重山花。直接压着柱头的第一重山花，上面的人形雕像介入浮雕和透雕之间，颜色呈石头的灰白色本色，性别都是男性，而第二重山花，则是彩绘的画面，底色介于中黄和柠檬黄之间，一头飞马居中，分别居于飞马两侧的人物都是女性。

巴伐利亚国立歌剧院建于1811年到1818年间，拥有2101个座位，在德国的歌剧院中首屈一指，它也是世界上唯一能够一年上演360出歌剧的场所。

巴伐利亚国立歌剧院

第二次世界大战后期，战火烧到了德国本土，许多著名的德意志文化标志性建筑物都在盟军的空袭中被毁或者被损，一些和德国音乐发展、和施特劳斯辉煌的经历息息相关的音乐厅和歌剧院也在其中。巴伐利亚国立歌剧院也没能逃脱厄运，在一张历史照片中，我们可以看到，除了正面那八根科林斯柱全都挺立不倒外，这个美丽的建筑物被炸得残破不堪。第二次世界大战后，人们在1957年至1963年间对之进行了重建，新的剧院于1963年11月22日以演出《纽伦堡的名歌手》重新开启使用。

第二次世界大战后期，施特劳斯已经年届八秩，那些著名的文化建筑物的命运、国家的命运、个人的命运，都齐齐涌上了他的心头，它们不幸的命运让施特劳斯忧心如焚，有一种哀思让他不得不发。

1944年7月，苏黎世音乐专科学校的指挥希望施特劳斯能够创作一部弦乐作品让学校首演，施特劳斯当下应承了下来。由此诞生了他最后一部主要的器乐作品《变形》，这就是作曲家在9月开始动笔的《变形》。在《变形》的创作过程中，噩耗不断传来：慕尼黑的国立歌剧院也不能幸免，与之一起受到炸弹攻击的还有慕尼黑的广大地区，连施特劳斯出生的住宅也被波及。次年2月，德累斯顿的大部分，包括最早上演施特劳斯的全部伟大歌剧的申佩尔歌剧院都在空前的空袭中倒下了。施特劳斯在给维也纳的歌剧合作者的信中，悲恸地写道：“我也感到绝望！世界上最神圣的寓所歌德故居被摧毁了，我的美丽的德累斯顿—魏玛—慕尼黑全部不复存在了！”后来人们在《变形》的手稿边缘，看到了作曲家所写的“哀悼慕尼黑”的手笔。

《变形》的演奏需要10把小提琴、5把中提琴、5把大提琴、3把低音提琴。整个情绪非常低沉、阴郁和滞重，有不少乐段暗示了作曲家本人与伟大的瓦格纳和贝多芬的作品。这是作曲家在晚年创作的最重要的一部器乐作品，究其曲名“变形”，应该有着多种含义，既是直接意味着音乐主题的发展和变化，既是歌德在老年时形容自己心理过程的用语，也未必不是在意味着国土的行将沦陷，意味着生命的行将终结。

“变形”的多种意义纠缠着理查·施特劳斯，它们导流着作曲家的千悲万愁。这种悲愁之情，也通过作曲家晚年创作的最重要的一组艺术歌曲作品得到了流露，它们就是《最后四首歌》。

理查·施特劳斯

在音乐创作方面，交响诗、艺术歌曲和歌剧是理查·施特劳斯呕心沥血的三大领域。施特劳斯一共谱写了200余首艺术歌曲，处女作竟然是他还是一个6岁孩童时就写下的有关圣诞快乐的歌曲，而最后的巅峰之作即是非常宁静而又深刻的《最后四首歌》。

《最后四首歌》在伴奏形式上采用了编制庞大的管弦乐队，颇像一部交响曲的四个乐章，因而要求演唱者不仅要拥有杰出的演唱技巧，音量要更大，对悠长气息的控制要更有力，还要有与管弦乐团和谐协调的能力。

创作《最后四首歌》的时候，施特劳斯待在瑞士。他在第三帝国时期的表现是复杂的，在战争后期的几年里，他实际上受到了纳粹的排挤和压迫，在战后他又必须面对非纳粹化运动的审查和审判。在生命的晚期，面对如此巨大的世事变幻，施特劳斯夫妇前往瑞士等待转机。他首先在1848年5月谱写了《在晚霞中》，歌词援引的是德国浪漫主义诗歌大师艾兴多夫的诗篇，描摹了白昼将尽之际那份让人感慨不已的寂静，“哦！在这日落时分，大地空旷而宁静，我们游荡得太累了，该歇息了！”其后，作曲家继续思索着一年四季的循环之理，觉得大自然的季节其实应对着德国文学大师黑塞在他的一首诗中所述及的生命的不同时刻，便决定为《在晚霞中》再加配四个场景，结果是在同年的夏季当中，他最终只完成了《春天》《九月》和《入眠》三个场景，歌词都取自黑塞的诗歌，《春天》赞美了春日之芬芳，《九月》描写了夏秋交替之变，《入眠》表达了生命的倦怠和对沉睡的渴望。

1949年6月，施特劳斯又回到了他的故乡慕尼黑，他要庆祝自己的85岁生日，慕尼黑大学授予了他荣誉博士学位，在这之前，作曲家已经获得过海德堡大学和牛津大学授予他的同样的荣誉。一个月后，施特劳斯再次到慕尼黑，为巴伐利亚电台指挥自己创作的歌剧《随想曲》中的片段。

那一年的秋天，施特劳斯撒手人寰。不到一年，保利娜也追随夫君而去。那之后的第九天，在富尔特文格勒的指挥下，《最后四首歌》得以首演，也可以说，至此，“变形”变至了“无形”。

画家之城

慕尼黑也是一个画家之城。其盛名早在16世纪哥特式风格的后期就已露端倪，当时的统治者把位于城市中心的皇宫打造成为了仅仅次于布拉格的欧洲艺术中心。而后的巴洛克和洛可可式风格期间，本土的阿萨姆兄弟在教堂壁画和装饰方面锻造出具有巴伐利亚特色的巴洛克风格。

慕尼黑在美术方面最鼎盛的时期是路德维希一世当政之时。

路德维希一世是巴伐利亚作为独立王国的第一位国王马克西米连一世约瑟夫的儿子，他在1810年和特雷莎公主结婚，这一桩婚事也成为了后来日盛一日的慕尼黑十月啤酒节的开端。马克西米连一世约瑟夫在儿子新婚之际，为了让全体国民共享快乐，在当时老城西南郊的草地上举行了欢庆赛马会，草场也从那时起以公主之名命名，而庆祝活动也随着成为了一个传统项目并演变成了世界上规模最大、最著名的啤酒节。

路德维希一世1825年继位之后，大力促进慕尼黑的城市规划建设，他理想中的慕尼黑应当被建设成为艺术的天堂，通过古典式的建筑风格使慕尼黑看上去像伊萨尔河上的雅典。路德维希一世豪言道：届时，谁没有到过慕尼黑，谁就等于没有到过德国。

许许多多著名的美术家、雕塑家和建筑师都闻风而动，从四面八方云集到慕尼黑。在传统的学院派之外，在慕尼黑形成了风景画派，风景画派的画家们走出画室，尽取慕尼黑的地理之利，走向阿尔卑斯山区，和村民接触，再现自然美景，他们还组成了曾拥有3 000会员的慕尼黑艺术协会，极大地丰富了城市的艺术氛围。

1869年，国际艺术节在慕尼黑隆重举行。欧洲各地的画家都蜂拥而来，慕尼黑画坛热闹异常。慕尼黑本土画家威廉·莱布尔和法国名家库贝尔在那时首次相逢，并结下深情厚谊。

莱布尔是在慕尼黑美术学院完成学业的，他很早就对学院派持有

巴伐利亚王宫

异见。他对库尔贝的参展作品《石工》佩服不已，而库尔贝观看了莱布尔同时在艺术节上展出的画作后，也情不自禁地称赞莱布尔是“德国当代最优秀的画家”。在库尔贝的力荐下，一家画商向莱布尔提供了一笔款项供他到巴黎进修了半年，使莱布尔拓宽了视野，技艺大进，很快又获得了“当代荷尔拜因”的美誉。荷尔拜因生活在16世纪上半叶，一般被认为是当时在丢勒之后最伟大的德国画家，他为伟大的人文主义者伊拉斯谟和《乌托邦》的作者莫尔所画的肖像画具有不朽的地位。

莱布尔在普法战争爆发后返回了慕尼黑，成为了德国南部现实主义派的领袖，但他积极传播法国的革命思想和艺术理念的作为使自己受到了官方的排斥。他后来避居到巴伐利亚的一个小村庄，与农民一起生活劳动，同时坚持自己的艺术创作始终按照现实的本来面目去描绘巴伐利亚的农村景象和农民生活，他相信“依照人们的本来面目作画，那么其灵魂也就一定到画上去了”。

莱布尔的画作在相当一段时间里不受上流社会欢迎，他们将之视为对“丑陋的崇拜”。直到1895年比利时大展，莱布尔的画才开始被人们争相收藏，而他已经淡静至极，最后终老于乡村。

进入19世纪80年代，慕尼黑的美术水准到了仅次于巴黎的程度。德国画坛上的第一个小型画家团体1892年在慕尼黑出现，并存续了10年之久。而它开创的因共同的艺术志趣自由组合的风气为慕尼黑的艺术界带去了更为长久的影响。

慕尼黑伊舍尔门

19世纪末期的慕尼黑，与维也纳和达姆斯塔特三足鼎立，成为“青年艺术派”的运动中心。这一运动提倡用线条和色彩表现主题，开始了抽象化表现的重大尝试。其后，慕尼黑又成为了“蓝骑士”的安家之地，康定斯基等人在此揭开了抽象绘画的大旗。

和慕尼黑如火如荼的美术创作活动相辅相成的另一个重要现象，就是慕尼黑拥有成系列的美术博物馆，它们在慕尼黑总数达上百个的博物馆里，闪放出最为耀眼的光芒。

雕塑陈列馆建于1816年，是路德维希一世委托著名建筑师克伦茨为他的雕塑收藏兴建的。国王第一次到意大利旅游之后，就开始钟爱收集古代雕塑家的作品，而陈列馆本身成为克伦茨本人最好的古典式代表作。

伦巴赫别墅美术馆位于慕尼黑火车总站附近，它原为弗兰茨·冯·伦巴赫的别墅。伦巴赫1906年才谢世，作为当时德国著名的肖像画家，他曾为俾斯麦和莱奥大主教八世等名流画像。尤其是德意志帝国1871年建立之后，他获得了大量的绘画订单，积累了巨大的财富，还获得了爵位，因此他在1891年花巨资建造了自己的带意大利文艺复兴风格的别墅，其中一部分成为他的创作室。慕尼黑市政府1924年将这栋别墅买下，改建为艺术画廊，作为市的美术馆，集中展出从哥特时代到青年派时期的慕尼黑市画家的作品。第二次世界大战时它首创严重，只有几个房间保持相对完好，经过12年的维修才恢复完好的模样。之后，“蓝骑士”一个重要成员将自己的大批收藏赠与了馆方，馆方以之为基础，调整了收藏体系，使伦巴赫别墅美术馆成为了展出“蓝骑士”画派作品的重要据点。

慕尼黑古典美术馆又称慕尼黑旧美术馆，风格是意大利文艺复兴式，从1826年开始用了10年时间建成，主要收藏维特尔斯巴赫家族从16世纪开始收藏的画作，老美术馆奠基石旁有一块铜匾，上面刻着“巴伐利亚的这栋建筑及内部的艺术典藏受惠于其统治者维特尔斯巴赫家族” 。该馆后来收纳了在拿破仑时代归属曼海姆和杜塞尔多夫画廊的展品，还有一些在19世纪解散的修道院的收藏，进入20世纪后，还巨资收购了一批法国绘画。在全馆7000多件作品里，包括了14世纪到18世纪的欧洲绘画。丢勒的《披着毛皮大衣的自画像》、克拉拉赫的《十字架上的基督》、勃吕盖尔德《懒人乐园》、鲁本斯的《劫夺列普斯的女儿》、伦勃朗的《年轻时代的自画像》、布谢的《沙发上的裸女》都是名作，而丢勒的《四使徒》和阿尔特多弗的《亚历山大的会战》可谓是古典美术馆的镇馆之宝。阿尔特多弗和克拉纳赫是16世纪初德国多瑙河画派的代表人物之一，阿尔特多弗在宗教画和人物画主宰绘画世界的年代，独辟蹊径地将风景作为其绘画的基本主题。他曾两次沿着多瑙河游历，耐心去山中观察松林和岩石，在别具特色的全景画和小风景画两个类别上，使风景突出到了前台，而其中出现的人物不过是满足某种陪衬的需要。《亚历山大的会战》是应巴伐利亚威廉四世公爵之约而作的，画家以俯视角度描绘了古希腊马其顿国王在伊苏城外打败波斯王大流士三世的历史事件，气势无比恢宏，动人心魄。拿破仑对这幅画特别有好感，曾将它抢回法国，挂在自己的卧室内。

慕尼黑圣母教堂

路德维希一世在修好古典美术馆后，意犹未尽，又委托设计师在1846年至1853年间另立新美术馆，作为对古典美术馆的补充。馆址就选在古典美术馆的北面。该馆主要收藏19世纪以后的绘画和雕塑。当它在第二次世界大战中被毁之后，到了1981年才重新设计建造完毕，面积达到上万平方米。

新美术馆收藏涉及的流派甚多，包括源自浪漫古典主义的德国新古典派、基督教派、比德麦耶尔派，还有现实主义、历史主义的派别，还有印象派、点描派、分离派等。

这里存有梵高的《花瓶中的十二株向日葵》，梵高一生画过7幅以向日葵为题的作品，这一幅构图饱满，花色浓厚，而背景设为青绿，生机之旺盛和奇崛可见一斑。

印象派大家莫奈一生中偏爱的对象却是睡莲，新美术馆收藏的这幅《睡莲》画面较为暗淡，估计是莫奈晚年因为受眼疾拖累，致使驾驭色彩的能力也大为减弱的缘故。

高更的《特·塔马利·诺·阿托亚》也收进了新美术馆，画面意为神的儿子。该画是高更到达塔希提岛后的创作，主题是哀悼他夭折的儿子，画面上躺着的是他在当地娶到的女子，两个头束黑巾的女人在其后方，意味着幽灵使者前来接引亡魂。

新美术馆藏着的《玛格丽特·斯登伯罗·维特根斯坦肖像》是著名的奥地利新艺术运动领袖克里姆特的画作。被画者是著名哲学家维特根斯坦的妹妹，背景被处理成密封的格调化空间，形成一种美丽而虚幻的人物生活框架。真实而生动的肖像画主人似乎陷于二维设计的技巧。画家对墙体的形式主义构思，使得居所环境的独立性比其中的居住者的个性还要强烈。

面积为1.5万平方米的现代绘画馆在2002年建成开馆，它是慕尼黑这一画家之城对绘画历史保持与时俱进态度的体现，进一步补充着古典美术馆和新美术馆的收藏，馆址就位于上述两馆的东侧。其中大部分展品原属位于艺术之家的国家现代艺术画廊，也持续纳入着一些私人收藏。立体派、新写实派、颓废派、狂野派的作品集中在这里亮相。外国的名家有毕加索、马蒂斯等人，德国的名家有马克斯·贝克曼。

贝克曼1884年生于莱比锡，他的生平和创作跨越两次世界大战的动荡岁月，也堪称是那一时期艺术家生存状态的缩影，甚至被一些论者认为是那一时期最伟大的德国画家。

圣母教堂的葱头样顶端和慕尼黑保护神在镜头里几乎叠合在了一起

贝克曼戴红领巾的自画像

贝克曼1917年的绘画《嘉华年会》

贝克曼1915年曾在德国陆军服役，当一名看护兵。几个月惨厉的前线生活使他精神崩溃，不得不作为一个精神伤残病人被从荷兰遣返德国。他的重度烟瘾也可能得因于此，因此看到有他自己的画面出现在绘画里的时候，他的手里基本上都夹着一支香烟。

后来与贝克曼一起逃亡美国的格罗斯评价道："贝克曼是个隐士，是画坛的赫尔曼·黑塞。他是个地道的德国佬，凝重而难以接近，像块镇纸似的沉甸甸的，一点不讲幽默。"作为一个声誉卓著的艺术家，贝克曼的个性非常独特和豪放，据说他非常守时，谁要是早几分钟到了他家拜访，他会出来开门说："贝克曼先生还未回家。"

在工作之余，贝克曼喜读尼采、叔本华、浪漫主义的诗和有关童话作品，因而他的画常常充满了哲理意味，他1938年在伦敦讲演道："在有其存在之前，一个灵魂就渴望变成自我，正是这个自我是我生命和艺术的所求。""仅仅在黑与白中我看到上帝的一体性，看到他在以天地为剧场的大戏中不断重新创造自己。"在1948年写给一位女画家的信中，他又表述了这样的很让人覃思的观点，"时间是人的创造，空间却是神的宫殿"。因此寓言画很受他的青睐，因为那样可以"借现实来使不可见者可见"。

虽然贝克曼的作品同毕加索和马蒂斯的作品被等量齐观，都收进了现代绘画馆，但贝克曼对后两人不太看重，他指责毕加索与马蒂斯将他们的艺术做得太过于装饰化，太像是漂亮的壁纸，太缺少德国的内在性。

1937年7月17日，希特勒广播了有关堕落艺术的演说，次日，贝克曼就带着第二任妻子亡命荷兰，在阿姆斯特丹一直住到1947年赴美。他在1943年，画了名为《围桌而坐的人》的作品，其中四个德国流亡者，他们的身份有三个画家和一个哲学家，其中一个是就贝克曼本人。他们挤成一团，看起来就像被困在囚室当中。大蜡烛照亮三个人脸，他们一个提着一尾鱼，两个拿着一把蔬菜，画家本人则独自坐在阴影里，手里捧着一面镜子。

1947年，贝克曼又辗转去了美国，对于这些迫于时势的迁徙和对生命接近尽头的预感，他总能坦然待之，他曾如此对妻子说："死恰如是换一身衣服，是一次形而上的迁居。"1950年，他在纽约去世。

"蓝骑士"的家

尽管慕尼黑的美术创作活动和美术收藏活动非常发达，但将它们略加盘点，真正属于慕尼黑特产的，可能还是要首推"蓝骑士"。

进入20世纪，艺术也加速进入一个创新的时代。在德国，表现主义风起云涌，桥社1909年的成立树立起了具有明显德国风格的现代美术大旗，两年后，康定斯基和马尔克等人又在慕尼黑组织起了名曰"蓝骑士"的美术团体。

康定斯基1866年12月4日出生在莫斯科一个中产阶级家庭。父辈原先生活在邻近中国和蒙古的西伯利亚地区，有蒙古贵族血统，而母辈和德国有深厚的渊源关系。他自幼学德俄两种语言，他称自己是俄国人又不是俄国人。在学画之前，他接受了良好的法学和政治经济学教育，还对俄国原始村落进行了人类学和种族学的实地调查。

康定斯基是30岁时去慕尼黑的，他居住在被称为德国的"精神之岛"的士瓦本街区。而1880年出生的马尔克就是慕尼黑本地人，他在慕尼黑大学的时候选学了语言学，最后又突然决定改学绘画。马尔克相信："一个伟大的真理就是：没有宗教也就没有伟大而纯粹的艺术；艺术越是宗教的，就越是富有艺术性。"虽然他成功的绘画都主要是以动物为对象，但其中内含了巨大的宗教情感。

穆特作于1906年的康定斯基画像

马尔克对动物的身体解剖结构有

着非常深入的了解，而后再用一种接近抽象的方法将动物绘制出来，动物形象在其中若断若续，若隐若现，总的韵律非常和谐，很好地抒发了马尔克对自然界深厚而独特的感情。

1911年的冬天，康定斯基访问了马尔克，共商组建一个新的艺术团体的事宜，在起名的酝酿过程中，马尔克想到了康定斯基有过一张名为《蓝骑士》的绘画，在画中，一个披着蓝色披风的骑士，跃马草原，奋发向前，他因此建议以“蓝骑士”为即将诞生的新团体的名称。这一创意很快得到了康定斯基的认同，因为他喜爱骑士，而马尔克喜爱马，而他俩都非常喜爱蓝色这种颜色。

“蓝骑士”团体出版《蓝骑士年鉴》，在首期里，内文分4个部分，有6篇绘画方面的文章，有8篇有关音乐的，还有3篇有关戏剧的，最后是当年的大事记。

在马尔克的心目中，动物是神秘的造物。他最著名的一幅绘画《动物的命运》作于1913年。在这幅画中，绿色的马痛苦而鸣，紫色的公猪则在以沉默来收容痛苦，蓝色的鹿占据了画面中央，它的头后仰着，临死前的剧痛正在折磨着它。这幅绘画的画意来源极其复杂而又极为个人化，它们涉及的主题源自北欧神话《埃达》、德意志民族史诗《尼伯龙根之歌》、法国作家福楼拜的《圣•于连修士的传奇》、德国音乐家瓦格纳的《众神的黄昏》、德国哲学家尼采的《悲剧的诞生》。这幅绘画还有一个“所有的存在都是燃烧的苦难”的副题，整幅画和全部附带的文字一起表现了摧毁这个堕落、邪恶而又颓废的现行世界的渴望，表现了要寻求一个替代它的天真、美好而且纯粹的世界的渴望。

康定斯基1911年设计的《蓝骑士》年鉴封面

后来的研究者认为，《动物的命运》预示了马尔克不幸的命运。马尔克在1916年战死在凡尔登前线。

《动物的命运》也非常不幸，它在一场大火中被烧毁了右下角。在马尔

马尔克1913年的绘画《动物的命运》

克利1915年创作的《马尔克斯花园里的楚风》

克死后，另一位著名的蓝骑士成员克利承担起了修复作品的责任。

克利拥有瑞士和德国双重国籍，1879年出生在瑞士伯尔尼的一个音乐世家，但他的父母从小就鼓励他学习绘画。克利后来到慕尼黑求学，在20世纪的前10年里，他都奔忙于旅行、写作和绘画的旅程之上。由于克利的家庭环境使然，他对文学和音乐领域也有相当程度的了解，而这种综合素养也使他的绘画作品承载了非常浓厚的趣味性。

克利1920年到魏玛包豪斯建筑设计学院任教。4年后，又同康定斯基、雅夫伦斯基等人组成“蓝色四人社”。在包豪斯建筑设计学院迁到德绍后，他又讲授有关色彩的重要课程，色彩研究是克利的优势所在。早在1914年，当他和奥古斯特·麦克结伴畅游突尼斯之后，他就曾发出如此豪言：“颜色和我是一体的：我就是画家。”

克利在第三帝国时期被政府宣布为颓废艺术家，被迫放弃教职后回到伯尔尼。病痛折磨下的他，已经丢失了曾强烈充满于他的笔触中的抒情性，他画出的画更多地充满着阴郁的气息。

“蓝骑士”的领袖袖标应当戴在康定斯基身上，他也是抽象表现艺术之父。他在发表于《艺术报》的《自述》里，也自豪地将自己定义为画家、版画家和作家，是第一个在绘画中放弃物象，将绘画建立于图像意义的纯粹表达之上的画家。

康定斯基在慕尼黑美术学院学习油画时，和克利是同学。和克利一样，他对颜色极其敏感，也一生醉心于色彩之谜。康定斯基13岁时，就用自己慢慢积累的钱买了一个带颜料的画箱，当他看见颜料管里纷纷涌出那些令人惊奇的存在之物的时候，他欣喜若狂地发言道：“我们把它称作色彩——欢喜雀跃的、庄严肃穆的、沉思玄念的、梦想联翩的、自我陶醉的、真诚备至的色彩，带着调皮的生机、释放的叹息、意味深长的悲怆，带着挑战和反抗，带着顺从和奉献，带着倔强的自我控制力，带着敏感易变的平衡性。它们过着自身的独立生活，有着趋向更高和自律性存在的所有必需条件，并随时准备着突然发动一次新的结合，融入其他色彩，创造出无穷相续的新世界。”

在对音乐的热爱方面，康定斯基也毫不逊色于克利。激发康定斯基作出创新之举的重要诱因之一，就是他有感于瓦格纳的《罗恩格林》，在他看来，“《罗恩格林》似乎就是我的童话故事般的城市莫斯科的完全现实化。小提琴、贝斯低沉的乐音，尤其是管乐器，都为我体现了决定命运时刻的全部力量。这一时刻因承载的重大事件而变得沉重难当。我的全部色彩像变戏法似的在我眼前变幻，粗野的、近乎疯狂的线条在我面前描画着它们自己。我不敢直截了当地告诉自己瓦格纳用音乐描画‘我的时刻’的事情。但是，艺术通常要比它向我显露出来的样子有力量得多，另外，绘画是能够激发出大小和音乐的力量一般无二的力量的，对此我心知肚明。我本人在发现那些力量或至少在寻找它们方面的力不从心，使我的畏缩不前变得更加苦涩。”

康定斯基将他对颜色和音乐的热爱和理解进一步加以了贯通，形成这样的颜色—音乐理论：“蓝色是典型的天空色，它给人最强烈的感觉就是宁静”“在音乐中，淡蓝色像是一支长笛，蓝色犹如一把大提

康定斯基作于1913年的《梦幻般的即兴作品》

琴，深蓝色好似低音大提琴，最深的蓝色可谓是一架教堂里的风琴。”“色彩岂不也如同音乐一样，具有丰富而又强大的表现力。”色彩可以被当作钢琴的键盘，眼睛可以被当作槌子，灵魂可以被当作有许多琴弦的钢琴，当各种各样色彩的键盘被敲打的时候，它就成为了振动心魄的手段。

在慕尼黑扬名世界的康定斯基，在第一次世界大战爆发之后，因为身为俄国人的缘故，被德国政府限定在24小时之内离开慕尼黑。

在那之前，慕尼黑给予了他冷热兼具的感受。在1908年到1911年间，他几乎是踽踽独行，冷嘲热讽包围着他，他被许多人贴上了浮夸、疯子和骗子的标签。康定斯基甚至在《自述》中写到，有些人竟然到了要将他捆绑起来，以便防止他的解构能力带来更大的破坏。

第一个理解康定斯基并向他伸出友谊和援助之手的，是马尔克。马尔克说服出版家莱茵哈德·皮柏印行了康定斯基的《论艺术中的精神》，马尔克还在该书出版之后抓紧一切向广大的公众详细解说。正因为和马尔克志同道合，英雄惜英雄，康定斯基在1933年非常难过地回忆到“蓝骑士”的历史：“‘蓝骑士’其实就是两个人，马尔克和我自己，我的朋友死了，我不想一个人承担‘蓝骑士’的责任。”

还有一个德国姑娘将自己的身心都热情地奉献给了康定斯基，她就是1877年出生在柏林的加布里勒·穆特。

穆特

穆特曾在杜塞尔多夫学习美术，父母双亡后又去美国待了两年。1901年，他回到德国，在慕尼黑女子艺术家协会绘画学校学习，次年在方阵社开办的学校里成为了康定斯基的学生。那时，康定斯基的妻子是安雅·阿妮亚。

阿妮亚是1896年同康定斯基一起离开莫斯科的，阿妮亚和他本是表兄妹的关系。康定斯基同阿妮亚的离婚是在1903年完成的。

初识康定斯基的时候，穆特无论在艺术上还是生活上都处于一种比较茫然、懵懂和粗率的阶段，很快，她就在康定斯基的影响下，从许多方面发生了巨大的变化，她不久就成为了康定斯基的密友、评论家，并为康定斯基留下了许多珍贵的照片资料。1903年，她与康定斯基开始同居，又在一种甜蜜和谐的气氛里，一起周游德国、荷兰、苏联、法国、巴黎和突尼斯等国。穆特在巴黎逗留期间，艺术上大有长进，创作出大量版画作品、彩色木刻及浮雕作品。

到了1909年，穆特在距离慕尼黑南部数里的小村庄默瑙买了一栋黄色小屋。在头一年，她和康定斯基就在默瑙度过了一个美好的夏季，她也在那时开始了对印象主义的研究。

穆特和康定斯基共同生活了13年之久。康定斯基常常被穆特作为自己创作的模特儿，其中有一幅木刻取名《康定斯基》，康定斯基在其上叼着烟斗，戴着眼镜，满脸严肃，令人过目难忘。

穆特参与了“蓝骑士”的活动，她在实践中也探索出了自己的新画法，那就是以明亮的、未加混合的并置的色彩直接入画，放弃对物象细节的描绘，以深色的轮廓线，将画面上物象的形貌区别开来。这一理论和实践的变化过程后来被她自己在1911年的日记里做了自觉的反思和总结：“经过一阵短暂的痛苦之后，我的画法产生了重大的飞跃，从直接地描绘自然（多少带点印象派风格），转向感悟某种意义，再发展到抽象，终至于萃取某种艺术的精髓。这是一段包含着有趣而可喜的工作和许多有关艺术的谈话的令人愉快的时光。”

康定斯基对穆特的成就赞赏有加。1913年，在慕尼黑举办的一次展览的序言里，他如此评价了穆特：“我们只能怀着特殊的满足感在此断言：加布里勒·穆特的才华和旺盛的精力来源实际上是真正德

穆特所绘的《有塔的风景》等油画

国人的内在的力量和敏感，那是绝不应该被判定为男子气的或‘准男子气’的。这种才华——我们怀着巨大的满足再一次强调它——只能被形容为完全的和纯粹女子气的……认识到不可能把这独特的信仰来源解释清楚，这给我们带来特殊的快乐。加布里勒·穆特并不画‘女性’主题，也不用女性素材进行创作，而且不允许自己带有任何女性的媚态。她的画里既没有狂欢大喜，也没有取悦别人的皮相的温文尔雅，更没有引人注目的缺陷任人指责；她的画里也没有任何男性阳刚的魅力，没有‘硬朗刚毅的画风’，没有‘甩溅在画布上的颜料’的堆砌。这些画完全是顺应一种被精密而正确地感知的外部力量的强度画成的，也是以不带丝毫女性或男性‘矫揉造作’的炫耀卖弄痕迹的方式画出的。我们几乎可以说它们是被谦恭克制地绘制出来的，即它们不是在一种外在展现欲望的驱使下产生的，而是在一种纯粹的内在冲动的鼓舞下产生的。”

可惜的是，穆特和康定斯基未能“白头偕老”。康定斯基回国之后，穆特经慕尼黑、柏林到丹麦和瑞典旅行。1915年，他们在斯德哥尔摩再会。当康定斯基1916年再次返回俄国后，穆特还在那里多待了一年。穆特是1917年迁居哥本哈根的，就在那一年，康定斯基与一位将军的女儿妮娜·安德蕾丝吉再婚。

康定斯基再婚那年，十月革命获得了成功。康定斯基作为人民启蒙教育委员会的艺术成员参与了政治活动，还被任命为莫斯科图像文化博物馆主任，到1921年期间，他在苏联各地组建了22个新博物馆。1920年，他参与组建了艺术文化学院，贯彻将绘画和音乐贯通的办学理念，又在莫斯科大学教授美学。

1922年起，康定斯基又一次回到德国，在包豪斯学院大显身手。在包豪斯定址魏玛的阶段，他还与克利、费宁格、雅夫伦斯基一起建立“青骑士四人组”。

康定斯基的德国情结终于在1928年得到了某种褒奖或肯定，他和妮娜在那一年一起被接受为德国公民。

随着纳粹德国对艺术领域现代派的打击日甚一日，包豪斯最终逃不脱被关闭的命运。康定斯基也无法在德国从容置身，于是，他在1933年在法国达达主义艺术家杜尚的劝说下，搬到巴黎塞纳河畔的一套公寓，一直住到1944年去世。

至于穆特这一方面，应该这样理解，穆特如果不是始终对康定斯基难以忘怀的话，她也会对他俩一起生活过的默瑙岁月倍加珍惜，默瑙留给她的，不仅仅是温馨的个人私密关系，还有她在艺术上的青春风采。于是，穆特在1931年再次回到了默瑙，和她一起回到默瑙的还有她的第二个生活伴侣约翰斯·埃西纳。

在第三帝国存在的日子里，穆特的作品也被列入了禁止展出的名单。她还费尽心思地藏匿了自己拥有的康定斯基的绘画。

1949年，战后的第一次“蓝骑士”作品展览在慕尼黑艺术之家举办，主持者便是穆特。有关她自己的全部作品的回顾展也从1950年起，在德国许多博物馆巡回展出。几年之后，穆特慷慨地将自己拥有的包括康定斯基在内的“蓝骑士”画家的作品移交给了伦巴赫别墅美术馆，而埃西纳也出版一部以康定斯基和穆特为写作对象的图书。

穆特是在1962年去世的，她和康定斯基住过的那栋房子已经成为她个人的博物馆即穆特之家。

如果我们有着足够的领悟能力，就会在隐约中感到：“蓝骑士”的神韵仍然在慕尼黑的土地上继续发酵，永久飘香。

Deutschland
Kennen und Lieben

第5节　菲森　拜罗伊特

天鹅堡的传奇—德意志民族的音乐之城

天鹅堡的传奇

巴伐利亚是现今德国最大的州，在东边方向，它与捷克和奥地利为邻，在南部，它与奥地利和瑞士接壤。

巴伐利亚地区最早是凯尔特人和罗马人居住的地方，而后在公元5世纪到6世纪的阶段，日耳曼人的一个分支巴伐利亚人才据有了此地。从1180年直到1918年，巴伐利亚都一直处在维特尔斯巴赫王朝的统治之下。在中世纪，它一度分裂为上巴伐利亚地区和下巴伐利亚地区，到了1505年，这两个分离着的省份再次联合了起来。1506年，阿尔贝特四世逐步结束了权力分散的局面，并将整个地区的统治中心放在了慕尼黑，他修建了著名的圣母教堂，使之在日后成为了慕尼黑的一个极为重要的地标性建筑。

圣母教堂总体是哥特式样的，墙身呈土红色，通体笔直，高度达到100米，宽度接近40米，但它于1525年才加上去的铜制拱形圆顶却总让人想到一些东正教样式或巴洛克样式。它的内部可以承办约2 000多人的集会，而登上建筑顶端，可以向南远望到阿尔卑斯山的雄丽之姿，从直线距离量度，慕尼黑市离阿尔卑斯山脚仅仅50公里。

巴伐利亚幅员广大，自然在德意志事务中拥有相当的话语权，而且也自然地生成了某种相对的独立性，这种独立性尤其表现在政治领域。

1806年，通过和拿破仑联姻，巴伐利亚被拿破仑敕封为独立王国。从1815年到1866年，巴伐利亚都巧妙地周旋于德意志世界的两大雄强普鲁士与奥地利之间。当普奥在1866年开战之后，巴伐利亚站在奥地利一边，抗击

穿着地方特色服装的巴伐利亚人

普鲁士的军事扩张，而当普鲁士在1870年获得普法战争的胜利之后，又是巴伐利亚国王路德维希二世带头拥戴普鲁士国王威廉一世出任新成立的德意志帝国的皇帝。正因为有这样一些特殊情况，巴伐利亚后来在统一的德国中依然在军事、税收、邮电和铁路等方面保留了很大的特权，以至于俾斯麦将这些特殊称为“荣誉特权”。在这些特殊当中，甚至有关军队的头盔问题。在有关德国统一的谈判中，巴伐利亚坚持军队要保留头盔，而德意志军队中的普鲁士将领则群起反对之，“头盔危机”最后不得不惊动俾斯麦出来裁断，他对巴伐利亚将领说：“那就保留你们的不一致吧”，转过头来，他教训普鲁士将领，“日后人们会在世界历史书上读到：1871年德意志帝国未能建立，是因为将军们不能容忍巴伐利亚的头盔。”

路德维希二世不幸溺毙后，未婚的他也没有通过其他形式留下后代，于是，在他死后，理应由其弟弟奥托继承王位，可惜奥托有精神病，最后是由鲁伊特波尔德王子继位。鲁伊特波尔德上台后，首先偿还了路德维希二世的债务，并努力推行中立和疏离普鲁士的政策，还特别走亲民路线，将皇家宫殿向社会观众开放。

巴伐利亚王国的最后一位国王在位时间是1913—1918年。这个国王是鲁伊特波尔德的儿子路德维希三世。在1918年11月，慕尼黑像德国其他地区一样爆发了革命，社会主义者库尔特·艾斯内带头推翻了维特尔斯巴赫家族的统治，从那时起，巴伐利亚进入了共和国时期。

路德维希二世

虽然巴伐利亚的统治者可以充分利用自己的政治影响力，但它的历届国王似乎都缺乏更大的政治雄心，他们更在乎的是国家在文化方面的发展，因为他们的个性和志趣更多一些艺术化的成分。他们中的两个典型就是路德维希一世与路德维希二世。

路德维希一世是路德维希二世的爷爷。这爷孙俩都非常重视王国的文化建设，区别只是在于，爷爷路德维希一世更偏好美术文化，其成果还是地域性的，而孙子路德维希二世对音乐文化倍加关注而且结出了具有影响世界的硕果。

路德维希一世的儿子、路德维希二世的父亲马克西米连二世是在1864年突然卒于慕尼黑的。路德维希二世于是仓促上阵，他那时还不到18岁。

路德维希二世1845年8月25日出生于慕尼黑的纽芬堡皇室，成人后身材高大，英俊潇洒，不过在他接掌王权之时还没有接受过完整的大学教育，也从未参与过政治生活，缺乏执政的实践经验。然而，这些都还不算是致命的缺点。最终导致王国悲剧和国王悲剧发生的要素在于：究其本质，路德维希二世就不是从政的料，他更适于做一个艺术家或者艺术活动组织者，特别是在建筑的领域或者音乐的领域。

路德维希二世很快就表现出了对政治的不适应、厌烦和逃避。他甚至对王宫所在的慕尼黑也多有鄙夷，他说："我被关在金丝鸟笼中……我焦急地期待着五月的美好时光，以便能较长时间地离开这座不详的城市，那时将不再有什么可以束缚我的行动，我是在无法摆脱的厌烦中在这里生活的。"当他和瓦格纳的关系被一些大臣们认为有些过分并遭到抨击之后，他还一度怒气冲天地想将王宫从慕尼黑迁出，搬到纽伦堡去。

既然有所憎，当然就有所爱。路德维希二世便一步步地走上了通向梦和美学虚幻世界的道路。他特别喜欢漫游霍亨施万高地区的森林和峡谷，他一生都对那里的山峦和淳朴忠厚的居民充满喜爱之情，有一幅油画就画了他乘着马车，星夜驰骋在山区的场景。

为了让自己的浪漫情怀物化在现实世界之上，路德维希二世大修宫殿，大修城堡。著名的男士基姆湖城堡是他仿效法国凡尔赛宫建造的。在施塔恩贝格湖的玫瑰岛，他不仅修了一座小巧的宫殿，还广植了15 000株玫瑰。每当6月份玫瑰盛开之时，他就会乘坐自己的"特里斯坦号"汽船前往岛上尽情地沉浸其中。奥地利皇后伊丽莎白也曾应他的邀请来到岛上与他相会。

而新天鹅堡则最高度地将路德维希二世对音乐与建筑的热爱集聚于一体。

新天鹅堡修建在菲森，这里临近德国和奥地利的边界线。菲森一带，湖光山色，各种休闲活动和滑雪、滑翔这类体育运动项目都能在这里落脚。

在菲森，先前已经建有高天鹅堡。高天鹅堡的墙面是柠檬黄的，而屋顶是橘黄色的，在它的屋顶上，塑有一排白色的天鹅，而站在堡内的庭院里，可望见远处的新天鹅堡，它的墙体是灰白色的，而屋顶和塔尖是青蓝色的。

描绘路德维希二世夜巡阿尔卑斯山区的油画

建于12世纪的高天鹅堡是德国浪漫主义时期的一块瑰宝，它是由施万高的骑士建造的。到了16世纪，施万高的骑士全部去世了，城堡濒于坍塌，并在1800年至1809年法军入侵时遭到了严重的破坏。由于城堡地理位置极佳，当时的太子马克西米连，也就是后来的马克西米连二世国王，将废墟购买下来，并在1832年到1836年期间加以重新整修。

路德维希二世在高天鹅堡度过了他生命中的大部分时光，高天鹅堡皇宫中大量描述中世纪传说和德国历史的壁画深深地感染了他，丰富了他颇有浪漫倾向的情感世界，并对他的性格产生了重大的影响。

如果说路德维希二世当政期间还干过几件“正事”的话，那么其中最大的一件就是在高天鹅堡完成的。1870年，正当他牙痛难忍，躺在病榻之上的时候，俾斯麦派皇家最高养马长官恩斯坦伯爵作为特使，前来向他递上了著名的“皇帝诏谕”。经过几个小时的谈判，路德维希二世签字认可了推举威廉一世为德国皇帝。

路德维希二世之父的高天鹅堡和路德维希二世的新天鹅堡之所以以天鹅为名，主要有这几方面的原因。一个是因为天鹅乃“施万高主人”家庭徽章上的动物，这个家族在中世纪时作为“领主”住在老城堡里面。第二个原因是天鹅常常被视作纯洁的象征。第三个原因对路德维希二世而言可能是最直接、最切近和最关键的原因，那就是天鹅在有关罗恩格林的古代德国传说与瓦格纳的乐剧《罗恩格林》里面具有重要意义。

1861年2月2日，路德维希二世第一次在巴伐利亚国立歌剧院欣赏了瓦格纳伟大的乐剧《罗恩格林》，他对天鹅的热烈感情和精神寄托从那时起跃上了一个更高的水平。为了感谢瓦格纳，路德维希二世曾经这样说过，新天鹅堡要建造为“最接近神话的地方”，他要把它献给众人敬仰的瓦格纳。

高天鹅堡

当然，瓦格纳最终无缘享受新天鹅堡，因为新天鹅堡内的房间直到1884年春天才可以居住，而瓦格纳在此一年前就已经逝世了。

瓦格纳倒是多次在高天鹅堡拜见过路德维希二世国王。在国王的音乐室，摆放着一架用槭木制成的精美钢琴，路德维希二世曾把瓦格纳召到这里，让他演奏自己创作的作品。

天鹅的形象在高天鹅堡和新天鹅堡都随处可见并成为中心形象。

在高天鹅堡，有关天鹅骑士罗恩格林传说中的情景曾作为餐厅一个房间内的壁画题材，给人留下的印象非常深刻。壁画在形式上受到了浪漫主义学派的鲜明影响。它们由克里斯蒂安·律本设计，然后由米夏艾尔·内尔和罗伦茨·克瓦里欧在1835年创作。

而在新天鹅堡，人们从很远处就可以看到，在建筑主体接近塔顶的部位，塑有一个手持长矛、身披盔甲的天鹅骑士的巨大透雕像。

路德维希二世曾钻研过建筑艺术，他详细地研究了新天鹅堡建筑的立项、规划和内部设计工作，并认真地亲笔修改建筑设计图，直到符合或接近自己那些非常浪漫的构想为止。

1869年9月5日，为建造新天鹅堡的巨大工程举行了隆重的奠基仪式。皇家建筑长官爱德华·里德尔受命负责建造工程。慕尼黑的画家克里斯蒂安·扬克负责把里德尔完成的规划用图画的形式表现出来。

先是在1869年至1873年完成了大门的建造和全部装饰。为国王在二楼造好了居室，而一楼里宽敞的房间使得全部工程指挥人员有了舒适的栖身之处。从1873年又开始加紧建造城堡内的宫殿。1883年城堡的主体建筑竣工，底楼、一楼、三楼和四楼得以拓建。1884年初，三楼国王居室的房间可以居住。

根据1879年和1880年两年的统计，就可以看到仅仅在这段时间里，使用的建筑材料就有：3 600立方米沙子、600吨水泥、50吨石煤、40吨木炭、465吨萨尔茨堡大理石、2 050立方米脚手架木材、1 550吨尼尔廷根的沙岩和40万块帝国标准的砖石。

大量的建筑材料运输使用马车和牛车运到山上的建筑工地，而后用蒸汽起重机提升到搭好脚手架的主体建筑的西侧，然后用倾卸运货车送到指定的地方，再用滑轮组把材料提升放置到相应的建筑位置上。为了保障施工安全，每年都通过巴伐利亚锅炉复审协会即今天的德国技术监督联合会的前身对建筑机械的安全性能和作用性能进行检测。1880年直接参与城堡建造的石匠、瓦工、木匠的助工有209名。如果加上间接参与城堡建设工作的人员，诸如运输工人、相关的农民、商人、供货商和店主等，可以说菲森一带的人在20多年里都以建造这座城堡为生。所以，他们对路德维希二世心存感激，当日后企图推翻路德维希二世统治的王宫反对派前来逮捕路德维希二世的时候，他们挺身而出保护国王。

新天鹅堡主体建筑长130米，地基和地面建筑面积为2 557平方米。所有建筑的总建筑空间为67 179立方米。主楼到屋脊的长度为56.94米。主塔楼高79.16米，四角塔楼高为48.22米。全部的使用面积为5 935平方米。

能够在较近处一览新天鹅堡全貌的地点，当属玛丽安桥。它高出皮拉特峡谷谷底91米，下面有45米长的瀑布。早在19世纪中期，路德维希二世的父亲马克西米连还是王子的时候，就让人在皮拉特深谷上面建了一座木桥。1866年路德维希二世的母亲玛丽让至今仍然名气不减的MAN公司用金属结构取代了木桥。穿过这座桥，经过被称作“格拉特路”的山路，走2个半小时，可以到达泰格尔山山峰，那里坐落有国王的小木屋，是上巴伐利亚地区俯瞰美丽风光的上佳观景点。

从玛丽安桥走到新天鹅堡，只需10多分钟。以前，当仆人们晚上点燃城堡里面的所有蜡烛时，路德维希二世国王有时会走到玛丽安桥去散步，在那里长时间地欣赏新天鹅堡童话般的景象。

新天鹅堡凝聚了路德维希二世国王的主要心血，主题独特而鲜明，“硬”装饰和“软”装饰都非常讲究，富于深意，实在值得人们去细细赏析。

走上城堡内用萨尔斯堡大理石建造的台阶，可以看到异常坚固的巨大中柱和模板画上面表现狩猎场景的墙壁雕饰花纹。走上3楼，就来到了国王居室的前厅。首先映入眼帘的是做工精美的十字型拱顶桁梁。拱顶桁梁的交叉点是代表施万高地区，巴伐利亚和威特尔斯巴赫家庭的徽章。拱形桁梁基部装饰有用大理石雕刻的动物形象。用带有图案的锻造制成的大型技式吊灯上面插有蜡烛，并且用天鹅的形象加

天鹅堡内的加冕堂

秋天的天鹅堡

以装饰，用以照明。墙壁上装饰有大量的绘画。这些画是把颜料涂到墙上磨平的石膏层上绘制而成的。这些威廉·豪西尔德教授的绘画表现的是《尼伯龙根之歌》最古老的形式“齐格弗里德”里面的场景。瓦格纳的歌剧就是以它为脚本的。

餐厅内的油画取材于约1207年时瓦特堡的歌手之战。瓦格纳将这一题材和汤豪塞的传说共同作为他的歌剧《汤豪塞》的原始模型。这些油画是慕尼黑最著名的画家费迪南德·皮洛迪在新天鹅堡画成的。在遮盖着紫红色真丝门帘的房门上方是沃尔夫拉姆·冯·埃申巴赫的画像，这位生活在1120—1170年期间的作家，写出了《帕西法尔》。在另外一个通向仆人房间的房门上方，则是《特里斯坦和伊索尔德》的作者戈特弗里德·冯·斯特拉斯堡的画像。瓦格纳的乐剧《帕西法尔》和《特里斯坦和伊索尔德》都取材于这两人的作品。

国王卧室里的床很大，因为国王的身材魁梧高大，他身高1.91米，高于绝大多数同时代的人。年轻时代的他非常英俊漂亮，是众多女人梦想的白马王子。然而在他去世的前几年，他令人羡慕的优雅身姿却大大衰退，变得身材臃肿，面容有些浮肿。原因之一在于他患了龋齿，几乎失去了所有牙齿，而只能进食流汁。卧室墙上的壁画展示了特里斯坦和伊索尔德传说中的情景。而帷幕和窗帘采用路德维希国王最喜欢的蓝色，上面绣着巴伐利亚国徽、天鹅和威特尔巴赫家庭的狮子。

就是在这个房间里面，1886年6月12日，从慕尼黑来的特派员们向国王宣布，根据医生的鉴定，他已经精神失常，因而被剥夺行使国家的权力。根据巴伐利亚宪法的规定，摄政权交给了国王父系亲属中的最长者即他的叔父路易波特亲王。

更衣室是国王居室内唯一一间没有木制屋顶的房间。屋顶的油画给人以开放凉亭的感觉。墙壁上的油画表现了12、13世纪的宫廷抒情诗人瓦尔特·范·弗格尔威德的生活场景。房门上方的油画表现的是弗格尔威德被他的长满羽翼的动物朋友们簇拥着。左边相邻的油画是宫廷抒情诗歌“菩提树下”的写照。洗面台上方的油画是弗格尔威德为威尔弗十一世大公爵歌唱。壁炉上方的油画表现的又是瓦格纳的题材：纽伦堡的工匠歌手。

国王的起居室由大厅和用几个圆柱分隔开的被称作“天鹅角”的角落组成。海克尔和豪施尔德绘制在天鹅角的壁画表现了罗恩格林传说中的情景。

富有浪漫色彩的大画柜门上的装饰画分别取材于特里斯坦和伊索尔德、帕西法尔与齐格弗里德的传说。这是路德维希二世让人为他的城堡制作的复制品，柜子的真品陈列在图林根的瓦特堡。

为了迎合当时的浪漫时尚，路德维希二世让人在起居室和工作室之间修建了一个人造钟乳石岩洞。洞内设有人工瀑布，上面还配合有效果照明。工作室内的油画又展现了一次瓦格纳歌剧《汤豪塞》的场景，它们是《汤豪塞为跳舞奏起乐曲》《汤豪塞在维纳斯山上》和《汤豪塞在教皇乌尔班四世面前忏悔》。

路德维希二世执意建造的歌剧厅，也可以说是整个新天鹅堡的中心。它借鉴了瓦特堡内礼堂的整体设计和室内分割以及那里的歌剧

天鹅堡内的绘画《汤豪塞在维纳斯山上》

冬天的天鹅堡

厅，其大小的设置与瓦特堡的原型非常相似，但要比它的原型装饰得更加奢华。

里面的许多壁画表现的是帕西法尔的传说。除了演唱拱廊里面表现魔术师克灵索花园的舞台画以外，其余的画都是由在城堡中工作过的最出名的两位画家费尔迪南·皮洛迪教授和奥古斯特·斯毕司所作。而那幅舞台画的作者是慕尼黑的舞台艺术家克里斯蒂安·扬克。他为路德维希二世国王制作了多幅表现新天鹅堡的绘画，把建筑师爱德华·里德尔的设计方案用图画形象地展现出来，从而为国王创造了一个更为完美的外部视觉效果。

路德维希二世在世时从未使用过歌剧厅。只是从1933年为了纪念瓦格纳逝世50周年开始，直到1939年第二次世界大战爆发，在那里举办过音乐会。在城堡下面的庭院里有一个纪念碑，还让人回想起当年参加过演出的著名艺术家。1952年音乐会恢复演出，可是由于当时经济拮据的缘故，并不成功，所以就停演了。直到1969年，为了纪念城堡奠基100周年，人们又萌生了重新恢复演出的念头。而后每年又开始举办颇受人们欢迎的城堡音乐会，其声名远扬巴伐利亚之外。

路德维希二世第一次住在新天鹅堡是在1884年5月27日到6月8日。在他去世前的两年里（只有这段时间里房间才可以居住），路德维希在新天鹅堡里一共住了172天，也就是他最后生命时光的四分之一。城堡内的常驻人员约为30人，而当路德维希二世住在城堡的时候，人数大约会增至一倍。

毫无疑问，包括新天鹅堡在内的所有实现着国王癖好的工程的建设产生了巨额的支出。根据威特尔斯巴赫家庭秘密保存的王室出纳簿的记载，到1886年停止建造城堡为止，仅新天鹅堡的建造费用就共计为618万零47金马克。不明真相的人总是声称，路德维希二世为了建造他的城堡而挥霍了大量的国家财产的税金。实际情况是国王只是动用了他自己的私人财产和他的年俸。但是，这些资金经常入不敷出，所以路德维希二世开始借贷，1883年债务额为750万马克，到路德维希二世逝世时，债务已经上涨到1 400万马克。这些贷款直到他死后，才由他的家庭还清。

看到路德维希国王的债务不断攀升，内阁成员们促使国王削减开支的努力又不见成效，终于，他们联合皇家的几名成员作出决定，通过医生宣布国王精神失常，从而把国王的权力交给摄政者来执行。根据巴伐利亚的法律，在国王不愿自动退位的情况下，这是唯一剥夺他执政权力的方法。可惜的是，他们也没有首先去劝说国王自己退位，而是直接采取了最后的也是颇有些卑鄙的方法，去赶路德维希二世下台。

1886年6月8日，政府授意一个由4人组成的医务小组宣布路德维希二世精神错乱，而这4个人从来就没有见过国王。第二天，路易波特亲王就被推举为摄政王，作为国家元首，领导政府事务。6月10日，施万高当地居民和忠于国王的卫兵奋起保卫国王，巴伐利亚政府的特派委员会被关押在新天鹅堡，但跟着就被释放了。路德维希二世要发布告巴伐利亚人民书，但不被巴伐利亚政府允许。6月12日，政府的行动成功了，他们抓到了国王，并将他连夜从新天鹅堡送到斯坦贝格湖旁边的贝格王宫。

被逼离开城堡时，路德维希二世国王对他的仆人说道："斯笛西啊，你要像保护圣迹那样保护好城堡，不要让好奇的人们亵渎了她，因为我在这里不得不忍受一生中最痛苦的时刻！"

13日晚上，路德维希二世和他的医生范古登一同出去散步，就再也没有回来。经过寻找，人们发现国王和范古登死在了斯坦贝格湖

1840的菲森形象

中。他们的神秘死亡至今仍没有被澄清，尽管有许多猜测，却没有一种能够被证实。官方给出的说法是，国王杀害了范古登医生，然后自尽。

路德维希二世仅仅活了41岁。他的遗体后来被送入慕尼黑的圣米歇尔教堂，葬入维特尔斯巴赫家庭的坟墓中。

国王死后，新天鹅堡内只是继续进行了最重要的、必需的建造工作和内部装修。与此同时，从1886年8月1日起，也就是国王去世后的几个星期，就将新天鹅堡对外开放了。

无论如何，路德维希二世的命运是值得同情的。他的核心价值不是和政治而是和艺术紧密关联的，他利用了自己的政治权力去襄助文化艺术。从长远的历史观点看，他足以名列一部光辉的史册，并占据相对靠前的位置。当人们今日能去到菲森，充分观赏天鹅堡的奇迹的时候，当人们能够在世界的各个角落如痴如醉地聆听到瓦格纳的伟大音乐的时候，人们总会情不自禁地怀念起他。

为了纪念路德维希二世，一个国际性的创作团队编了一出以其为表现对象的音乐剧，还为了专门上演它而在孚根湖畔建了一个剧院。剧院内共有1 380个座位，是建筑师约瑟夫娜·巴巴伊诺根据路德维希二世为瓦格纳在慕尼黑捐建的歌剧院为原型设计而成。

德意志民族的音乐之城

谈到路德维希二世，人们不能不联想到瓦格纳。而谈到瓦格纳，人们也不能不联想到路德维希二世。他们，一个是“艺术型”的政治家，一个是“政治型”的艺术家。

瓦格纳一度非常激进，闹过改革，改革不成，又闹革命。1847年，他在德累斯顿如愿以偿地获得了萨克森国家终身指挥的职位，而后雄心勃勃地提出一系列的艺术改革计划，却未获支持。到了1848年，他再度将长达40页的有关改革的《德国国家戏院组织计划》上呈内政部，其中有这样一些条款，“权力要集中在音乐指挥一人手中”“戏院经理不应当由王室指派，而应当通过戏院工作人员、诗人和作曲家协会共同推选”“在法律、选举和献身政治方面加以改革”等。

瓦格纳极力希望能够将自己的政治主张和艺术信念融合在一起，但在德意志大地上并无一家剧院能够理解他的殷殷期望并给他提供这种政治—艺术实践的平台。结果他被激怒了，他进而认为这一层面的问题之所以产生了并持续存在着，症结在于德国错误的社会结构，因此，“我们必须打破这些，这就叫做‘革命’！”瓦格纳也非常清楚德意志政治世界的架构，他对各个成员国的统治者向来心有所寄，比如，对他想要进行的“革命”，本来也可以通过这样一条路径来实现，“普鲁士王只要对歌剧院做一个简单的和理智的决定，一切就会正常起来”。

瓦格纳也参加了一个名叫“祖国会”的政治团体。他还发挥自己擅长宣传的特长，去登台做了一场有关共和与王政关系的露天演讲，他抨击共产主义理论是要对“财产和收入作精确分配的理论”，是极其荒谬和毫无效果的，他鼓动进行普选，倡导在艺术领域和剧院作大胆的革新。

瓦格纳的革命激情最明显地洋溢在他那篇著名的传单《革命》里，他如此写道：“暴风翻滚着越逼越近，在它的双翼上写着革命；苏醒的人们重又敞开了他们那被唤醒的心扉，革命胜利地进入了他们的大脑，进入他们的肢体，进入肌肉，他们一心想着革命。在极度的陶醉中，他们从地球上一跃而起，他们不再是贫穷的人，不再是忍饥挨饿的人，也不再是被痛苦压弯腰的人，他们骄傲地耸立起自己的形象，他们那尊贵的面庞上放射着兴奋的光芒，他们的眼睛里闪烁着明亮的光辉，成百万的人喊着震天响的口号：‘我是一个人。’蜂拥着冲向山谷和平原，向全世界宣告新的幸福的福音。这就是生机勃勃的革命，这就是变成了上帝的人！”

由于瓦格纳对在宫廷剧院的本职工作已经兴趣索然，导致了管理者对他的疑虑越来越严重。本来，他的名作《罗恩格林》即将开始制作，连布景都订制完毕，但剧院最后将它的演出猝然取消。瓦格纳再遭到了一次严重打击。从那时起，瓦格纳对剧院置之不理，“对所有试图引起我兴趣的事物也一概不予理睬”。

1849年，要求民主权利的民众在许多个德国城市和政府发生了暴力冲突，在德累斯顿，萨克森军人也向民众开了枪。战事从5月3日开始持续了3天。已经烈火中烧的瓦格纳在城内四处奔忙，他印制了一份《你是否愿意与我们一起反抗外来军队？》的小册子，在停火的空当时区发给军队士兵。有一整夜，他都冒着中弹的危险，守在十字架教堂的塔顶，观察并报告政府军的动态。

革命很快失败了，形形色色的革命者纷纷逃亡。在逃亡途中，瓦格纳与巴枯宁以及其他临时政府的成员走散，结果幸免落入了政府的罗网。接着，政府发出了对瓦格纳的通缉令。

瓦格纳在紧急中去到了位于德国中部的魏玛，在那里得到他的音乐家朋友李斯特的容留。在瓦格纳开拓伟大事业的征途上，李斯特给了瓦格纳坚定和有力的帮助，他们之间的频繁通信成为了音乐历史上

有关瓦格纳在指挥中的漫画像

的重要文献。李斯特后来还成为了瓦格纳的岳父，他的二儿女柯西玛敬慕瓦格纳的天才，离开了原先的丈夫、著名的指挥家比洛，转投了瓦格纳的怀抱。

李斯特当时在魏玛正过得如鱼得水，有滋有味。他担任着魏玛宫廷乐长，更为显赫的是，作为历史上最伟大的钢琴家，他以其风华绝伦的姿态令世人倾倒。

李斯特最后劝瓦格纳远走巴黎。于是，在魏玛过了自己的36岁生日之后，依靠李斯特垫付的费用，瓦格纳带着妻子坐邮车逃离了德国。

波及社会政治的革命已然无望了，但只关乎艺术、只关乎音乐、只关乎歌剧的革命却很快地在瓦格纳一个人那里兴起并大获其胜。

瓦格纳首先到达了瑞士。在德国和瑞士交界处的博登湖，他第一次看见了阿尔卑斯山，深深地为它的巍峨壮丽所俘获，有一种无比圣洁和无比高远的情怀从他的内心深处荡然而出，他即刻就决定："我要获得准许在此安身！"

于是，瑞士成为了瓦格纳心目中的一块胜景之地。他于1849年到1858年的9年中住在康斯坦湖畔的苏黎世，于1866年到1872年的6年里住在琉森湖畔的特利伯森。在这两个时间段之间的8年里，也曾间断地

柯西玛

居住在瑞士。在瑞士居留期间，瓦格纳的艺术理想日臻成熟，他创作了四联剧《尼伯龙根的指环》，写了《特里斯坦和伊索尔德》和《纽伦堡的工匠歌手》，写出了自传《我的一生——瓦格纳回忆录》。

时间到了1864年，瓦格纳所欠的债务又堆积如山了。他能够典当的家什都已经典当一空。以往在苏黎世结交的密友魏森冬克夫妇都直截了当地拒绝收容他。瓦格纳在一封致友人的信上，悲切地写道：“我的情况很惨！一定要有个奇迹发生，否则我就完了。”

天无绝人之路。就在瓦格纳呼天吁地之时，巴伐利亚国王路德维希二世“应声而至”。

5月2日，瓦格纳在斯图加特的一家旅馆里躲债，被告知有人上门找他，他以为又是哪一位债主寻来，便躲避不见，第二天，实在躲不过去，他只好壮起胆子打开了门。结果让他惊喜万分，来人竟然是路德维希二世的内阁机要秘书。他向瓦格纳转呈了国王的照片和御戒，还有一封国王希望和他相会的信件。路德维希二世在信上以不多的几行感人肺腑的文字表示他对瓦格纳的艺术的强烈爱好，表示了愿意永远作瓦格纳的亲密朋友的愿望，表达了要令瓦格纳摆脱不公正命运的坚定意愿。

路德维希二世1863年看过《罗恩格林》之后，瓦格纳的音乐艺术就更加猛烈地冲荡了他的幻想世界。两年之后，他有机会读到了瓦格纳为《尼伯龙根的指环》所写的序言，瓦格纳最后有一句问话非常深刻地印进了他的脑海——“对于一位德国君主来说，他不必为此拨一笔巨款，而只需要将从前用来维持简陋透顶的公众艺术设施，维持堕落的歌剧舞台的那笔款项用于此处，对这样一位君主，这是易如反掌的……有这样一位德国君主吗？”现在，路德维希二世登基了，他有条件去回答瓦格纳的发问，有能力让自己成为瓦格纳所企盼的那位德国君主。

《尼伯龙根的指环》四联剧中《女武神》里的女主人公布伦希尔德

瓦格纳马上同意机要秘书发电报告诉国王他将于次日到达慕尼黑的讯息，接着便乘坐火车向慕尼黑赶去。还没有离开斯图加特，瓦格纳就以“欣喜若狂，忠实而真挚的顺民”身份，写出了致国王的第一封信：“我把这些无比感动的眼泪寄给您，并告诉您，现在这诗的奇迹如同一个非凡的现实出现在我这可怜的，需要爱的生命当中！而这生命，它的最后的文学创作与音响创作都是属于您的，我的大慈大悲的年轻国王：您像支配自己的财富一样支配它吧！”

5月4日，瓦格纳和路德维希二世首次见面了。他们的年龄相差32岁，还真是有些忘年交的样子。就在见面后的次日，路德维希二世就写了这样一封信给瓦格纳：“我极欲让你的肩头能永远卸下尘世生活的卑微负荷。我希望你能享有自己渴望的平静，以便让你能一展有力的天才双翼，不受拘束地翱翔在忘我的艺术纯净大气之中！你不知道，从我早期的童年开始，你就是我的唯一的欢乐泉源，是能与我的内心交谈的唯一友伴，是我最佳的顾问和导师。”而瓦格纳在见面当天给友人的信中这样告白：“您知道，年轻的巴伐利亚国王曾经传谕大臣务必找到我。今天，我来到了他的面前。他非常英俊，才智过人，宅心宽厚，我简直觉得在这平庸的世界上，他的一生恐怕只是一个短暂的圣洁的梦。他很喜欢我，态度温柔而热情，犹如对待一个初恋的情人。他对我了如指掌，就连我内心想些什么，他也都能猜出来。他希望我永远留在他的身边，在一个宁静的环境里写我的作品；他答应提供我所需的一切东西，让我能专注地工作；他嘱咐我完成《尼伯龙根的指环》，他知道我一心想把这部作品搬上舞台，他要为我来圆这个梦。”

《尼伯龙根的指环》四联剧中《齐格弗里德》里的齐格弗里德和布伦希尔德相拥在一起。他俩都有着神界的遗传，如果要严格地套用人类的血缘关系去排队，齐格弗里德和布伦希尔德之间的爱情是姑侄之恋

路德维希二世对瓦格纳知遇之恩之深重，给予瓦格纳解囊之慷慨，大概瓦格纳也是始料未及的。首次见面

之后，路德维希二世就赐给了瓦格纳4 000基尔德（以前的德国货币单位），第二个月，再赐给他16 000基尔德，还将他位于施塔恩堡湖畔的佩勒特别墅借给瓦格纳使用。到了10月份，瓦格纳又搬进了获赠于路德维希二世的位于慕尼黑市内的一栋宽敞宅邸。巴伐利亚的国库也在该月份受命与瓦格纳签下合同，以30 000基尔德取得《尼伯龙根的指环》的著作权，以此种方式资助瓦格纳完成这一巨作。据统计，以马克为计算单位，路德维希二世付给瓦格纳的资金超过了50万，还不包括他后来支持瓦格纳的拜罗伊特音乐节的数额在内。

路德维希二世对瓦格纳可谓是用情之深，仗义到底。当瓦格纳1883年2月在意大利威尼斯度假时因心脏病去世之后，路德维希二世下令慕尼黑城内所有的钢琴在一周内都要蒙上黑纱，并在新天鹅堡中为瓦格纳修建一处演出歌剧的永久大厅。但客观地讲，瓦格纳的影响使路德维希二世的情绪更加亢奋，瓦格纳在左右路德维希二世的思想与感情的同时，也俨然成为了这个王国的第二位君王，连路德维希二世在致未婚妻的信中也若有所悟："我有个印象，仿佛我和他互换了位置。"路德维希二世从瓦格纳处虽然有所得，但是它们只能是日益加强了国王企图躲进一个梦幻世界的倾向，路德维希二世的道路从那时起就将越走越窄，越走越难。反观瓦格纳，他从路德维希二世处受益巨大，他的路从那时起就越走越宽，越走越远。也就是说，瓦格纳与路德维希二世的关系，带给路德维希二世的根本影响有着更多负面的、消极的作用，而带给瓦格纳的根本影响几乎都发挥出正面的、积极的作用。

纵观瓦格纳的一生，完全可以将之截然分为两段，两段之间的分界就是他和巴伐利亚国王路德维希二世的建立联系。在那之前，瓦格纳过着颠沛流离的生活，音乐事业时有不遂；在那之后，瓦格纳的生活可谓是锦衣玉食，音乐事业兴旺发达。因此，瓦格纳在《我的生平》中，最后非常坦诚地用这样的话来收尾，"在我这位高贵的朋友庇护下，最平凡的生活压力的重负再也不会触动我了。"

拜罗伊特节日剧院

瓦格纳1813年5月22日生于

德国北部的莱比锡，父亲是警察局的文书，可惜就在瓦格纳刚满半岁时就暴卒。次年，瓦格纳母亲改嫁给演员和诗人盖尔，并迁居到位于莱比锡东部的德累斯顿。到了1827年，他的家庭又迁回到了莱比锡。

瓦格纳的大学生活是在莱比锡大学度过的，他在音乐学院注册，跟随圣托马斯学校唱诗班的主任魏因利格学习，从中受益匪浅。魏因利格慧眼识珍珠，还联系公司为瓦格纳出版了两首钢琴奏鸣曲和一首D大调波兰舞曲。

从大学毕业之后，瓦格纳先后任过维尔茨堡合唱队指挥、马格德堡剧院乐队指挥、柯尼斯堡剧院乐队指挥、里加剧院乐队指挥。

正像托马斯·曼指出的那样，瓦格纳在其青年时代的发展中，表现出明显的半吊子特性。它也反映在瓦格纳的生活上，他常常不知节制地消费，弄到几乎每个他到过的城市都有他的债主。这种情形最后也在里加复制，以至于当局因为他负债累累而没收了他和妻子的护照。万不得已之际，瓦格纳带着妻子于1839年9月非法穿越了俄国边界，偷偷溜进了东普鲁士，再搭上一艘小型帆船，冒险抵达伦敦。在英国没待上几天，又转进到巴黎。

在瓦格纳的一生当中，他曾多次去到法国，企图在巴黎混个出人头地。但几乎每一次都碰得个灰头土脸。他曾经这样写信："我病了，我的病就叫巴黎。"对巴黎的憎恨，导致瓦格纳写出了《音乐中的犹太精神》，这篇充满反犹太主义气息的著名评论，具体的攻击目标其实就是在巴黎出彩的犹太音乐家迈耶贝尔。瓦格纳曾经多次卑躬屈膝地向迈耶贝尔寻求援助，结果都受挫而回。

只是到了19世纪60年代之后，随着在法国的瓦格纳信徒越来越多，瓦格纳才算在巴黎有所翻身。1860年春天，法国国王拿破仑三世下令演出《汤豪塞》，于是，瓦格纳《汤豪塞》的四个版本也就出现了一个巴黎版本。

拿破仑三世的决定还是开了一个好头，同年7月，萨克森官方给予了瓦格纳有限度的赦免，他被准许进入除了萨克森之外的所有德国地区。喜讯传来，瓦格纳跟着就在8月重返德国，他已经有11年远离了祖国的怀抱。但这一次归程竟然没有让他有太多热烈的感觉，他感叹道："天啊！我一定要变成冷血动物了！"还好，他跟着很好地安慰自己："我若是真正的德国人，我的德国是在我体内的。"

现在，路德维希二世又向瓦格纳伸出了温暖而有力的援手，瓦格纳的一生还剩余将近20年的时间，这将是政治自由和经济无忧的大好时段，瓦格纳还将有何作为？他和路德维希二世还将合作导演乃至主演怎样的戏剧呢？

瓦格纳和路德维希二世可谓是英雄惜英雄，他们相互帮助，珠联璧合，一起导演了一出影响深远的宏大戏剧，其中的主演就是他们两人：路德维希二世是一个政治家—“艺术家”，瓦格纳是一个艺术家—“政治家”。瓦格纳从国王那里获得政治权力的支持以及更为重要的经济上的襄助，以便开创自己的音乐鸿业；国王则从瓦格纳那里更直接、更有针对性地获得音乐的营养，以便滋润和丰盈自己的奇美幻想。而他们两人如果还有一个集中“政治”和“艺术”需要的目标的话，那就是他们都认为艺术对人世有着至高无上的重要性，并且深信：再创德意志文化，使未来的世纪能更进一步地了解瓦格纳音乐的崇高荣耀，是他们两人共同的使命。

至于这出宏大戏剧的有形的演出场所，至少可以说有两个主要场地，它们都位于巴伐利亚境内，一个在南部，就是新天鹅堡，一个在北部，就是拜罗伊特。

如果可以说新天鹅堡的特色是建筑—音乐的，它首先是建筑的，而后是音乐的，音乐性的内容是附丽于建筑的，那么就可以说拜罗伊特的特色是音乐—建筑的，它首先是音乐的，而后才是建筑的，建筑主要是供给于音乐活动的。

拜罗伊特位于纽伦堡东北方向，坐火车需要一个小时。瓦格纳1835年前往布拉格的路上，曾经路过此城。这个小城浓厚的乡土风情使他颇为愉快，他更愿意借这个地址专门开辟一座音乐之城，让人们离开喧嚣的大城市，专门前来聆听自己创造的皇皇乐剧。而拜罗伊特

拜罗伊特三一教堂的尖顶与前面的厂房屋顶构成了富有意味的画面

坐落在慕尼黑与柏林之间，占有着德意志地区的地理中心，日后巴伐利亚与普鲁士若能结成同盟，拜罗伊特的地理位置就会别有深意。

瓦格纳早就有了选择一个地址建造一座剧院专用于演出自己的歌剧并传播自己的艺术理想的奇思妙想。1850年8月28日，李斯特在魏玛终于指挥了《罗恩格林》的首演，那次演出虽然广受观众喜爱，同时让瓦格纳确信了传统剧院不足以演好他的作品。他首次提出依照自己的设计来建造一座剧场，然后邀请最好的歌手来为他的作品做最佳诠释的构想。瓦格纳之所以对歌剧演出场所的建设要求如此苛刻，乃是因为未来的歌剧院在他的心目中理应成为全德国民教育的焦点和核心。“通过这一建筑，我们传播的仅仅是真实理念的框架，我们要将其传遍全国，最终形成伟大的精神。”

拜罗伊特市议会对瓦格纳的选址决定非常感动，他们倾其全力支持瓦格纳，成立了专门的行政委员会，并向四面八方筹集资金。瓦格纳也从1872年5月从瑞士迁居到拜罗伊特。

瓦格纳是一个艺术的多面手，他也参与了节日剧院建筑的各个环节。最终建成的节日剧院以古希腊圆形大剧场为样本，建筑材料多采用木头，在节省资金的同时也获得了更好的声音共鸣效果。瓦格纳开创性地将乐队放到了舞台下面的乐池里，音乐家在舞台下面分坐成6排，乐队声音无疑带上了一种神秘遥远的感觉。舞台前景采用双框架，观众席原来有1 460个座位，全部座位都在一个倾斜面上，呈现扇形向宽33米的舞台靠拢。观众席左右两壁的直角墙体不断向舞台方向缩进，造出了“神秘的深渊”的印象，其作用正是“将真实世界和理想世界分割开来，观众会有一种与舞台上时间相距遥远之感，但一切又离得如此近，看得如此清晰，因此，舞台形象有一种北方式的超人般的感觉”。

在不断克服重重困难保障剧院工程建设顺利进展的同时，瓦格纳还得抓紧时间完成《尼伯龙根的指环》的创作任务。最后，天如人愿，在1876年8月成功地举办了首届拜罗伊特音乐节。新成立的德意志帝国的皇帝、巴西皇帝、德国境内的各方诸侯都应邀而至。《尼伯龙根的指环》全剧长达15个小时，分为几天演出，一共演出了3次。路德维希二世也在时隔8年之后，到拜罗伊特和瓦格纳重见一面，并观赏了《尼伯龙根的指环》的第三次演出。

拜罗伊特音乐节历尽时代风云变幻，曾因为两次世界大战有所中断，但它的生命力一直维持至今。它的程序基本固定化了，一般从每年6月底开始，由于要保证那些过于耗费体力和精力的演奏家、歌唱家和指挥家在演出当中有必要的休息时间，整个演出时间将持续一个

瓦格纳故乡莱比锡新音乐厅前广场上的雕塑

月。演出的剧目总共7出，其中雷打不动的是《尼伯龙根的指环》和《帕西发尔》，另外再根据每年的情况加演其他一两部剧目。

像拜罗伊特、拜罗伊特节日剧院及拜罗伊特音乐节这样一个在19世纪下半叶就建立起来的、专门演出一个音乐家作品的音乐之城、音乐建筑和音乐活动，确实属于音乐历史上非常独特的创举，而且它们能够存续100多年依然活力四溢，更证明它们确实属于一桩伟大的奇迹。创举和奇迹之所以能够发生和持存，是以德意志民族的音乐需要、瓦格纳音乐艺术的综合性和深刻内涵为前提条件的。

同样是瓦格纳迷，德意志的世界文豪托马斯·曼这样盛赞瓦格纳："理查德·瓦格纳这个精神形象我还清清楚楚地记得，他像那个世纪一样饱受苦难而崇高伟大，他就是19世纪的完美表现。我看到他脸上布满了他所有性格的印记，肩负着创意追求的重任，我简直不知道怎样把对他的作品的爱，对这个创作界中极其令人置疑、含义复杂而令人着迷的奇迹的爱同我对那个世纪的爱区别开来。这个世纪把自己的大部分内容充满了他的一生，一个颠沛流离，饱受折磨，狂热而蒙受误解，最终获得世界荣誉光华的人的一生。"

同样是瓦格纳迷，法兰西的世界文豪波德莱尔盛赞瓦格纳："没有一位音乐家像瓦格纳那样善于描绘物质的和精神的空间和深度。""他具有一种艺术，能够通过精微的层次表达存在于精神的和自然的人中的一切过分的、巨大的、野心勃勃的东西。有时候，听着这种热

卡拉扬指挥柏林爱乐乐团演绎瓦格纳《帕西法尔》的唱片封面

烈而专横的音乐，人们似乎发现在黑夜的被梦幻撕破的背景上绘有令人眩晕的关于鸦片的观念。”

德意志人似乎是与生俱来地具有神秘的音乐能力，音乐从来都是他们表达强有力的心灵之所需的可靠手段之一，还有一个可靠手段即为理性运用的能力。哲学和音乐同时为德意志人所好，并在他们那里得到极致化的发展，这种事实本身就是最大的一种矛盾的或者一个无法思议的存在者，它使德意志人既是最容易理解的，也是最不容易理解的。如果我们始终对生命保持相当的敬畏，对世界的整体性采取一种理性直观的态度，我们获得的就是前一种结果，或者说是成果，反之，我们获得的就是后一种结果，或者说是后果。

也许，只有瓦格纳音乐能够全面地适合德意志人且深且宽的各类需要，它们是最能承载德意志民族身心之重的不朽载体，这些，就构成了拜罗伊特作为德意志民族音乐之城的谜底。

Deutschland
Kennen und Lieben

第6节　黑兴根 蒂宾根

海森伯的是与非—普鲁士和德国的龙脉—荷尔德林的生与死—黑塞的归顺之地

海森伯的是与非

黑兴根在蒂宾根南部大约20千米的施瓦本地区，在蒂宾根乘坐开往锡格马林根方向的列车，用不了半个小时，就能抵达黑兴根站。

纳粹德国的核计划先是在柏林地区进行。到了1943年夏天，盟军已经实施起对柏林一天24小时的轰炸，所有的军事研究单位得到了上峰的指示，确定自己在空袭使工作成为不可能时可以迁往的地方。虽然实行核计划的有关装置是安全地安置在刚建好的掩蔽地中的，但是却不能保证水、电和材料的稳定供应进而支持计划的正常开展，而且掩蔽地中也没有足够的居住空间供全体人员使用。作为柏林大学理论物理学教授、威廉皇帝物理研究所所长、诺贝尔物理奖获得者和德国核计划首脑的海森伯，在南方和西方寻找了安全避难地，以便和他已先迁到乌尔菲耳德的家人更靠近一些，同时也因为他愿意当战争结束的时候能更靠近西边的盟军而不是靠近东边的苏联军队。最后，他曾在蒂宾根教过书的核研究主管盖拉赫的劝告下，将目光锁定在蒂宾根正南方的黑兴根一带，那里的施瓦本阿尔卑斯山山间坐落着众多安静的小村落。

1943年底，海森伯和副所长劳厄带着物理研究所全所55名人员中的大约三分之一的人疏散到了黑兴根，他们搬进了外歇尔街1号的一座很大的几乎空了的纺织厂中，在那里建立了办公室和测量材料及制造仪器的房间。海森伯来到黑兴根后，还为黑兴根的居民举行过音乐演奏会。在黑兴根，海森伯关于未来的思想方面还增长了浪漫的成分，他发表意见说，在战争结束以后，“太阳还会像从前那样发光，我们将能够演奏音乐和研究科学，而不论我们是富裕地还是清苦地过日子，那都是没有什么关系的”。

第二次世界大战快结束之时，美英法三国曾经协议，斯图加特以南的整个地区应当由法国占领，但是附属于阿尔索斯派遣队的兰斯达

远眺霍亨索伦堡所在的山脉

尔却有着不同的看法，他向上报告说："我们觉得，那里的个人和材料应该在法国人之前由美国人去俘获；如果这不可能，就应该最大限度地加以摧毁。"军方的确也建议过进行空降突袭，或者最少对整个地区作一次地毯式轰炸。但由于法国军队推进得实在太快，两种办法都来不及实施。

阿尔索斯派遣队是1943年底成立的特别谍报队伍，其任务就是搜捕纳粹德国科学家、刺探有关德国秘密武器的情报。其队员们都佩戴着一个小小的徽章，上面有一个白色的希腊字母"α",一道红色的闪电穿过其中——那是原了能的标志。

最后，还是帕希上校带着数量不多的阿尔索斯人员，抢先法军不到一个小时到达黑兴根一带，逮捕了维尔兹、劳厄、外才克尔等著名的涉核物理学家，找到并没收了他们的文件和装备，开始拆卸了海格尔劳赫的反应堆，炸毁了最后的德国反应堆实验的合金容器。海森伯在帕希他们到来之前离开了黑兴根，他骑着唯一可以弄到手的交通工具即一辆自行车，沿途经过被战争毁坏了的德国，在3天之内，骑了250公里，到达乌尔菲尔德，去照顾他的家庭。很快，帕希带着10个人和4部车也跟踪而来，途中 座桥梁被炸毁了，他们毅然步行爬过白雪覆盖下的大山，还和一支德国小部队交上了火。当他们最终如神兵天降，出现在海森伯的位于一座小山顶的小屋的时候，海森伯正安静地坐在前廊上看着远处的湖水，他知道这一个时候总会来临，只不过比他预想的要更早一些罢了。

海森伯

海森伯曾经这样说过，"也许是由于'绝对'这个概念对我们德国民族产生了一种奇怪的魅力，使得我们所有的人在这一领域起了特殊的作用……德国对科学和艺术曾作出引起世界性变化的贡献，我们不得不想起黑格尔和马克思，普朗克和爱因斯坦，贝多芬和舒伯特，而且正是由于对'绝对'的热爱，由于对终极原则的追求。但是，只有当对‘绝对’的追求服从于适当的形式，也即科学达到逻辑的思考，音乐达到和谐和旋律配合上的要求，只有在这时，只有在最终的强制因素的拘束之下，它才能显示出自己充分的才能。一旦我们想去推翻这些形式，那么在我们周围就会产生可以随时看到的种种混乱。因此，我自己不准备用诸如上帝或阿迈奇敦的微光一类观念去为这种混乱唱赞歌。”这样一段对科学和艺术充满炽热情感和充足理性的话语出自海森伯之口，绝非偶然。

海森伯是20世纪著名的理论物理学家，1901年出生在维尔茨堡，在慕尼黑长大。他的父亲是从事中世纪和现代希腊语研究的学者，在非常良好的家教氛围里，海森伯积累了很深厚的文化素养。他善于突破表象和细节直接去洞察本质的天赋，在他日后从事科学研究的过程中发挥得淋漓尽致。他独特犀利的理性思维能力，运思出一套自己的理解世界奥秘的哲学观点，在德国获得过比爱因斯坦还高的评价。

海森伯是在慕尼黑大学完成了对理论物理学的学习的。在第三学年，他就交出了完美的博士论文，体现了他对数学工具的纯熟掌控以及非常具有前沿性的物理学思想。而量子力学的研究也很快地迎来了海森伯这位年轻而善战的猛将。

粒子和波动两种理论在最近300多年间展开了激烈的交锋，从德布罗意开始，这一本质的矛盾成为了物理学的基本问题，20世纪开端，物理学就进入了量子力学的世纪。量子力学也被戏称为“男孩物理学”，因为推动它不断发展的关键人物几乎都是在他们年轻的时候，具体地说就是在他们20岁到30岁这一段青春时期，提出他们伟大的创见，完成他们伟大的实验的。当海森伯从不连续性出发创立了其矩阵力学，薛定谔从连续性的道路发现了波动方程，那些经典物理学的定论就从根本上开始动摇了，我们在以往的科学框架中所认识和理解的世界也到了需要重新认识和理解的关口。

1925年，海森伯发表了《关于运动学和动力学的量子力学解释》，标志着量子力学有了明显的突破，其要旨在于量子力学的问题不能直接用不可观测的轨道来表述，而应该改用跃迁几率这类可以观测的量来表述。两年之后，他在发表的《论量子理论的运动学和力学的直观内容》论文中，提出了著名的测不准原理，认为人不可能同时精确地测到一个粒子的位置和速度；对其中一个测得越是精确，则另一个则越不确定。因此，不确定性源自微小粒子的本性，而非我们的测量仪器尚不够精确之过，我们在微观世界就需要将严格的因果关系予以抛弃。由于海森伯提出了这一些足以让石破天惊的崭新理论并符合客观事实，他在1932年荣膺了诺贝尔物理学奖，在1933年又获得了

1937年秋在柏林举办的武器展览会的海报

分量依然很重的马克斯·普朗克奖。

第三帝国在其核武器研究中对海森伯委以重任，让海森伯的人生历史从此有了某种污点难以洗清。

核裂变的发现地是在德国。1938年圣诞节前夕，奥托·哈恩及其助手在柏林的威廉皇帝化学研究所用中子轰击第92号元素铀，本来是希望在所获得的产物中发现反射性元素第88号元素镭，结果却发现了铀在被轰击过程中发生了“破碎”，成为了不再是铀的两个部分。原子裂变现象就此现身。

哈恩和其他科学家深入交流之后，他们认为：铀被击中后分裂成的两部分，理论上要比分裂前的原子轻一些，原质量消失并即刻转变为清晰的两部分，其中一部分转化为不可思议的巨大能量，单个原子就可以释放约2亿电子伏。

核裂变的军事价值也迅即被德国科学家看中。1939年春天，哥廷根大学教授约斯及其弟子就向帝国教育部长去信，在提出开发使用核能量可能性结果的同时，还提及了核爆炸物的概念。汉堡大学教授哈特克在送德国国防军最高统帅部的信中，直接就提到第一个利用核爆炸物的国家将拥有其他国家无法超越的优势。同年9月，军方在柏林召集了一批高级物理学家开会，正式开始操作“铀项目”计划。

海森伯很快被军方相中，并以相当于代理所长的身份主持威廉皇帝柏林物理研究所，成为“铀项目”的首席科学家。他通过研究，断言就理论而言原子武器是可以研制出来的，但生产技术条件至少得过两年时间才能具备，而且是在从现在起得到最大支持的前提下。他甚至形象地将能够摧毁一个大城市的炸弹的体积估计在和一个菠萝差不多的程度上。但是，在有关“临界质量”即足以触发链式反应的核材料的最小数量值的计算上，海森伯却似乎躲在了云里雾里，始终没有给出一个真实有效的结果，导致德国始终未能走到成功的门槛处。但是，在他们当俘虏并得知美国原子弹爆炸成功之后，海森伯跟着在几天内就计算出了正确的临界质量。这就在历史上形成了一个极为巨大的谜团：是否海森伯当时是可为而不为呢？他又因为什么原因而可为而不为呢？

在研制原子武器的过程中，还发生过扑朔迷离的哥本哈根之旅。那是1941年秋天，丹麦已为德国占领，海森伯以访问学者身份前去巡回讲演。官方在被占领地区常常设立“德意志文化研究所”一类的机构，并安排德国科学文化界的人物前去为德意志文化作介绍和宣传工作。海森伯在哥本哈根见到了“教他学会了物理学”的昔日恩师玻尔，并进行过一次确切内容至今仍不为外界确切了解的谈话。海森伯以后在自己所著的《物理学及其他》一书里，这样记述道：当他和玻尔单独在一起的时候，他对老师暗示“现在建造原子弹原则上是可能的，但那需要技术上做出巨大的努力和尝试，而且物理学家也许应该问问自己，他们是否应该全然在这个领域内工作”。

有一派人的观点是，从道德原则看，德国所有的物理学家都不想去实现核武器研制成果那一目标。如果他们希望德国在那次战争中成为最后的胜利者，以德国科学和技术的能力，他们就必定会取得成功。而海森伯的说辞似乎就是在说明，他自己当年就是消极对待核武器研究的，并直接导致了德国原子弹的难产。果真如此，海森伯无疑就成为了一个历史英雄，成为了一个机智大胆、正直无私的公共知识分子的道德楷模。

希特勒参观武器制造厂

那一段历史的真相究竟是怎样的？也许真相已经湮灭到了历史的渊底了。弗瑞恩曾改编汤姆·斯多帕德的《世外桃源》为戏剧《哥本哈根》，试图重演和解释那一段历史，引起了巨大的轰动。弗瑞恩说：关于海森伯和他的行事，已经有许多的看法，都带着情绪，有些激动。“好像是那场战争中难以言表的惨事，纳粹的统治已经和这个人的生平和行为中的模糊性、两面性、妥协性联系了起来，海森伯本人也成了一个不确定原理的话题。”

海森伯被捕之后，同其他9名德国科学家被带到了位于英国剑桥附近的田园城堡法姆堂，那是英国秘密安全局征用的场所，他们的待遇很好，每人一个单间，饭菜可口，还有图书馆可供学习。只是他们几乎是整天无事可做，于是，他们除了听收音机外，还会经常欣赏海森伯为他们弹奏贝多芬的钢琴奏鸣曲。其实这座建筑物的全部房间都被安装了窃听器，他们的谈话，包括日常事务的，包括他们谈论物理专业问题的，都被如实记录了下来。日后，以原始记录为蓝本，整理出来长短不一的22个笔录副本。后来，德国科学家们发现了疑点，他们凡是谈及专业问题，就特地走到室外的玫瑰园去谈，让英国人成了聋子。

听到美国成功爆炸原子弹的消息，10名德国科学家反应各异，有的如释重负，感到了解脱，而沮丧、失望成为了主流情绪，这种情绪在海森伯身上表现最为强烈，因为他可能意识到了，他不再拥有在国际原子能研究领域坐头把交椅的可能性了。

继续扣押10名涉核物理学家似乎不再有必要了。1945年底，英国政府草拟了一份声明，指出“他们的努力结果没有超出实验室层面，原子能的利用被局限于作为能源的单一取向范畴” 。而后在次年1月，允许德国科学家返回了他们的祖国。

面对历史，面向未来，海森伯胸次之阔达都有如大海：能够激荡如大海，也能宁静如大海。在他生活的晚年，有一个晴朗的下午，他在优美的巴伐利亚乡间一个学院中，听他的两个儿子和一个同事演奏贝多芬的D大调小夜曲，他深刻地感觉到那小夜曲“带来了生命力和喜悦……中心秩序中的信念不断地放射出忧虑和愁苦。当我倾听着时，我更加坚信了一件事：用全人类的尺度来衡量，人生、音乐和科

贝多芬纪念碑1845年8月12日在波恩揭幕

学将永远继续下去，尽管我们自己不过是短时间的过客，或者按照尼尔斯的说法，我们在人生大剧中既是观众也是演员。”他在1969年结束他的回忆录时，就是以这样的最后一段话，结束了他对自己一生的回顾和评价。

普鲁士和德国的龙脉

到黑兴根的动机，除了有关海森伯在第二次世界大战期间最后的日子里的故事之外，还有关坐落在汝拉山一带的霍亨索伦堡。

霍亨索伦堡是普鲁士王室霍亨索伦家族的发祥地，如果只是从政治人物的渊源去发掘的话，霍亨索伦堡就是普鲁士王国之根，也顺理成章地成为了统一的德国的龙脉所在。在历史上的数个世纪里，霍亨索伦家族正是以黑兴根的霍亨索伦堡作为起点，一步步地从德国南部向德国中部，再向德国北部不断发展的，最后成为德意志的高级贵族和王家世系，端居于德国统治阶层的最顶端。

和许多其他欧洲王朝一样，霍亨索伦家族的起源处于黑暗年代。第一份知名的有关霍亨索伦家族的资料，出现在闻名的赖兴瑙岛修道院修士伯特霍尔德写的《世界编年史》里，伯特霍尔德在该书的中世

霍亨索伦堡秋景

纪年代记里，提到伯查德和韦济·冯·索伦两名骑士是在1061年的战场上牺牲的。尽管没有什么证据，一些学者还将霍亨索伦家族的起源归于德国的布克哈丁格斯的古老家族。

根据主流的研究结果，霍亨索伦家族最早的源头可以追溯到弗里德里希·冯·索伦伯爵，他在公元1100年因为领有索伦堡而受封。该家族的领地最初是在德国西南部的内卡河、施瓦本—阿尔勃和上多瑙河之间。到了14世纪中叶，该家族以“霍亨”（“高贵的”）字样加在“索伦”之前，从此称为霍亨索伦家族。

索伦伯爵1188年娶纽伦堡贵族的女儿为妻。当岳父去世之后，索伦伯爵继承了他所有的领地和头衔。索伦伯爵的下一代把这些领地瓜分，形成两个霍亨索伦家系：一个是在北方信奉新教的法兰克尼亚系，另一个是在南方祖先的城堡区域信奉天主教的施瓦本系。

施瓦本系的势力在16世纪非常红火，不久再分为了两支，它们在1623年都被列为帝国诸侯。

法兰克尼亚系承袭了纽伦堡伯爵一职，并在1322年成为帝国诸侯，同时领有安斯巴赫—拜罗伊特马克伯爵领。

1412年，纽伦堡伯爵弗里德里希六世奉德意志国王西吉斯蒙德之命，去到了当时尚处于无政府状态的勃兰登堡马克即德意志帝国的边区领地。弗里德里希六世率领法兰克尼亚骑兵和雇佣军进入勃兰登堡马克之后，成功地打击了强盗骑士，很快就绥靖整肃，恢复了当地居民的和平生活，建立起良好的社会秩序。为此，他在1415年从德意志国王那里获赐了勃兰登堡马克，霍亨索伦家族的统治权力随之拓殖到了勃兰登堡。弗里德里希六世还被封为选侯和帝国议会大丞宰，和科隆、美因茨、特里尔三个地区的大主教、萨克森公爵、普法尔茨伯爵以及捷克国王一起，享有了选举神圣罗马帝国皇帝的特权。

霍亨索伦堡一景

从15世纪中叶开始，霍亨索伦人集中精力经营他们的勃兰登堡马克，并着意执行有目的的通婚政策，以期扩大勃兰登堡的领土和势力。对勃兰登堡以东的普鲁士，他

霍亨索伦堡一景

们也是向往已久。最后在1618年实现了这一目的。这一年，由于普鲁士公国没有了合适的继承人，其统治权让给了有着姻亲关系的勃兰登堡选侯约翰·西吉斯蒙德。从那时起，普鲁士公国和勃兰登堡结盟，由之形成了“勃兰登堡－普鲁士公国”。

又过了近百年的纵横捭阖，1701年1月18日，勃兰登堡和普鲁士的政治能量聚集得更加强大，终于升格成为了普鲁士王国，各个分散的霍亨索伦家族领地的凝聚力因此得到了加强。71年之后，普鲁士王国再把西普鲁士兼并过来，于是形成了领土从东到西连成一片的德意志大邦国。沿着这条道路，最后一直进展到第一次世界大战结束时的德意志帝国。

细究霍亨索伦家族在勃兰登堡的统治，从1415年算起，直到1918年德意志第二帝国灭亡，历时503年，先后更换了18代20位君主。而从1701年算起，直到1918年，统治普鲁士王国和德意志帝国的霍亨索伦王朝，则经过了9位君主。他们是腓特烈一世、腓特烈·威廉一世（前者之子)、腓特烈二世（前者之子)、腓特烈·威廉二世（前者之侄)、腓特烈·威廉三世（前者之子)、腓特烈·威廉四世（前者之子)、威廉一世（前者之弟)、腓特烈三世（前者之子)、威廉二世（前者之子）。

在南方继承发展的霍亨索伦家族施瓦本分支，业绩当然要逊色得多。弗里德里希十二世与其兄弟艾特尔·费里德里克一世之间发生了激烈的家族纠纷，最终于1423年导致了霍亨索伦家族城堡的覆灭。1454年，约斯特·尼古拉斯·冯·索伦伯爵开始重建城堡。

历史最早提到霍亨索伦家族城堡的书面资料是一本标明1267年教堂使用的图书。尽管关于第一个霍亨索伦家族城堡的规模和外观，后人难知其详，但从它曾被称为“德国领域最牢固的城堡”“施瓦本城堡的皇冠”这一点去猜想，还是可以想象到它的雄大气象的。

1623年，霍亨索伦家族的施瓦本系被授予侯爵头衔。那时，他们已经从霍亨索伦城堡迁到黑兴根一个更现代的宫殿与城堡里。原来的霍亨索伦城堡仅仅作为一处战争期间的避难所。在30年战争中，霍亨索伦城堡久战不保，最终没能抵御住瑞典人和符藤堡军队的联合攻击，在1634年被攻破。

1667年到1771年，奥地利人将霍亨索伦城堡作为自己的军事要塞。再以后，城堡的军事重要性逐渐减少，慢慢变成了一个难以维护、随时可能出现倒塌危险的巨大建筑。转进19世纪，霍亨索伦城堡已变为了一片硕大无朋的废墟。

1819年夏天，霍亨索伦堡颓朽的命运最终由已经飞黄腾达的霍亨索伦法兰克尼亚系扭转了。普鲁士王储弗里德里希·威廉四世莅临城堡参观，这位对历史学情有独钟的统治者，对其祖先的事迹非常感动，于是他颁旨重建霍亨索伦堡。

霍亨索伦家族的朋友、霍亨索伦王室历史和家系研究的权威鲁道夫·冯·斯蒂弗莱德被请到现场协调有关问题。1846年，斯蒂弗莱德采用了专家意见，在不同家族分支间签订合约，设法解决迫在眉睫的财政困难。结果王储资助三分之二的建筑费用，两个施瓦本分支资助剩下的三分之一。因此，今天的城堡所有权还是按原来的比例在霍亨索伦家族的不同分支里予以分解。

描绘德意志帝国1871年成立的油画

威廉四世最后一次回到城堡视察建设情况是在1856年，他不幸在1861年过早地去世了，没有看到霍亨索伦堡的新貌。霍亨索伦堡的落成典礼于1867年10月3日举行，普鲁士国王威廉一世及其王妃、王储及其妻子以及大批霍亨索伦家族的成员，兴高采烈地前往出席。

及至今日，作为霍亨索伦王室起源和兴起的一个象征，霍亨索伦堡早已成为了一个国家和一个朝代的纪念碑。

德国可谓是一个古堡之国，由于山川地理的条件和历史上长期存在的诸侯割据的需要，各地曾大修古堡，现有古堡及古堡遗址就不下20 000座，平均每16平方公里范围内，就有一座古堡。如果有时间，可以慢慢地去转悠，但不妨先集中看几个在建筑特点和历史意义上具有相当特殊性的城堡。其中，我想路德维希二世的新天鹅堡和霍亨索伦家族的霍亨索伦堡就应该被列入首选的名单。前者是有关童话、艺术与梦想的，而后者是有关现世、权力与政治的。

霍亨索伦堡的第一道门并不开阔，接着就要穿过一小段类似坑道的通道，而后，再走一大段露天的弯道斜坡，才能最后到达城堡楼体部分底楼所处的平面，这充分满足了城堡的防卫功能需求：要易守难攻，不能轻易就长驱直入。

进入城堡内部，其中开辟了许多的房间，分别以图像和实物的形式，展示了霍亨索伦家族的发展历史与历任普鲁士国王的生平事迹。

参观完城堡内部，可围绕着城堡主体建筑外围走一圈，那里一溜地树立着历任普鲁士国王的等身铜像。在那一圈平面，向外可以获得非常广阔和壮美的视野，四周是山峦起伏，林木幽深，小镇小村错落有致。观后无不胸次大开，浮想联翩。

荷尔德林的生与死

在蒂宾根，哲学家黑格尔、谢林，经济学家李斯特，诗人乌兰德，神学家梅兰斯顿，诺贝尔文学奖获得者黑塞等历史名人都留下了他们动人的足迹。而最震撼人心的，是蒂宾根与荷尔德林紧密无间地扣在了一起。

荷尔德林可谓是德意志最伟大和最悲惨的诗人。

谓其最伟大，乃是因为像狄尔泰所赞誉的那样，“他从不间断热情地倾听自己内心里和自然中那使他与神性的幽秘同在的声音；神性的幽秘在万物中沉睡，所以，他预先得知许多未来的可能性，人类更高的形象、德国民族未来的英雄事业、生活的崭新的美，即那在我们身上实现神的本性的意志的美，表达那难以言说地围绕着我们的生命本身的永恒节律的诗”。也像海德格尔所赞誉的那样，他处于贫病交加，尚能以诗语追怀往事，在绵绵的悲伤中祈求神的昭示，“站在神的风暴下”，被存在的恩泽所触动并“向人民递送天堂的赠品”，帮

荷尔德林

助民众度过漫漫长夜，“这样，诗的本质就被嵌入到诸神之暗示和民族之音的相互追求的法则中了。诗人本身处于诸神与民族之间……荷尔德林不断地并且愈来愈确实地，出于飞扬涌现的丰富形象并且愈来愈质朴地，把他的诗意词语奉献给这一中间领域了。这就促使我们说，荷尔德林乃是诗人的诗人。”

谓其最悲惨，乃是因为他有生73年，后半生却处于精神失常的境地，从1807年起，到1843年止，荷尔德林一直生活在这里。刚好，他的大学生活也是在蒂宾根度过的。

荷尔德林1770年3月20日出生在斯特加特正北方向30公里远的劳芬，他的生父是个法学家，曾作劳芬修道院的讲师，1772年中风去世，仅仅活了36年。好在生父还留下了相当可观的遗产在其遗孀和儿女间均分。所以，荷尔德林的母亲能够在1808年秋天立下自己的遗嘱，为病中的荷尔德林留下直到1820年的生活费用。

荷尔德林的继父约翰·克里斯多夫·戈克同样英年早逝，死时才34岁，他曾是劳芬的秘书，后来成为尼尔廷根的市长。荷尔德林3岁时就随改嫁的母亲迁居到了位于斯图加特东南方向23公里远的尼尔廷根。

荷尔德林10岁时通过通考，被新教修道院学校录取，14岁升入邓肯道夫低级隐修院学校，16岁时升入毛尔布隆高级隐修院学校，18岁时被送进蒂宾根大学的神学院，接受严格的神学教育。当时的蒂宾根神学院学制5年，前两年隶属蒂宾根大学，两年后，若学业合格，被授予硕士学位，才可以回到蒂宾根神学院，去正式学习神学，3年后通过教会大考方可毕业。非常神奇的是，在蒂宾根神学院，荷尔德林与黑格尔、谢林成为了同学，而且居于同一个宿舍，他们三人被誉为“蒂宾根三星”。

第一本荷尔德林的传记作者施瓦布曾记载到，1793年7月14日，“蒂宾根三星”曾效仿法国当时流行的做法，到东山上为庆祝法国大革命而种植了一棵“自由之树”。据说谢林还将《马赛曲》翻译成了德文。而只有一页纸的写于1796年3月的手稿《德国唯心主义的最早纲领》，被哲学史家认为体现了黑格尔、谢林和荷尔德林的共同意图，手稿笔迹是黑格尔的，但最早发现这篇手稿的弗兰茨·罗森茨威格通过内容分析认为那是谢林的作品，而荷尔德林研究专家又认为其内容完全和荷尔德林的思想吻合，究竟此文的作者是他们中间的哪一位，或是他们3人思想的共同反映，在史家们中间尚有争论，但是研究者通常将它收进荷尔德林全集之中。

按照荷尔德林从小开始的求学路线，他日后应当去当一个神职人员，他的母亲也一直坚持为她的儿子寻求一个神职工作位置。但是荷尔德林坚拒不从。他对自己的人生设想是在毕业后到耶拿继续读书，或者是去当家庭教师，这也是当时许多有志青年的首选和优选之路。

1793年秋天，得到席勒有保留的推荐，荷尔德林到住在迈宁根附近的夏洛特家担任家教工作，夏洛特是那时当红的文学家让・保尔的早期情人。

1795年12月底，荷尔德林从耶拿抵达法兰克福，在银行家贡塔尔家当家庭教师。当时快满26岁的荷尔德林在那里遇到了贡塔尔夫人苏瑟特，后者比他大一岁，却结婚10年了，还生了4个孩子。但是，苏瑟特长着一张坦率和极为美丽的脸庞，头发是栗棕色而略带红色的，其容貌有种希腊味道，而她的肌肤有点金红色，身材稍有一些丰腴。这样的女性在荷尔德林眼中正是那种他要赞美和追求的尤物。他一心觉得苏瑟特就是他的“狄奥提玛”。

“狄奥提玛”这一人名，最先出于柏拉图的著名对话《会饮》之中，有可能是柏拉图的虚构。在《会饮篇》里，苏格拉底带着敬仰之情向人们谈到在爱情和其他许多问题上面都有真知灼见的狄奥提玛。狄奥提玛是希腊曼提尼亚的女祭司，苏格拉底曾受教于她，听她讲爱的真谛。在那之后，个别性情优美、头脑睿智的女性都可能被人以“狄奥提玛”去相称。而荷尔德林在他1792年开始写作的《许佩里翁或希腊的隐士》之中，也为女主人公、许佩里翁的女友起名为“狄奥提玛”。

荷尔德林现在在自己的现实生活里找到了自己的“狄奥提玛”，他深深地爱上了苏瑟特。在近3年的时间里，他们相知相亲相爱，幸福又甜美。

但荷尔德林和苏瑟特的私密恋情终于暴露了。1798年9月，荷尔德林被贡塔尔赶出了家。荷尔德林没有尝试勇敢地、公然地去夺取苏瑟特，而是默然顺从地离开了法兰克福。

荷尔德林接着去到位于法兰克福北方的洪堡。苏瑟特曾请求与她有交情的几个名人提携和帮助荷尔德林。荷尔德林曾经尝试作一个自由撰稿者，和出版商一起出版以日耳曼神话中的青春女神为名的文学刊物《伊杜娜》，可是应者寥寥，歌德和席勒都不愿供稿。

因为稿费不足以维持生活，1801年1月至4月，荷尔德林又去瑞士豪普特维尔，在龚岑巴赫家当家教。豪普特维尔地区的胜景激发他后来写下了赞歌《在阿尔卑斯山所咏》和著名的哀歌《还乡》，海德格尔后来对《还乡》一诗大发感慨，从哲学的高度对之详加解析并由衷赞美。

从瑞士归国之后，荷尔德林没有放弃谋求去耶拿大学讲授希腊文学的努力，但给席勒等人去信之后，他没有等到一声回音。

同年12月10日左右，荷尔德林从尼尔廷根出发，步行去法国波尔多，第二年1月28日的凌晨，抵达汉堡领事迈耶尔的官邸，他在那里再一次开始私塾先生的生活。

1802年6月22日，33岁的苏瑟特辞别人世。她在护理出麻疹的孩子时受到了感染，同时又患着肺结核，终于不治。荷尔德林在该月底获知了这一噩耗，深受震撼。荷尔德林是在苏瑟特死之前的5月中旬，因为不详的原因而离开波尔多走回了德国的。现在，苏瑟特已经永远离他而去，受到重击的他返回家乡尼尔廷根寻求平静。在此期间曾接受医治，人们无不担心荷尔德林会精神崩溃。他的弟弟已在哥哥身上看到了精神错乱的明显痕迹。

荷尔德林待在妈妈的身旁，病情稍微好转之后，再到洪堡，洪堡的侯爵为他安排了一个管理宫廷图书馆的职位。

到了1806年，荷尔德林最终被确诊为精神病。9月11日，他被从洪堡迁走，本来打算最终交给他的母亲。荷尔德林作出了激烈的抗拒，他从车上跳了出来，试图从护送者手中逃脱。但他终于被制服，并被转送到了蒂宾根。从此开始了他那漫长而揪心的“塔楼”时期。

“塔楼”所在的建筑 ，当时是木匠恩斯特·齐默尔的住家。这一建筑是18世纪后期在一座旧基础上修建的，原来是中世纪的城镇防御工事的一部分。该建筑后来易手，并不幸在1875年12月的一天着火，底楼岌岌可危，而包括荷尔德林的“圆形大厅”在内的楼上部分完全

蒂宾根景色

被毁掉了。后来在旧的地基上，新的房屋被迅速建立起来，而“荷尔德林塔”这一词组第一次出现在这个建筑设计中。

荷尔德林塔楼

齐默尔收留荷尔德林的时候，比荷尔德林还小一岁，但他对荷尔德林有一种敬仰之情。虽然是一个木匠，但齐默尔喜欢读书学习，他的思想水平到了能够与人讨论康德、费希特、谢林、诺瓦利斯、蒂克等思想家和文学家的高度，他还刚刚和他人一起读完了荷尔德林的《许佩利翁》。

在荷尔德林被送抵奥腾里特诊疗所时，正在给这个诊疗所做一些木匠活的齐默尔就听到了消息。他第一次在那里见到荷尔德林的时候，可怜的荷尔德林像对待其他人那样，对他喘着粗气，转动着眼珠，呻吟着，或者反复地鞠着躬。齐默尔见此情状，心如刀绞，他毫不犹豫地接受了奥腾里特医生的建议，将荷尔德林带回了自己的家，让全家人一起来照顾荷尔德林。齐默尔去世之后，他的女儿又忠实地行使了照顾荷尔德林的义务。

荷尔德林当时就住在塔楼的二楼一间小的、漆成白色的房间里，齐默尔的手工作坊放在底层，后来它们被改建成能住人的房间，用来租给大学生居住。

塔楼就紧紧靠着内卡河，在靠河边的狭小地块有一个小型花园。荷尔德林当时常到这里散步，可以持续到5个小时，直到他自己筋疲力尽。

今天，这座塔楼也是荷尔德林文学纪念与博物馆之所在。在花园里，立有一件真人般大小的雕塑，全身赤裸，似扭曲似舞动的姿态意在表现塔楼期间荷尔德林的痛苦状态。

面向花园的主外墙面，在窗户下沿，放置着一尊荷尔德林的浅褐色石刻头像，在头像下，装点着一大把鲜花，它们将会使人们的追忆

荷尔德林塔楼墙上放置的荷尔德林头像雕塑

更加新鲜与 美好。

在生中等死、死里求生的惨厉之状里存在了37年，荷尔德林在1843年6月7日夜里11点撒手人世。在当月初，荷尔德林还在感冒中写下了最后的一首诗，题名为《前景》，他在塔楼期间写有35首诗歌，被后人结集为《塔楼之诗》，其中一些依然保有神奥和伟大的特质，一些则真有点像疯癫之语。

6月10日，人们将荷尔德林下葬在了蒂宾根墓地。

荷尔德林塔楼已经成为哲学爱好者、文学爱好者以及更广泛意义上的爱思想者的寻梦之地。塔楼的外墙是浅黄色的，塔顶是灰黑色的，塔楼前面是翠绿的柳树，后面是深绿的梧桐，内卡河就日日夜夜地从塔楼的面前歌吟而过。而从荷尔德林曾住的房间里向外看，可以望见远处的施皮茨山；可以望见狭窄的内卡河道与精巧的内卡岛。里外呼应，远近相辅，仿佛在拱卫并抬升着一个诗人不幸而伟大的灵魂。

荷尔德林身为诗人，对哲学和艺术有着广泛而深刻的兴趣，在艺术中尤其对音乐情有独钟。荷尔德林不仅爱音乐，也很懂音乐，他10岁时就开始学习弹奏钢琴，后来又学吹长笛，他的嗓音也非常动人，是一种很出色的男中音。住在塔楼期间，荷尔德林的生活仍然是有音乐相伴的。当他想弹钢琴的时候，他会一整天都坐在钢琴前，不离开半步。偶尔他脑海中会突然显现某个幼稚简单的音节，他竟然将它翻来覆去地弹奏几百遍之多。有时，他还随着自己的弹奏，尽情哼唱，尽管他人可能难以明知他究竟弹奏着什么与哼唱着什么。

在塔楼里的主房间里，和窗户相对的那堵墙上，挂着四块镜框，上面分别镶嵌着荷尔德林的诗歌《春》《夏》《秋》《冬》，它们选自荷尔德林的《塔楼之诗》。离这些镜框所在之墙2米远，放着两只椅子，供人坐着。这一布置可谓是用心良苦。当你坐着，向前端视荷尔德林诗歌，你到底会想到一些什么呢?

我只想说，荷尔德林在诗歌这一文学圣类方面为我们奉献了至高无上的神品，因此从诗歌方面最高度地代表了德意志的存在，正如瓦格纳从音乐方面最高地代表了德意志的存在一样，而他那样的伟大却又是与一种至深无下的人生痛苦共同缠结在一起的，因而使得他更加值得被我们怀念和赞颂。

黑塞的归顺之地

到了蒂宾根，许多文学爱好者也不忘去追寻黑塞的足迹。

木制品街上的黑肯豪厄尔书店就是当年黑塞给书商当学徒的地方，他终于在蒂宾根结束了自己酷烈的青春期，走上了一个自觉学习、勤奋探索的人生道路。

赫尔曼·黑塞被称为德国浪漫派最后的一个骑士，也是今日世界文坛上出版和研究得最多的作家之一。

黑塞爱音乐，能绘画，在文学创作方面以诗歌、散文和小说见长。其文笔清澈如镜，在比较厚重晦涩的德国文学森林里显得有些像一棵茂盛的异木。而且研究者们发现了这样一个奇异的现象，那就是每当经过一次战争，如第一次世界大战、第二次世界大战、越南战争，都会跟着兴起一阵黑塞热，我想，那是饱受战争创伤的人们能够从黑塞那豁达、淳朴、和蔼的文字里得到深刻的慰藉吧。

黑塞1877年在施瓦本地区的卡尔夫小镇出生，他的祖父曾作为传教士在印度长期传教，他的父亲是新教牧师，也当过卡尔夫出版协会的会长。黑塞的母亲是在印度出生的，她和自己的第一个丈夫在印度结婚，黑塞是她第二次婚姻所生下的第一个儿子。由于母亲一系都有外国血统，黑塞本人可以说兼具德国、法国、英国和瑞士的血液，加

在霍亨蒂宾根宫俯瞰蒂宾根

上先辈们在东方世界的生活经历，因此在黑塞的思想及创作中后来出现诸多和平主义和世界主义的倾向也就不足为怪了。

也许的确是因为黑塞有更多的梦想，他希望着一个更美的世界，所以，在他18岁到蒂宾根之前，他的青少年时期都和现实世界产生了激烈的碰撞和冲突。

黑塞后来回忆道，他的危机是从神学院开始的。青春期的需要和职业的选择在那里迎面相遇。而他完全清楚，除了做一个诗人之外他不想再干别的，但是他也知道，作诗是一个不被承认的职业而且不会带来面包。

1891—1892年，黑塞到毛尔布隆新教修道院学习班学习，学了7个月，他就逃学，3月底还是个天寒地冻的季节，当他逃出校门时，只带着那天下午的课本，没有带上大衣，也没带上钱，一个人在野外过了一夜。学校给他家里发出了两封电报并紧急寻找，当黑塞被找回来后毫无悔过之意，也不愿说出离校的原因，医生能够在他身上发现的一个引人注目的特征就是他对自己的父母亲极为反感。作为惩罚，黑塞被关了8个小时的禁闭，他却在禁闭室内写诗并寄给了讽刺杂志《飞行报》。

黑塞的父母来将儿子接走，并将他转送到他们的朋友巴德鲍尔新教学院院长布鲁姆哈特手上，希望院长能够帮助黑塞并找到他发生异常的原因。结果只过了14天，黑塞竟然要自寻短见。

在黑塞企图自杀的当天，他父亲就以1 200马克的费用，又将他安排到了施台腾神经病疗养院院长沙尔牧师那里，黑塞的病征被诊断为“多愁善感”。黑塞写诗写信向父母不断表示抗议，他觉得自己从“亲爱的赫尔曼”变成了另外一个人，变成了一个仇恨世界的人，变成了一个“父母亲”还活着的孤儿。

到了10月，黑塞被允许离开精神病院，被父母安排进入了坎施塔特文理中学。

读文理中学的时候，黑塞仍然不喜欢上课，总是逃学，对父母想要他干的一切都不感兴趣，没有力量和勇气。每当他兴趣索然地一小时又一小时地做作业或学习的时候，就有一种恶心的感觉向他袭击而去。他倒是喜欢将课余时间拿来自学，而自学的对象是父母亲坚定认为那是不能糊口的艺术。

黑塞16岁时结束了自己的学生时代，接着到了佩罗特塔楼钟表厂当了一年的学徒。那是他“第一次也是唯一一次和劳动人民生活在一起”，虽然对技术和机械既没有天赋也不感兴趣，但黑塞还是学会了不少东西，“明白了怎样拆缝纫机，拉钢丝，旋铁锭，套螺丝，凿锯齿，区分钢、铁、紫铜、黄铜、锌、铅、铝等，编制钟声音效，喝果汁、吃干面包，指使新学徒，从梯子上掉下来和裤子被撕破以及其他与机械有关的东西”。后来，他在写作名著《珍珠球游戏》的时候，还用该厂厂主的名字给机械发明家命名。

黑塞

1895年，黑塞到了应该走向成熟的18岁了。他给蒂宾根的黑肯豪厄尔书店寄去了一封求职信，他的父亲也将黑塞的求职广告发表在《施瓦本水星报》上面，结果黑塞被书店顺利接受。黑塞的父亲对自己这个桀骜不驯的儿子还是放不下心，他给黑塞写了《蒂宾根十诫》，鼓励他节省和遵守纪律。

在蒂宾根期间，黑塞碰到了当时在那里读大学的以前在毛尔布隆德的同学，他因此找到了与大学的链接点，他成为了蒂宾根“佩蒂特圈子”的一员。大学法律系学生芬克和黑塞是非常要好的朋友，他后来回忆说：黑塞这样一个书店学徒穿着的衣服不引人注目，他的形体瘦削，但其面孔却很有光泽。他比自己稍微小一点儿，可是看起来却老得多，而且显得更成熟。芬克据此认为黑塞一定经历过一番艰难，他的诗歌内涵丰富，充满了伤感。

虽然身处大学城，表面上和蒂宾根大学的学生们打得火热，但黑塞内心深处有另外的想法，他在几年后给友人的一封信上回顾说：“我既不是大学生，也从未对大学生的生活表示过同情。我觉得，不仅那些学者们，而且也包括那些无拘无束的大学生们，大都很讨厌，我觉得大学的运作是幼稚可笑的并且觉得很遗憾，年轻一代中有那么大一部分人认为，在大学学习是唯一正当的与合适的职业选择。在蒂宾根，我在那儿呆了整整四年，和许多大学生生活在一起，我对整个事情感到彻底的讨厌。大学生们、教授们、音乐家们、演员们和写作匠们，在交往中始终让我感到厌恶，同时我喜欢并且只与所有的造型艺术家，特别是和画家们打交道。”

不管怎样，黑塞却是在蒂宾根奇异地安静了下来。黑肯豪厄尔书店主营哲学和神学书籍，正投黑塞所好。他开始大量地阅读，据称是阅读了世界文学的一半，并坚韧地研究着艺术史、哲学和语言。他用

蒂宾根大学雕塑

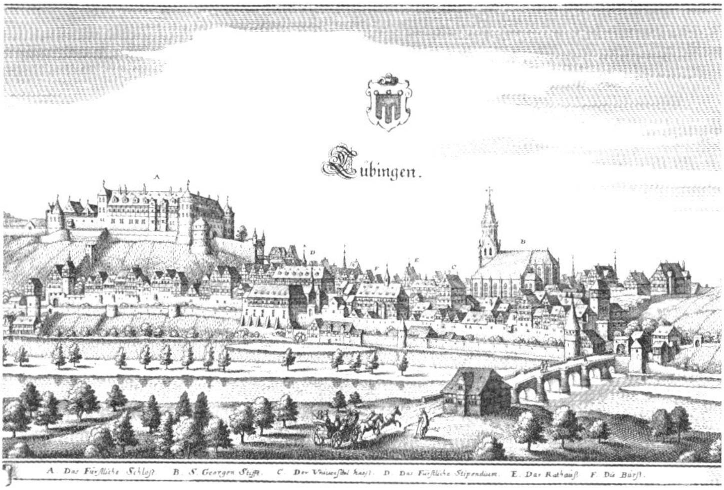

蒂宾根历史风貌版画

他的第一笔工资购买了德国文豪豪普特曼的照片和古希腊雕塑家伯拉克西特列斯的石膏像放在房间里，加上尼采和肖邦的画像，陪同他度过孤独的工作和学习时光。

在蒂宾根的几年里，黑塞出版了他的第一本诗集《浪漫主义之歌》和第一部散文集《午夜后一小时》。

1899年秋天，黑塞又去到巴塞尔的德赖希书店工作，一直干到1903年。在蒂宾根和巴塞尔做学徒期间，他都专心研究歌德。

黑塞在蒂宾根待了4年，当然不会对与蒂宾根有着本质联系的荷尔德林视而不见。其实，早在他1890年在格平根拉丁语学校学习时，就迷上了荷尔德林。黑塞赞叹荷尔德林的《夜歌》是精美的，完全被施了魔法，是其一生中碰到的最美的东西。黑塞还说过，他曾在一本教科书上看到荷尔德林的《饼与葡萄酒》，那可能是令他日后成为诗人的契机。

黑塞非常同情荷尔德林，“除了贫穷、屈辱、饥饿、丧失故乡，他什么都没有得到，直至他精疲力竭，一病不起10多年，他的病与其说是疯狂，倒不如说是耗损过度的灵魂与良心的深深疲倦和绝望放弃”。因此黑塞在许多散文中追慕荷尔德林，还专门写了诗歌《荷尔德林颂》。

虽然在年少时期和父母冲突不断，甚至一度将父母视如寇仇，但在自己长大成熟之后，深明事理的黑塞对父母表示了最深的愧疚之情。

1902年，柏林的格罗特出版社要出版一套新诗人的诗集，他们向黑塞约稿，黑塞感到那是一个亲切的要求并是他年轻的文学生命中获得的第一个真正的快乐，他很快挑选出自己的作品，编辑成册。黑塞的《诗歌》在那一年如愿出版，而他不到60岁的母亲在那之前的4月份去世了，没有看到儿子的崭新成就。黑塞在《诗歌》一册里纳入了《献给母亲的诗》。

黑塞的父亲是1916年3月去世的。黑塞是在旅行途中接到的噩耗，想到自己青少年时代给父母造成了巨大的痛苦，而当父亲最后几年已经处于失明状态，自己却未能尽可能多地给予父亲真切的关怀，黑塞心如刀绞。父亲的去世和战争的压力让黑塞又产生了一次深刻的心理危机，他为了重振自己，不得不先去看普通医生，再找心理医生来给自己治疗。5月，黑塞在洛桑附近一间疗养院写了这样的文字来回忆他的父亲，用情至深，让人看了眼眶会热。黑塞这样写道，“我坚信，我将彻底拒绝自己精神的极度不安，我不可能爬着穿过狭窄的地狱般的隧道，从那边爬出去而没有被改变和揉搓……目前我感到欲望和思想方法在枯萎，对我来说，它们曾经是可爱而富于活力的，新事物的变化也是这样，那仍然是一种不清晰的、造成的恐惧多于快乐的东西。可怕的战争加快了这种发展。我回头看自己的一生，不像回头看一条有趣的、弯曲的山谷，而是像看一条独一无二的、生硬、笔直而又无情的必要性的大路，从父亲那里来，又回到父亲那里去……我们的父亲躺在花丛中，脸色苍白，两只手轻轻地叠放在一起。他的头远远地向后仰着，好像在做深呼吸……他好像怀着深深的、内心的惊诧倾听那包围着他的无限的宁静。”

每当黑塞遇到心理乃至生命危机的时候，他会去找心理医生，因此他对精神分析是熟悉和有着极为友好的态度的。他曾经在很多的书评里提到弗洛伊德的书，1925年，他又大力推荐弗洛伊德的全集，他认为：一部庄严和卓越的著作在那里被收藏起来了。德国最近几十年的科学领域，只有很少人在广度和深度上能够与弗洛伊德相提并论。而弗洛伊德也始终热切地关注着黑塞的创作及其作品。另一位著名的精神分析学家荣格也是黑塞忠实的读者。

除了心理治疗和精神分析能够帮助黑塞渡过危机，音乐是黑塞随时能够仰赖的一支宏伟的生命支柱。

黑塞自己能够演奏小提琴，而与作曲家、指挥家、演奏家和歌唱家的友谊和相遇，同样属于他的音乐生活和音乐教育。他特别喜欢室内乐和在家里举行家庭音乐会自娱自乐，有许多音乐家朋友在他家里进进出出，他也曾应其中的作曲家的邀请写过歌剧剧本，虽然它们最终没有能派上用场。

一方面由于黑塞明确地主张“诗不只是诗行的建构，更主要的是谱出音乐”。因此他的诗歌非常具有音乐性，适合于音乐创作。据统计，黑塞共有274首诗歌被作曲家们谱写成了832首歌曲。

另一方面，音乐在黑塞创作的诗歌、散文和小说中常常成为不可缺少的主角或背景或氛围。黑塞尽其所能，介绍和讴歌音乐。

班贝格大教堂的吹号天使塑像

在小说《盖特鲁特》里，黑塞为音乐写了这段颂歌，“从根本上说，假如世界上还有音乐，假如一个人能够偶尔被和谐感动得热血沸腾，对我来说，那就反复地意味着一种深刻的慰藉和一切生命的辩白。啊音乐！一种旋律突然浮上你的心头，你无声地唱着它，只在心里唱，你和那旋律一起渗透一个人的身心，那旋律支配了你的全部力量和运动——对于那些它在你心中生存的瞬间来说，它在你心中熄灭了一切偶然发生的事件，驱走了你心中罪恶的、粗野的和悲哀的东西，让世界一同发出声响，使沉重的事情变得轻松，使僵硬的东西装上了翅膀……从一切纯洁的、人民和诗人梦寐以求的幸福想象里，好像我总能听到那种最高雅、最真挚、只有留神才能听到的和谐之音……生活怎么竟会变得如此杂乱无章、如此不和谐和如此虚伪，人与人之间怎么会只有谎言、恶毒、妒忌和仇恨，因为每一首最短的歌和每一支最简朴的乐曲都在如此清楚地鼓吹，明确规定的声响之纯洁、和谐与兄弟般的游戏正在打开天堂！”

1963年8月9日早上，黑塞因脑溢血溘然长逝，头一天下午，《盖特鲁特》的法文版译者拜访了他，和他就法国当代文学作了热烈的交谈。那天晚上，黑塞还听了收音机里播出的莫扎特的第七号C大调钢琴协奏曲。

Deutschland
Kennen und Lieben

第7节　弗莱堡

围绕胡塞尔的炎与凉—海德格尔的根—破裂的策兰

围绕胡塞尔的炎与凉

严格地说，对弗莱堡而言，胡塞尔是一个外乡人，他出生在奥匈帝国的普罗斯捷约夫小镇，那里今日归属于捷克。他的双亲都是犹太人，这种血缘导致了胡塞尔在生命的最后时期生存得非常艰难。他死于1938年，从而避免了遭遇600万犹太人被大屠杀的厄运，作为一个最近的例子，他的犹太女学生埃迪·施泰因就死在了纳粹集中营的煤气室内。

胡塞尔是1916年开始来到弗莱堡的，并在此度过了他一生中的最后22年，他的教学生涯也是在1928年结束于弗莱堡大学，随着他的迁居，现象学运动的中心也随着从哥廷根转到了弗莱堡，并开始了现象学运动的第二个阶段。在魏玛共和国的一段时间里，当人们非常担忧法国部队即将占领弗莱堡的时候，大学的讲堂变得冷清不堪，胡塞尔却以比平日更加安详和坚定的态度，继续讲述他的学说。

现象学是一门非常难啃同时让各派各家哲学都肃然起敬的一派或一家哲学，哲学发展到胡塞尔所在的时代，科学哲学与人本哲学两大营垒的分野已经相当明显。科学哲学营垒的哲学家认为人本哲学营垒的研究不够科学、不够学术，即使是尼采和海德格尔也是不够科学和学术的，反之，人本哲学营垒的哲学家则认为科学哲学营垒的研究是非文学、非生命的，即使是弗雷格和卡尔纳普也是非文学和非生命的。但是，两大营垒中人几乎没有谁能对现象学采取轻佻的态度。

对现象学研究的深刻性、广泛性和持续性，甚至到了这样的程度，人们非常独特地以“现象学运动”去称呼它。

胡塞尔在9岁的时候由亲戚带着去维也纳读书，但很多时候他都不大用心，只是到了最后临考的关头，他才发起冲刺，最后拿到文科中学的毕业证书。正是在最后的冲刺过程中，他发现自己对数学产生了浓厚的兴趣。

1876年，胡塞尔进入了莱比锡大学，天文学、数学、物理学和哲学的课程或讲座成为了他的至爱。在此期间，他认识后来在1918年至1935年间担任捷克斯洛伐克总统的马萨里克，马萨里克对胡塞尔的影响是多

弗莱堡大教堂

胡塞尔

方面的，胡塞尔因之对哲学历史有了新的认识，还开始研究《圣经新约》，特别有意义的是，通过马萨里克，胡塞尔又与著名哲学家布伦塔诺相识。

胡塞尔从布伦塔诺那里获得了有关哲学研究的严格的科学观念，他说："从布伦塔诺的讲座中，我获得了一种信念，它给我勇气去选择哲学作为终生的职业，这种信念就是，哲学也是一个严肃工作的领域，哲学也可以并且也必须在严格科学的精神中受到探讨。他解决任何问题是所采取的纯粹实事性，他处理疑难问题的方式，对各种可能的论据的细致而辩证的考虑，对各种歧义的划分，将所有哲学概念都回溯到它们在直观中的原初源泉去的做法——所有这一切都使我对他满怀钦佩和信任。"

1886年，由布伦塔诺推荐，胡塞尔在哈勒大学通过了教授资格考试。随后，他在哈勒大学开始了15年的教学生涯，这也是他的学术生涯的开始。1901年秋天，胡塞尔又被教育部任命为哥廷根大学的哲学正教授，但却遭到了哥廷根大学哲学教授们的抵制，最后教育部只好为胡塞尔设立了一个特别教席。胡塞尔在哥廷根待了又一个15年，那是现象学的繁荣兴旺时期，他从哈勒大学时期的描述现象学及批判心理主义转移到了纯粹现象学和现象学哲学的研究，1910年发表的《作为严格科学的哲学》完整和全面地表达了他的哲学理想。在那5年之前，胡塞尔的新哲学开始吸引了一大批大学生的关切及热烈信奉，首先是慕尼黑的大学生，因为胡塞尔1904年访问过慕尼黑4天并在那里向心理学学会发表过演讲。到1907年，在哥廷根大学出现了专门阅读和研讨胡塞尔哲学的哥廷根小组，其中的成员日后成为了推动现象学运动深入和广泛发展的生力军。

胡塞尔之所以最后将自己的安身之所落在弗莱堡，是因为弗莱堡大学的里凯尔特1916年要去海德堡大学哲学系接替文德尔班空出的位置，里凯尔特和文德尔班都是新康德主义的代表人物，于是，里凯尔特推荐了胡塞尔来继承自己离去后留置的哲学教席。这个位置很诱人，海德格尔也曾经是一个竞争者，并因此与同时竞争的自己的挚友克雷伯斯互有伤害，他也对自己的名誉导师里凯尔特不推荐自己深感不满。他甚至为此写过一首诗，"太阳只照耀短暂的几个小时，就不得不死去，爱在哭泣——生活之田野是幻灭的大地。"

在弗莱堡时期追随胡塞尔的几乎都是一批新人，因为他在哥廷根大学时期吸引的那批追随者很多都去了第一次世界大战的战场，其中许多人永远也回不来了。但是，在弗莱堡出现的这批新人，发展潜力更加不可估量，他们当中有存在哲学家海德格尔、解释学家伽达默尔、生态哲学家汉斯·约纳斯、分析哲学家卡尔纳普、西方马克思主义的代表人物霍克海默等，个个都是为哲学发展增光添彩的大人物。然而，胡塞尔很少和他们接触，甚至到了后来除了与研究助手保持着联系外，将自己与其他的追随者都隔离了开来。这种关系处理导致了现象学运动在弗莱堡时期缺乏一个统一的风格与方向，胡塞尔的追随者和现象学的研究者各划各的船，向不同的研究方向各显其能，于是，现象学运动的研究专家赫伯特·施皮格伯格非常形象地将弗莱堡在现象学运动中的地位描述为“这里像是一个苗床，而不是一个模型。”

纳粹掌权以后，现象学运动在德国的发展受到了遏制，许多涉及现象学研究的专家学者流亡国外，胡塞尔在弗莱堡门庭若市的景象很快跌落千丈，急转为门可罗雀。他的长子沃尔夫岗是一个东方语言学家，早已丧身在第一次世界大战的凡尔登战役。次子格尔哈特是一位法律哲学家，也在战争中两次身负重伤，现在也同胡塞尔的女婿一起被纳粹当权者开除了公职，格尔哈特最后不得不流亡去了他国。如今，只剩下妻子与他相伴于重重孤寂当中。然而，胡塞尔不以外在世界的炎凉变化来干扰自己以思为本质特征的内在生命，他每天上午都与助手欧根·芬克在校园里进行例行的哲学散步，下午和晚上则坚持沉思与写作。在临终前，他非常淡定乃至自豪地说：“生与死是我的哲学的最后追求。我作为哲学家活了一辈子，我想作为哲学家而死去。”胡塞尔的犹太身份使他的葬礼不可能有什么规格，绝大多数人都非常忌讳与之产生什么联系，所以连他的学生海德格尔不仅没去参加这个仪式，也未对自己老师的离世作出任何表示，至于胡塞尔为之增添了无上荣光的弗莱堡大学哲学系，也只有一个人以私人身份去向胡塞尔作了最后的告别。

弗莱堡是绿色之城，两老者正惬意地坐在街头公园憩息

胡塞尔没有从德国逃亡出去，但是他遗留下来的45 000页速记手稿以及讲演稿和书信最后都“逃出”了纳粹德国。是胡塞尔的妻子马尔维娜和一位名叫冯·布雷达的比利时神

父一起完成了这样一桩壮举。

胡塞尔的妻子对丈夫的事业热诚以待，并有着独特的理解，当胡塞尔在世的时候，她就情不自禁地要向丈夫的哲学家朋友们询问：胡塞尔日后会在哲学史上占据怎么样一个位置？是类似于康德的位置呢还是类似于柏拉图的位置？在胡塞尔死后4个月，当时还是一个青年布雷达来到了弗莱堡，他要收集有关资料以便写作有关胡塞尔的论文，胡塞尔的妻子在家中接待了布雷达，并向后者讲起胡塞尔早就有将自己的文稿转移到国外的打算，而且计划是在布拉格建立胡塞尔档案馆，布雷达闻风而起，冒着巨大的风险，与玛尔维纳和胡塞尔的两个助手开始了行动。

他们首先将装满胡塞尔遗物的大箱子假冒为一个修女的行李企图偷运出德国，但不幸被查获了。接着，布雷达再委托比利时总领事馆照看这些遗物，但总领事馆鉴于当时的国际关系非常紧张和复杂拒绝了这一建议。最后，布雷达干脆向比利时驻德国大使馆大力劝说，让他们宣布这批内装胡塞尔遗物的大箱子是比利时国家的财产，使之获得免检外交公文，这一招最后有幸得到了比利时首相的直接认可。于是，这批胡塞尔的遗物的所有权由玛尔维纳转给了布雷达，布雷达奇迹般地将它们带到了比利时，今天它们都完善地被保存在比利时卢汶大学的胡塞尔档案馆里。从1950年开始，以这批文稿为基础，出版了《胡塞尔全集》考证版，现在已出到30多卷，并以每两年一卷的速度继续着它的编辑出版过程。

胡塞尔创思恢宏，著作等身乃至“超身”，但他的基本核心仍然在于：要摒弃传统的形而上学思辨方式，要在“直观”或“看”之中去把握到实事本身。他追求撇开自然科学的知识和方法来处理哲学问题，独创性地建立起了现象学还原法并将之视为科学的哲学的唯一方法，而哲学一旦因此而建立起来就可以为人类提供崇高的价值规范。

胡塞尔开创的现象学本身的确是比较艰深与晦涩的，连胡塞尔自己也曾承认，“如果说我的思想给人们的理解造成了巨大的困难，那么这种情况也适用我本人。我只能在精神新鲜、思路清晰的时间里才能理解我的思想；而在过度工作之后，连我自己也无法把握它们。”看看我们中国的现象学研究，不时有所谓研究著作面世，但又有谁已经在述评上达到了闲庭信步、自然亲切的境界了呢？

现象学运动在其发展过程中，又因为反犹太主义受到很大的冲击和干扰，对此，德国现象学主席海尔德指出：由于胡塞尔是犹太人，因此他的后期著作在第三帝国不能出版，从而当人们在五六十年代在德国的大学内外激烈地讨论海德格尔和萨特的时候，却中断了对胡塞尔思想的分析，从而造成了对胡塞尔长期的避而不论，导致了纳粹主义保留下来的一个胜利，导致了德国在经济奇迹时期文化事件中的一个耻辱。

鉴于现象学的这样一些特点，虽然弗莱堡这个城市紧密联系着胡塞尔与海德格尔两位伟大的哲学家与现象学和存在哲学两门伟大的哲学学说，但似乎可以让人们感到，海德格尔及其哲学在弗莱堡处于更明显一些的视野当中，他及它的气息更直接地让人们得以感触。

海德格尔的根

哲学家洛维特当过海德格尔的学生，他为我们勾勒出了一个令人信服的海德格尔立体形象——“论出身，他是一个单纯的教会之子，但由于职业，他成了一整个阶层的激昂代言人，而这个阶层却又被他所否定。由于养成教育，他本是耶稣会信徒，但却由于愤恨，而成为新教教徒。训练上，他是经院哲学的教义论者，在经验中，他却成为实存的实用主义者；论传统，他算是神学家，作为一名研究者，他却是无神论者；他事实上是个否定传统的人，却又穿着研究此传统的历史学家袍服。他存在主义的味道一如克尔恺郭尔，又具有黑格尔一样的系统哲学的意志，在方法上极其辩证，在内涵上却十足地层次单一；有断言肯定的姿态，却源于否定的精神；在他人面前保持缄默，但对他人的好奇却又少有人及；在终极的立场上激进而不容转圜，但在这之前的每一步都乐于妥协——尽管这个人给他的学生留下的印象是这么的两极化，但他们仍然着迷地留在他的课堂里，因为他的哲学意志是如此强烈，远远超过其他的哲学教授。”

和胡塞尔相比，海德格尔与弗莱堡的关系更多一层“地利”方面的关系。他的出生地梅希基尔小镇与弗莱堡同属现在的巴登—符滕堡州，离弗莱堡不过100公里。从他一生的经历去看，甚至可以说，他的根始终是扎在弗莱堡的。

海德格尔的父辈是18世纪从奥地利移居过来的，而海德格尔母亲的家族则世居于紧邻梅希基尔镇的格根恩

海德格尔

村。“梅希基尔”的德文意思即为“弥撒教堂”， 海德格尔的父亲就在镇上的天主教圣·马丁教堂当司事，负责的具体事务是打扫教堂和看管圣器，由于这是一个地位最低又收入微薄的工作，海德格尔之父还不得不依靠自己箍桶的技艺外出挣钱养家。由于父亲工作的关系，海德格尔和弟弟弗雷茨经常要去帮忙作弥撒辅助工作，比如去采摘鲜花来装饰教堂，为牧师们当信差，为教堂敲钟等。

由于家庭贫穷，海德格尔的高中学业是由教会出资才得以完成的，不过前提条件是他要被培养为牧师。海德格尔先是在博登湖畔的康斯坦茨读高中，1906年又转到弗莱堡高级文科中学继续学习。

海德格尔的大学生活继续在弗莱堡度过。在弗莱堡大学，他先读了3年的神学系，也的确参加了耶稣会，但会员资格只维持了不到半个月，因为患有精神性心律紊乱，他的身体条件不符合耶稣会的严格要求。后来突然加重的心脏病病情还迫使他不得不中途辍学。教会对他的资助自然而然地也终止了。当经过半年修养可以重返大学的时候，是弗莱堡大学最终向他提供了每学期500马克的奖学金，同时他又获得了颂扬神圣托马斯·阿奎纳基金会的资金支持，使他在1914年取得了哲学博士学位。因此，海德格尔对母校弗莱堡大学有着一份特别深刻的感情。

大学毕业后，海德格尔最想的就是留校任教。但是这条路走得不是很顺畅，先是他的博士导师调往了斯特拉斯堡，他只好转投到里凯尔特手下，需要重新搭建人脉。接着，第一次世界大战爆发了，海德格尔要应征入伍，好在他很快因为心脏病复发被下放到预备役里。到1915年夏天，海德格尔的高校教职论文终于搞定，他被聘为了弗莱堡大学的助理讲师。跟着，在再次应召入伍并被分配到弗莱堡邮局担任军方书信检查员的情况下，海德格尔同时在大学里教授起《古典和经院哲学大纲》。

在争夺哲学系教授之位的竞争中，胡塞尔最后成为了胜利者。落败人之一海德格尔经过努力却取得了胡塞尔的信任与支持，从1920年开始，他担任了胡塞尔的助手。在这期间，他跟随胡塞尔的思想，掌握了现象学的基本方法，为他日后最终解决有关存在的一系列哲学问题找到一条可靠的途径。

1923年，得益于胡塞尔的鼎力推荐，海德格尔北上马堡大学，如愿以偿地当上了教授。他对哲学史和现象学的教授几乎是众口皆碑，享有了“秘密哲学之王”的盛誉，使他几年后就跃升为了哲学系的主任。作为担任系主任的一个条件，海德格尔将尚未完稿的《存在与时间》拿出来，经胡塞尔帮忙，发表在《现象学年鉴》的第8卷上，奠定了自己作为德国存在主义哲学创始人的基础。

马堡大学

海德格尔的母亲是在1927年去世的，海德格尔专门在其灵柩里放进了一本新鲜出炉的代表作《存在与时间》。海德格尔因为内心里对天主教的信仰日益减弱，又和信奉新教的艾尔弗丽德结婚，于是在他们的孩子一周岁时，正式退出了天主教，转信新教。这一转折在当时具有双重风险，一则是得罪父母，二则很可能对海德格尔的学术发展设置下障碍，天主教势力曾帮助海德格尔在弗莱堡大学立足，也可以羁绊住他的脚步。海德格尔永远不会忘记，他的叛教行为会给虔敬的母亲造成多么巨大的悲伤。他在给雅斯贝尔斯的信上这样写过："我是她的一块心病，我使她难以瞑目。这是错不了的。我在母亲身旁度过的最后一刻……是一段'实践哲学'，它将伴我终生。我认为，对于大多数哲学家来说，关于神学和哲学的问题，更准确地讲，关于信仰与哲学的问题，只是一个书桌上的问题。"

也是在马堡，已婚的海德格尔在1924年和倾慕他的学生阿伦特发生了婚外情。他们在相互接近大约两个星期之后，就有了肉体上的亲密行为，但是他们这种异常关系相信还是植根于爱的，是以精神的同一性为最扎实的基础和最高级的条件。为了他们的关系不让第三人知道，他俩将来来往往的消息译成密码似的文字，将时间精确到分钟去安排，甚至像地下工作者那样，用灯光、门窗的开关状态来传递方便或不方便的讯息。

阿伦特

相信这段感情会更加激发35岁的海德格尔在精神世界的创造能力。海德格尔曾说过，如果没有阿伦特，他根本不可能写出《存在与时间》，她是自己写作《存在与时间》的灵感来源或此书的缪斯女神。而阿伦特这位奇女子，也可能从这段与伟大思想家的身心交往里唤醒了或生发出了更多思想的原动力，她日后也成为了著名的哲学家和政治学家，写作的《极权主义的起源》《人的状况》《论革命》《爱希曼在耶路撒冷》《论精神生活》等都引起了思想界的重视和好评。

1928年，海德格尔又回到了弗莱堡大学，而且一直干到了自己退休。他回来接任了胡塞尔退休留出的位置。

进入20世纪30年代，海德格尔“与时俱进”，他在1933年3月1日参加了纳粹党，4月底被选为弗莱堡大学校长，并在5月27日发表了引起极大轰动的校长就职演说《德国大学的自我主张》，在这一年里，他还奔走在莱比锡、海德堡和蒂宾根等地，积极从事政治宣传活动，参与旨在贯彻领袖精神的高等教育改革。1934年4月，由于同学校各系的冲突以及同党政领导的意见相左，海德格尔辞去了校长职务。这段时间虽然很短，但却是海德格尔生平中最诡异的一段历史，一些人围绕着这位思想家与纳粹到底处于何种关系去深挖猛掘。

战后，海德格尔的教师资格被取消，公职被解除。法国占领当局起先还不同意大学评议会让海德格尔领取一定量的退休金的建议，不久后才将从1947年起取消退休金的决定予以撤回。

海德格尔重新登上大学讲坛是在1951年。不过除了登台讲过几次课之外，他几乎都将自己埋没在书斋之中，直到1959年正式退休。退休之后，他大部分时间都待在他钟爱的弗莱堡的托特瑙山上，他将山上的小木屋布置得非常简朴，书案上摆着不多的几本书，他最热爱的诗人荷尔德林的几本诗集放在了最显眼的位置。

就像新天鹅堡可以说是路德维希二世的移情物或外在象征一样，就像拜罗伊特节日剧院可以说是瓦格纳的移情物或外在象征一样，托特瑙山也可以说是海德格尔的移情物或外在象征。“山不在高，有仙则名”，不高的托特瑙山也因为海德格尔成为了一座“哲学之山”或“思想之山”。

究其一生，究其根本，海德格尔都喜爱孤独，不喜欢大城市及其生活方式。他说过，“孤独是从事思维和进行吟咏者能依人类的能力而坚守在存在身旁的唯一场所”。正因为处于孤独当中，可以享受寂静，可以获得一种特殊的、源初性的力量，可以形成高度集中的注意力和异常深刻的洞察力，可以更好地进行哲学运思，他先后两次推掉了去柏林大学发展的机会。他永远都相信自己的根应该在边远的弗莱堡，在僻静的托特瑙山。

托特瑙山位于弗莱堡市区东南方向25公里外的地方，海德格尔在1922年去山上海拔1 150米处建起了自己的小屋，据其次子回忆，小屋

在古堡山上俯瞰弗莱堡

是由艾尔弗丽德设计的。海德格尔在1934年写过《我为什么要留在此地》的文章，动情描述了它的情形，“它有一块长7米、宽6米的平面面积，低垂的房顶覆盖着3个房间：兼作客厅的厨房、卧室和书房。再向上，是草地和牧场，一直延伸到深暗的、长着古老高大的枞树的森林边。一切之上，是清澈的夏日天空。在它灿烂的境域中，两只山鹰缓缓盘旋”。写作此文的时刻，是他刚刚辞去校长职务后一个月，从中可以感受到他复归孤独与宁静的喜悦之情。

正是在托特瑙山上，海德格尔生活的世界与思想的世界才能真正统一在一起。

海德格尔在托特瑙山对世界进行自然而深刻的体验、运思和写作，他的《存在与时间》《林中路》等名著都是在山上的小木屋里完成的。他坦言：我的工作整个儿是由这群山和这里的农民组成的世界所支持和引导的。很长时间以来，山上的工作被山下的商谈、旅行、报告、谈话、教学活动所中断。只要我重新回到山上，在小木屋里“此在”的最初几个小时里，以前追问思索的整个世界便会迎面而来，而且以我离开它们时的那个老样子重新向我涌来。

托特瑙山的名字还与一部著名剧本的名字和一首著名诗歌的名字联系在一起。耶利内克曾以海德格尔为对象，写作了一部哲学散文剧，剧名就叫《托特瑙山》。而20世纪最重要的抒情诗人之一策兰，曾以自己到托特瑙山造访海德格尔的经历创作了一首诗歌，诗名也叫《托特瑙山》。

就实际的山势而言，托特瑙山的确不算太高。就实际的体势而言，仅仅1.63米的海德格尔实在不高，尤其置身在德意志人、中欧人当中，他无疑是一个矮子。但是，海德格尔的思想和哲学是异常高大的，因为它的根扎在一个很深而且很玄妙的地层里。

破裂的策兰

保罗·策兰在这个世界上只存在了49年。

策兰出生在切尔诺维兹，那个地方现在位于乌克兰境内。更早的时候，它被划在奥匈帝国的版图之内，随着哈布斯堡王朝的终结，它成为了罗马尼亚的国土。苏联红军在1940年将它掠去，德国军队在第二次世界大战时占领过它，最后还是掌握在了苏联的手中。

策兰的生境于是变得非常复杂曲折。他可以被视为罗马尼亚的犹太人，可以被视为奥地利的诗人，可以被视为乌克兰的作家，但有一点是稳定的，那就是策兰使用的母语是德语。所以，他成年后的大部分时光，都处于某种“超域界”的精神状态之中，当他后来以巴黎为长久居住地，他更加感到了一种随时缠绕着他的危机绳索，他对朋友言道：“你在自己的家中，在你自己的参照点和语言中，而我在外面。”“一个人只有用母语才能说明自己的真相。在外语环境下，诗人是在撒谎。”

更可怕的是，策兰从第二次世界大战风云起时，就始终处于一种根本无法摆脱的两难困境，那便是：他以德意志人使用的语言为自己最贴己的语言，并用它来创作了被称为第二次世界大战后最伟大的德语诗歌；同时，德意志人作为摧残和肆意屠杀自己所属的犹太民族的主体，成为了他时时都无法予以宽恕并意欲加以谴责的可恨对象，德语也能被他称为“刽子手的语言” 。策兰1946年2月3日给苏黎世《行动报》总编辑的信上就这样写过，“我要告诉您，一个犹太人用德语写诗是多么的沉重。我的诗发表后，也会传到德国——允许我跟您讲这样一个可怕的事情——那只打开我的书的手，也许曾经与杀害我母亲的刽子手握过手……但我的命运已经注定了：用德语写诗。”

策兰

当我们面对一个破裂的策兰，他的破裂就是这样生起的。

1920年，策兰降生。在他的诞生之地，有10万居民，被人称为“小维也纳”，尽管人们交错使用着乌克兰语、德语、意第绪语、罗马尼亚语、斯瓦比亚语，但策兰母亲特别喜欢德国古典文学，她通过给儿子讲故事、日常谈话、唱儿歌、介绍古典作家等方式，让德语成为了策兰的第一语言。虽然策兰的父亲一再强调要做好犹太式教育，而策兰的母亲却认为德语更为重要。即使策兰在学校里可以使用流利的罗马尼亚语，但策兰的母亲坚持要求“在家里我们只说标准德语”。

席勒

策兰在早年就阅读了大量德语经典著作，在6岁时便能够背诵席勒著名的《大钟歌》，歌德、席勒、荷尔德林、里尔克、尼采、特拉克尔、霍夫曼斯塔尔和卡夫卡等德语作家的思想和作品深入到了他的心底之上，他特别喜欢里尔克的诗歌，在学生时代就尝试将里尔克的德文诗歌翻译为罗马尼亚语。

大约16岁的时候，策兰开始写自己的诗歌，而他的双亲最希望他将来成为一个医生。1938年，高中毕业之后，策兰去往法国图尔市，上医学预科课程。

第二次世界大战爆发之后，回到家乡的策兰开始研究浪漫主义文学。1940年夏天，苏联军队进占了切尔诺维兹，开始强制教学俄语和乌克兰语，而策兰仍然用德语进行大量的写作，也许正是出于某种对德语的忠诚，当后来德军侵略切尔诺维兹的时候，策兰还是愿意同父母一起留在家乡。

策兰很快就体验了德国人对犹太人的压迫。他被强制从事搬运废渣和清理垃圾一类的体力劳动。到了1942年，德国人开始清理“不受欢迎的犹太成分”了，噩运紧接着降到了策兰一家人头上。策兰的母亲抱着听天由命的态度，不愿意随着儿子去寻找避难所，最后被赶进了集中营。当策兰因为宵禁未能从举办集会的朋友家里当晚赶回来，次日他面对的只是父母被抓走后空荡荡的家，从那一刻起，一种最深沉的愧疚就树立在了策兰心中，他感到自己未能做更多的事让父母避免落入罪恶的罗网。

在父母被抓走之后不到一个月，策兰也被迫加入了罗马尼亚官方强迫犹太委员会成立的一个劳动营，营地在家乡以南400公里的地方。他有时还能回到家乡待上短暂的一段时间。在劳动营中度过的19个月里，策兰没有停辍自己的诗歌创作和翻译，至少留下了75首作品，集中透露出忧伤和对情人的渴望。

策兰的父亲很快在当年的秋天就死于斑疹伤寒，几个月后，在极度的寒冷中，策兰的母亲又因为没有劳动力而被集中营枪决。

策兰和母亲的关系一直是温存的，他曾在1938年的一首诗中赞美母亲，“你是宁静，妈妈，你是来自深处的光照”。当策兰从逃离集中营的亲戚那里得到母亲那样过世的讯息，悲恸难抑，他创作出一些被称为“冬天”的诗歌，其中一首也以《下雪了，妈妈，雪落在乌克兰》做其名，无论文与质，都异常感人。

下雪了，妈妈，雪落在乌克兰

救世主的光环是万千颗粒的愁苦。
在这里，我的泪水够不着你。
往日的招手只留下那默默傲世的一别……

我们就要死去：棚屋你何不眠？
这风，也像被驱赶者那样逃散……
是他们吗？那些在炉渣中冰冷的人……
心旌飘飘，臂是烛台？

我在黑暗中依然故我：
柔能解愁，刚则断肠？
我的星辰中有一架洪亮的竖琴，
琴弦生风，直到根根扯断……

弦上偶尔悬着一朵时光玫瑰。
正在熄灭。一朵。永远的一朵……
那会是什么，妈妈：成长还是创伤——
是否我也陷进了乌克兰的积雪？

在切尔诺维兹落入苏联人手中之后，策兰在家乡的精神病诊所当过副手，从而避免了服兵役。为了获得一个自由的环境，他干脆在1945年初离开了家乡，去到了罗马尼亚首都布加勒斯特，在那里将许多俄国文学作品翻译为罗马尼亚语。两年后，策兰又西迁到维也纳，因为那里存在着不属于德国的德语天地。不过，维也纳却没有成为策兰最终的长久居留地，反而是巴黎将他吸引了过去，从1948年起，策

希勒相信“生即是死”，始终摆脱不了生之苦恼，他在28岁时结束了自己的生命。这是他作于1912年的《烦恼》

兰就在巴黎落下了脚跟。但是，策兰一直对德语保持了忠实，并运用德语创作出一种“为时代所铸又出乎其外”的诗歌，在久居法国的长时期里，策兰还频繁地到访德国，通过参观访问、出席诗歌朗诵会、领取文学奖项等方式，保持着与德国在语言之外的切身联系。

从1938年到1970年间，策兰创作了将近800首诗歌，策兰感到自己是为时代和个人的经历被迫写诗的，它们“必须得穿越令人窒息的言语数不清的暗处”。他的诗歌是要寻找“一个可称呼的您”。

策兰首次闪亮出杰出的诗人之光的作品，就是著名的《死亡赋格曲》。

《死亡赋格曲》1947年以罗马尼亚文发表在布加勒斯特，1952年以德语和法语发表。策兰1967年9月在一封信里写道：“我仍然记得它是怎样存在于我的心中的，那时候，没有任何的停息，就像记录一样，我写下了《死亡赋格曲》。”

策兰将这首诗歌建筑在刚刚发生过去的事实基础之上，那就是在纳粹的集中营里，在枪决被关押者的过程中，有乐队以奏乐相伴。全

阿多诺

诗在诗歌造型上流溢出明显的音乐感觉，但其内容却摹状了令人诧异并毛骨悚然的大屠杀片断。“死亡是来自德国的大师”这一直击式的诗句从那时起就不胫而走。

著名的德国哲学家和文艺批评家阿多诺在1955年说过：“奥斯维辛之后，再写诗简直就是野蛮之举。”而当策兰的诗歌在德国被反复研读之时，阿多诺改变了自己的态度，他又这样说：“人遭酷刑必然喊叫，长期的磨难同样也有这样的表达权利。”“因此，说奥斯维辛之后再也不能写诗也许是错误的”。

1959年夏天，策兰带妻子和儿子到访阿尔卑斯山区恩格达风景区的锡尔斯·玛利亚村，计划在那里和阿多诺见面，但后来策兰提前回到了巴黎。一个月之后，根据这次未竟的相遇，策兰写出他唯一的一篇散文体小说《山中会话》，讲了一个普通犹太人与犹太大佬的谈话。

策兰死之后，有7位作曲家要为《死亡赋格曲》配乐，有一家德语及犹太语歌舞团将《死亡赋格曲》当常备剧目。在水晶之夜50年纪念会上，一位女演员在联邦德国议院朗诵了《死亡赋格曲》。

策兰到过弗莱堡，而且是因为要和海德格尔见面的需要。

阿伦特1964年指出，海德格尔除了是一位显赫的思想家之外，同样也是一位诗人。海德格尔的思想中有这样一种特别的观点，它认为：诗人和哲人都投入到一种相似的工程之中即对存在进行表达。

1951年对海德格尔和策兰都有一种开创性的意义。海德格尔在那一年第一次同人谈到策兰诗歌。而也是在那一年，策兰开始阅读海德格尔。策兰共收藏了130多位哲学家的著作，并对其中的约50个人的著作做了读书笔记，而他对海德格尔的阅读最为投入，他仔细读过海德格尔的20多种著作。海德格尔的思想对策兰建构自己的诗学理论起到了莫大的帮助。

有人认为“策兰的诗歌在本质上完全是一场和海德格尔思想的对话”。而策兰在去世之前几周曾向友人承认：自己感到自己很接近海德格尔的思想。他认为海德格尔是一个让语言回到澄明之中的人。

他俩都不把诗歌看作是一种出自诗人个人的创造，海德格尔说：“诗歌是一种馈赠。”而策兰在自己的笔记，将诗歌视为是“献给一个受灵感激发的人的馈赠”。

弗莱堡大教堂外的天使塑像，其神态似乎也是对某些存在感到无可奈何

海德格尔在德语的使用方式上，富有想象力，有革命性，对策兰有极大的启发性。海德格尔创造了不少德语新词，研究专家薛菲尔在研究了他1925—1929年间的著作之后，统计出有新词近200个。研究专家格拉斯将这种现实理解为海德格尔对德语的颠倒，支持了纳粹主义在意识形态上的颠倒。

策兰也对德语进行攻击和使之陌生化，企图在纳粹贬低和摧毁了它之后，重新激活和创造它。有研究专家称："有了策兰，德语变成了它自己裂变的工具。在他的手中，这门语言越来越多的部分直接从烟雾中升起来了。"

专家伯格勒认为策兰的《语言格子》诗歌集代表了德国文学的一个制高点，策兰在语言运用方面的成就堪与以赛亚、索福克勒斯与荷尔德林相提并论，据他转述，海德格尔也认同了他的这一创见。

伯格勒向策兰提到过，海德格尔认为荷尔德林在其诗歌中，在神与人的距离上看到了神之接近。策兰则如此回应道：自己创作的《通过酒和迷失》也提出了相似的看法。

1967年7月24日到25日，46岁的策兰与77岁的海德格尔在弗莱堡有了历史性的首次会见。

为此，策兰暂时离开了精神病院，在那之前几周，他的医生允许他白天到巴黎高等师范学院教书，晚上再回到医院过夜。从弗莱堡回去之后，策兰又进入了那家精神病院，直到10月份才正式出院。从1962年起，他多次被强行禁闭。有一次发病期间，他还曾试图杀害妻子。策兰的症状包括对一丁点儿烦恼也高度敏感，非常多疑，也极易动怒，对自己不了解的人尤其是德国人很难加以信任。策兰晚年需要进行包括电休克和服用强力镇静药物来进行治疗。难怪在他的诗歌中会出现一些非常奇怪和诡异的句子，如"来吧，我们要吞下神经细胞……来自菱形窝的神经细胞"。"那无韵律者阔步而来，他双肩闪出脑披风的光"。

海德格尔说："我想要和保罗·策兰认识，已经很长时间了。他是站在最前线的，也是留在最后面的。我了解他的所有作品，还有那些严肃的批评，以及他尽了一个人最大的可能来为自己所做的辩护。"而策兰到了海德格尔身边，依然在许多环节和细节上表现了他的不适应或者说是精神病症状，比如当有人建议他和海德格尔合影时，向来有礼貌的他却站起来声明不愿和海德格尔合影，倒是海德格尔坦然地将这种难堪掩盖了下去，他说要尊重诗人的愿望，不要再提这个话题了。可是，策兰在离开了一会儿之后，又表示愿意合影。但是，无人再敢承应。又比如海德格尔邀请他去托特瑙山，他也是应之又拒之，最后他还是登了上去。

这些显而易见的现象，其实表露出了策兰始终陷入一种两难境地而难以自拔：一方面海德格尔成为了他的精神导师和崇拜对象，至少是在策兰的无意识层面当中那个；但另一方面，与纳粹分割不清的海德格尔又摆脱不了会成为策兰敌视和泄愤的对象的可能。

海德格尔和策兰共同的朋友伯格勒称，在私下，海德格尔认为他在纳粹问题上是彻底错误的，他自己的行为不可原谅，但他拒绝公开他在那些年里的活动，怀疑忏悔所带来的负担等能够产生的效果。

当海德格尔恒久地存在于沉默中，他无疑摆脱不了被谴责的对象。而策兰是受害者，他可以代表受害者，代表谴责者。因此，海德格尔与策兰的关系，也就当然地包括了这样一种可能的谴责与被谴责的关系，只是，这一关系能否实际上发生起来？也许，至少在策兰那里，他是压抑了可能的冲动的。那种压抑使得他的言行很别扭。常常对同一件事情在短时间内表现得前后矛盾。如果那不是由于本身就有精神病症状的话。

于是，在去托特瑙山的途中，在很多的时间里海德格尔和策兰都沉默无言，据说他们有过一些谈话，话题是由策兰提起的并是有关海德格尔与纳粹的关系的。

他们在山上，相处得还算愉快，在有关自然、耕种条件、阿勒曼地区的方言和民间传说、植物、花卉、地方风俗等方面，他们有着很多一致的兴趣。

他俩有所言说，而更深重的恐怕还是他俩共同营造了的那种沉默。也许，沉默是一种花布最素净的底子，一些言说只是其上零星散布的花，而且未必鲜艳。

在离开弗莱堡去法兰克福的火车上，策兰开始为后来那首有名的诗歌《托特瑙山》做笔记。这首诗歌的印刷珍藏本在11月出版于巴黎，只印了50本，策兰将编为1号的那本寄给了海德格尔。

这首诗如此写道：

山金车，小米草，
舀口井水喝，井上有颗
星星骰子，

在那间
小屋里，

书中
——接受过谁的名字，
在我之前？——
这本书中
写下的那行字，怀着
一份希望，今天，
盼望一个思想者
说一句
掷到
心坎里的话，

林中草地，未平整，
兰花兰花，各自开，

后来，在车上，鲁莽
溢于言表，

为我们开车的，那人，
也听见了，

走了一半
高山沼泽地的
木排路，

湿物，
很多。

老实讲，这首诗不仅貌似平常，而且也许是貌神不离，总的说来也是平常的，真的就像是一次非常忠实的记录。但是，阐释家大有人在，过度阐释仍然在这里找到了广阔的天地。因此，有人将所有的联想的、象征的索引方法都用上了，将这首看去很平常甚至可以说并无太多诗味的诗歌作品，阐释得异常雄伟深奥，比如，小米草可以治疗眼疾，山金车可以治疗扭挫伤，它们被写到就被理解为是一种暗示，暗示策兰与海德格尔的对话帮助他治疗了一下心理病况；星形物则被解读为犹太人的大卫之星；还未平整的草地被解读为墓地景象，并暗示策兰因之联想到死亡集中营；而用来铺小路的木排一词，因为还有

柏林博物馆岛一景，似乎昭示着历史之谜需要从隐秘处走出来

着木棒、木棍等意义，就在解读中与集中营中用来殴打被押者的棍子或棒子连上了关系。于是，整个一首诗就在这样的思路中被解读为策兰在谴责海德格尔对大屠杀保持沉默的态度。

限制作品被任意地阐释的权力并不握在作者手中，甚至也不握在任何一个研究者和读者的手中，也就是说，任何人都有任意阐释和反对任意阐释的权力。所以，对《托特瑙山》的任何阐释我们都可以坦然待之。

至于海德格尔，他收到《托特瑙山》之后，他也写了一首诗来反映当时所发生的事情，其标题是《〈托特瑙山〉序言》，但内容却和直接回应策兰无关，而是去回忆了他的家庭，在那里拜访过自己的朋友，自己的思想，托特瑙山为其写过提供的孤独，等等。

不管策兰是如何反复无常，海德格尔对策兰的态度是比较明朗和相当稳定的。作为一个早就功成名就的哲学大师和一个老者，海德格尔非常关心策兰这样一个后生，希望他也能够听到“对他说话”的语言，就像海德格尔在自己关于荷尔德林、特拉克尔和里尔克的诗歌评析中所作出的那样。

1968年6月底，在德国举办巡回朗诵会期间，策兰又到弗莱堡会见了海德格尔。他被带着去参观了山间的沼泽。策兰很看重那些沼泽，也许从那些腐烂物上发出的微光能够让他想起那些已经死去的然而又依然出现的生命，他还是忘却不了有关集中营的记忆。

最后一次即第三次见面，是在1970年4月。在3月19日于斯图加特召开的荷尔德林研究会的一次会议上，策兰朗诵了自己的诗歌新作。

但是策兰与一位作家在谈及荷尔德林的精神病的时候产生了观点冲突。而后，策兰到弗莱堡访问了4天，与海德格尔有过两次晤谈。这一行，策兰被带到弗莱堡附近参观，他到了科尔马的阿尔萨斯镇，在那里的一家博物馆里，看到了格吕内瓦尔德创作的伊森海姆祭坛画。面对耶稣被钉上十字架的受难像，画家对那种极端恐怖的刻画让策兰感触至深，当他离开之际，他难以自抑地打破了沉默，但只是意味深长地说了短短一句话："够了。"我们须知，当耶稣即将在十字架上死去的最后时刻，他也只是说了那样一句话："成了！"一个月之后，策兰自杀。那么，这次观画之所感，是否是一种征兆呢?

海德格尔和策兰在弗莱堡实现的三次会晤，证明他们的联系在根本上是有益于双方的。经过仔细分析，人们倾向于策兰从海德格尔那里受益更多，海德格尔的思想能够帮助策兰将自己创作的哲理树立得更加明晰与更加牢固。而海德格尔早已在思想建树方面功德圆满，似乎不太需要从策兰那里获得什么。也许，他只是在策兰的创作中看到了自己思想的又一种文学性表达，策兰的诗歌为他的思想阐发提供了更多一些针对性更强的当代资料。

杜塞尔多夫火车站前的雕塑。人还是会以精神存在来占据自己生命的高地，但精神有时也会破裂

1970年4月20日，逾越节的一天，策兰从巴黎的米拉波桥跳入塞纳河，尽管他很会游泳，他还是选择了去河流中结束自己的生命。当时没有人及时发现悲剧发生，10天之后，一个渔民才从下游7英里处发现了策兰的尸体。

策兰死后，人们在他的书桌上发现一本荷尔德林传记，打开的那一页，他为这句话加了下画线，"有时候，这位天才心灰意冷，沉入内心的苦涩之井"。然而紧接着的一句话，却没有进入他的眼目，

“但大多数情况下，他的启示之星却发出耀眼光华”。

写作了《德意志人》的作家艾里希·卡勒尔在那年5月也处在弥留之际，他艰难地躺在床上，但不谈自己，而是祷告似的将双手紧握在胸前，神情激动，声音战抖，泪水涌出，他谈到由于策兰是中欧犹太青年，却用德语写作，这种深刻的矛盾使他致死。

而在弗莱堡，本来计划在5月13日要举办一场诗歌朗诵会，策兰早先时候为之从自己早年的诗歌集里挑选出了一批诗歌供朗诵之用。现在，诗人永远不会再来！

Deutschland
Kennen und Lieben

第8节　魏　玛

伟大的小城—设计领域的先锋骑士：包豪斯

伟大的小城

在德国，如果要选出这样一个城市：其规模非常小，但在整个国家的历史发展上却起到非常大的作用，那么，魏玛会毫无悬念地成为首选。

就近而言，魏玛的名字是和德国历史上第一个共和国相联系着的，人们称之为魏玛共和国。

第一次世界大战结束之时，各种政治势力都在试图按照自己的政治理想改建国家，李卜克内西和卢森堡领导的斯巴达克同盟就摩拳擦掌地要将德国引向苏维埃化。鉴于形势非常紧急，1918年11月9日，德国社会民主党最知名的演讲家谢德曼对着柏林的成千上万民众，宣布了战争结束、德皇威廉二世退位以及艾柏特被选为新任总理这一系列重大举措。接着，负责制定宪法的国民议会计划在1919年2月举行。

描绘魏玛的版画

国民议会的开会地点最后没有就近选择柏林，而是放到了位于柏林西南150英里外的魏玛。其中一个原因是为了躲避柏林激进分子的干扰。会议于2月6日开幕，调用了7 000人的军队，把作为会场的德国国家剧院卫护得密不透风，最后，顺利举行的国民议会审议了宪法草案，选举艾柏特为德国的首任总统，选举谢德曼为政府首相。

魏玛国家剧院前竖立的歌德与席勒雕像

魏玛之所以能够被选中的其他原因，史学家们分析，可能是魏玛在更远一些的历史时期已经俨然如德国的文化之都，它在那时形成的总体形象使人们更多地联想到对开放、宽容、和平、博爱、大同这些美好品质的追求和拥有，因此，到魏玛开会，可以说能够获得一种理想的象征，也可以说是让新的德国的开始有一个好的意蕴。

国民议会开会的德国国家剧院是一座古典主义风格的建筑，李斯特、理查·施特劳斯这两位指挥巨星都曾在这里举起过指挥棒。瓦格纳由于介入了1848年发生在德累斯顿的革命而逃亡国外，但他念念不忘要早日让自己的《罗恩格林》尽早在舞台上亮相，于是在1850年的春天写信恳求了李斯特，而李斯特没有让瓦格纳失望，他在同年的8月28日也就是歌德诞辰纪念日的那天，在魏玛的德国国家剧院亲自指挥了《罗恩格林》的首演，许多德国文化界的名流出席观赏，演出大获成功。现在在剧院的前面矗立着的歌德和席勒的雕像是由雕塑家恩斯特·里切尔在1857年完成的，歌德曾经担任过它的前身宫廷剧院的总监，而他和席勒的一些剧作也是在这个剧院首演的。

提到魏玛更远一些的历史时期，人们当然首先会联想到歌德和席勒的辉煌岁月。德国在那时处于诸侯割据的局面，政治权力相当杂散，当时的小邦小国多达300多个。然而，在难以体现出一种强大的统一的国家政治力量的同时，却造成了德国文化在各地全面开花的局面，各个小邦小国无不通过修文教兴文化去展示自己的开明风采，去吸引人才聚集，去满足统治者的个人情趣。

“Weimar”中的“Wei”,是神圣之义，“mar”是海之义。魏玛所在地曾为一片汪洋。它以银杏为市树，到处都可以看到三叉戟标志，三叉戟是希腊传说中海神的象征。魏玛在975年有城，1254年被称为城市。

魏玛在歌德时代是当时的萨克森—魏玛—埃森纳赫公国的首府，整个公国人口不过10多万人，魏玛也只有7 500人，其所属的大学城耶拿连学生一起才4 300人。

那时的魏玛是一个交通上的死角，无论是从南边的法兰克福经过爱尔福特通往莱比锡的东西干道，还是由艾斯勒本去往纽伦堡的南北干道，都不经由它，接近魏玛的一段干道路况非常糟糕，有一次歌德出发去法兰克福，刚出城不久马车就翻在了路边。歌德到任后曾试图解决对外交通联系的难题，却无功而返。但城中的道路建设还算有些水平。最重要的路段和广场都铺上了砾石，为此还专门向来魏玛的游客和外国人征收了砾石路面税。为保养好路面，还规定马车只能中速行驶，禁止在马路上抽烟。

也许，魏玛当时外在的城市形象并不美好，但是，就像一位游人感到的那样：魏玛简直太美妙了，就像是缪斯女神的美丽天国。建筑样式、房屋、街道和各种装饰虽然与天国并不相干，这只是魏玛的外

克拉纳赫之子小克拉纳赫在1558年的绘画作品中，将宗教改革的灵魂人物以及著名的人文主义者进行了集中描绘

表，而在他们心目中所看到的是魏玛的诗意。著名文学家让·保尔对魏玛的感觉也是类似的，他到了魏玛后，就情不自禁地赞叹道："我终于推开了天门，现在正站在魏玛的中心。"

就是这样一个小地方，却命中注定一样地要在德国历史发展尤其是文化发展方面独当一面，大有作为。

早在1553年，克拉纳赫就同他的艺术保护人、萨克森公爵腓特烈到过魏玛。克拉纳赫是多瑙河画派的代表人物之一，1508年去维腾贝格担任腓特烈的宫廷画师，并与维腾贝格大学的神学教授马丁·路德结为至交，他是路德的大儿子洗礼时的教父，而路德则是他的女儿的教父，克拉纳赫还以全部的艺术热情为路德留下了不少传世画像。

路德死后的第二年即1587年，神圣罗马帝国皇帝查理五世打败了支持路德和新教的腓特烈，并将他送到慕尼黑以西的奥格斯堡关押，克拉纳赫不忘恩情，主动陪伴腓特烈一起受难，6年后双方和解，腓特烈再次出任萨克森的君主，克拉纳赫也随之到达魏玛，并以81岁的高龄在那里长辞。

到了1708年，一位音乐艺术领域的领袖人物也到过魏玛。"音乐之父"巴赫接受了公爵威廉·恩斯特的聘请，来到魏玛。威廉·恩斯特属于那个时代最高贵和最有教养的君王之列，对艺术事业倾尽全力，也让魏玛始终笼罩着一种启蒙式的进步气氛，实际上已为世纪末的魏玛盛世打下了基础。在1717年10月31日至11月2日，魏玛宫廷还专门举办了庆祝宗教改革运动200周年的庆典，君王对活动的圆满举行感到非常满意，因而建立了一笔基金，将其利息每年赏给所有宫廷的乐师，属于巴赫的那份是三个金币。

巴赫在魏玛担任了王室管风琴师兼室内乐作曲家，后来又升任乐长。他在魏玛的9年里，年收入从开始的156个金币不断有所增加，足够巴赫那个多子女的家庭有一个体面的生活。

巴赫开始对阿尔卑斯山脉以南意大利的各种音乐表现形式进行了研究，并进行了创新，培育出德意志音乐的独特品格。他在管风琴音乐创作方面已经炉火纯青，创作了《C小调帕萨卡利亚和赋格》与《管风琴曲小集》等大量的管风琴佳作，并且逐渐从物理方面成为了另一个领域的管风琴专家，可以将庞大复杂的管风琴拆开、修理、重新组装，而后，一些偏僻地方的教堂在建造新的管风琴的时候，都会请巴赫出面帮忙。巴赫每个月还要再写出几首新的康塔塔，这期间他创作的最后一首康塔塔是《基督未覆盖尸布躺卧在死亡之旁》，歌词是路德以前亲自撰写的。

巴赫故乡爱森巴赫的巴赫雕塑

如果可以说魏玛已经经过了克拉纳赫的“美术时期”与巴赫的“音乐时期”的话，它在18世纪下半叶就进入了她的“文学时期”。当时的诸侯对文学的兴趣都比较冷淡，因此魏玛宫廷对文学的热情就显得非常突出。卡尔·奥古斯特公爵和他的母亲邀请著名的作家和艺术家到魏玛长住或短期逗留，并向他们提供经济资助，因此魏玛逐渐成为了德国的精神星空。

1772年，维兰德到了魏玛，他是德国启蒙运动鼎盛期的主要代表之一，在德国最早翻译了莎士比亚的剧本，包括歌德在内的整整一代人都是通过他的翻译才认识了莎士比亚。他在次年创办了《德意志信使报》，成为德意志最有影响的文学期刊之一。

1775年，26岁的歌德应邀到了魏玛。他当时已经厌倦了在故乡法兰克福开律师事务所的工作，与身为银行家小姐的未婚妻丽莉·薛纳曼的婚约也解除了，一时心灰意懒，正踏上去意大利的旅途。德国的文人向来对阳光明媚的意大利十分向往和渴望，“意大利”成为了可改变生活目标的同义词。当歌德走到海德堡的时候，一辆由卡尔·奥古斯特公爵特地派来接他的马车赶上了他，载着他转向北去，于11月7日到达魏玛。而后，除开1786年去意大利“寻根”的一年多时间，歌德在魏玛一共住了60年。

歌德在去意大利游历之前，当过伊尔梅瑙矿山的总监、筑路大臣、军备大臣，监督毛织品生产，调查国内地质状况，组织木材贸易，改进消防制度。自意大利再回到魏玛之后，歌德实际上从枢密院引退，不再担任管理财务的重任，而接管了一个又一个有关科学和艺术的行政领导权限，担任了魏玛宫廷剧院、魏玛美术院和耶拿大学的总监。1782年，他晋升为贵族。

1776年，赫尔德经歌德介绍，来到了魏玛这个“介于村庄和宫城之间的地方”。他担任了魏玛教会总监和宫廷首席牧师，他在魏玛期间的创作对德意志民族文化之形成产生了巨大的影响。

穆塞乌斯也到了文科中学任教，他写有《德意志人的民间童话》，先于格林成为有影响的德国民间童话作品集。

1787年7月，席勒被卡尔布夫人邀请到魏玛，见到了赫尔德和维兰德，但没有见到当时正在意大利旅游的歌德，他深为魏玛的文化气息所吸引，为了能在魏玛立足，他暂时中断自己的文学创作，转而钻研历史，并在两年之后受聘为耶拿大学的历史教授，耶拿大学正是归魏玛公国管理的，又离魏玛非常之近。

叔本华也和魏玛有关。当他的父亲去世之后，叔本华的母亲约翰娜首先一个人从汉堡到了魏玛，并在魏玛找到了“较好的生活”。她在拿破仑军队劫掠魏玛之时，处变不惊，积极投入善后工作，赢得了包括歌德在内的魏玛人的尊敬。歌德后来带头走进约翰娜开设的沙龙，克莱门特·布伦塔诺、洪堡兄弟、阿希姆·冯·阿尔尼姆、剧作家维尔纳都是她的沙龙的著名到访者。约翰娜以后成为德国著名的女作家，布洛克豪斯出版社为她出版了20卷的文集，她的《穿过法国南部的旅行》成为1818年的畅销书。

约翰娜与女儿阿黛尔

叔本华

1807年年底，叔本华也来到了魏玛，准备自学上大学。在后来的岁月里，因为母亲住在魏玛的缘故，他常常回到魏玛。他成为了歌德的“谈话对手”，每当歌德有一种“适当的庄严的情绪”时，就想和叔本华见面，歌德把叔本华定性为“一个为大多数人所忽视、本来也就难以理解，而成绩卓著的年轻人，但和他的交谈使我很振奋，并且双方都有收益”。

据说在第二次世界大战末期，正是因为英美联军司令部的指挥官敬慕歌德，通告飞行员不要轰炸魏玛，魏玛的古迹才得以幸存。

魏玛的歌德时代随着歌德在1832年去世而告结束，但魏玛的文化风采没有因此断绝。

1841年，李斯特在前往柏林途中，路经魏玛，被引荐给沙皇的姐姐玛丽·波普娜女大公，还举办了三场音乐会，女大公对李斯特的才艺钦佩不已，送了一枚钻戒给他。第二年，李斯特再到魏玛，接受了女大公的建议，与宫廷戏剧总管签订了合同，每年到魏玛生活三个月。他之所以作出这样的选择，一方面是希望远离当时喧嚣的政治生活，另一方面仍然希望能够恢复德意志民族文化最古老的中心魏玛城昔日的伟大，还有一个原因是他希望依靠女大公的帮助，使他所钟情的俄国的卡洛琳公主得到离婚的许可。从1844年开始，李斯特又担任了宫廷乐队的指挥。

作为李斯特的好朋友，法国著名音乐家柏辽兹也到过魏玛，他在给李斯特的信上写道：“我在这里终于可以呼吸了，我在空气中感受到某种东西，它告诉我魏玛是一座文学之都，艺术之都。它的形象完全符合我的设想，它宁静、辉煌、空气清新，充满着和平与梦想，城市周围美景迷人，碧水青山，让人陶醉。”而李斯特也很快对魏玛充满了浓烈的好感，他说：“这片理想的故土，我真希望有一天能成为魏玛的公民。”他一直考虑创作一部大型的抒情作品献给魏玛，还打算将魏玛变成一个新雅典，成为音乐、文学和绘画中心。

卡洛琳1848年也来到了魏玛，波普娜女大公将阿尔滕堡让给她居住，后来李斯特也从饭店搬进了阿尔滕堡。一间朝向公园的被称作“蓝色房间”的屋子成为李斯特的工作室。也许，在他们相处的相当长的一段时间里，卡洛琳都对李斯特起到某种天使般的作用。每当他谱曲和写信时，他都需要卡洛琳在场，才能运笔自如。

李斯特与瓦格纳闻名于世的深厚友谊也是在魏玛时期开端和持续深化的。1848年，李斯特从魏玛去了德累斯顿拜访瓦格纳，而瓦格纳则跟着从德累斯顿来到魏玛进行回访。在次年，李斯特在魏玛指挥了瓦格纳的歌剧《汤豪塞》，将自己对瓦格纳才华的钦佩变为实际的行动。当瓦格纳在1883年去世的时候，李斯特专门在魏玛指挥了一场悼念音乐会，首次上演了自己谱写的《在瓦格纳墓旁》，很少写作室内乐的李斯特这次使用了弦乐四重奏和竖琴。

不管怎样，魏玛有李斯特坐镇，至少是有些音乐中心的样子了，它成为新德意志派的堡垒。

在魏玛，李斯特指挥了43部歌剧的演出，其中包括瓦格纳的《罗恩格林》《汤豪塞》《漂泊的荷兰人》，舒曼的《格诺维瓦》，梅耶贝尔的《清教徒》，威尔第的《两个弗斯卡尔》，格林卡的《奥尔菲》等24部歌剧在魏玛舞台上的首场演出。而魏玛时期也是他自己的创作力的巅峰时期，他完成了著名的《浮士德交响曲》，交响诗《塔索》《理想》《普罗米修斯》和《匈牙利狂想曲》等曲目的创作。

李斯特和卡洛琳还特别喜欢在阿尔滕堡举行音乐晚会，不少和李斯特关系友好的音乐家如柏辽兹、勃拉姆斯和瓦格纳，以及更多的李斯特迷们，从德国各地乃至德国国外赶来魏玛参与其中。

尤其值得一提的是，在魏玛形成了李斯特的学生群体，像著名的指挥家彪罗，著名小提琴家约阿希姆，著名作曲家沙文尔卡、绍尔等，他们有的在魏玛待过很长的时间。而李斯特对他们非常慷慨，不但不收分文，还在经济上对一些学生给予资助。

1860年，卡洛琳前往梵蒂冈，希望在那里解除自己和维特根斯坦侯爵的婚姻关系，李斯特也在次年前往罗马与她会合。直到1869年，李斯特才再次定居魏玛。

李斯特

理查·施特劳斯1889年到魏玛应

聘了国立剧院的第二乐长，他的交响诗《唐璜》和歌剧《贡特拉姆》都是在魏玛首演的。他指挥了《罗恩格林》在魏玛的第100场演出，还成功指挥了瓦格纳的另一部歌剧《特里斯坦与伊索尔德》全本的演出，他未来的妻子保莉娜担任了其中的女主角。

尼采1889年1月在都灵发生神经错乱，只能回到家乡瑙姆堡，由母亲护理。他的母亲于1897年复活节去世之后，从巴拉圭回来的妹妹伊丽莎白带着他一起移居到了魏玛。据说当他们驻进红砖墙、石板瓦屋顶的别墅时，尼采大声叫喊："宫殿！宫殿！"也许是他在简陋的农舍、逼窄的阁楼和医院的病房住得过久了的原因吧，所以他对一生中最后的居所感到非常激动。尼采最后在1900年8月25日，因为感冒发烧，并伴有肺炎的并发症，在魏玛离世。

日后，对尼采非常崇拜的希特勒经常到魏玛去参观尼采博物馆，让记者拍摄自己聚精会神地瞻仰尼采胸像的照片。所以，当伊丽莎白1935年死前不久，还为此非常感谢希特勒"慷慨地给予我哥哥"的荣耀。

1919年，建筑家瓦尔特·格罗庇乌斯在魏玛创立了艺术造型学校包豪斯，为现代设计史书写下不可欠缺的一页。他对魏玛未来有着一幅雄心勃勃的建设蓝图，"我对魏玛的设想可不是小打小闹。我坚信，恰恰是由于魏玛具备了国际声誉，它才最适于为思想的共和国奠基。我想象，在魏玛的贝尔韦代尔山丘的四周盖上无数建筑，中心的地方盖的是公共建筑、剧院、音乐厅，最终的目标是一座宗教建筑。每年夏天，都会在这里举办最受欢迎的庆典。"

尼采

包豪斯在办了4年之后，于1923年夏天举行的一次展览和为期一周的特别活动，让魏玛热闹非凡。出席在魏玛举行的德意志制造联盟大会的成员和国内外来宾近15 000人让魏玛城内人头攒动。著名音乐家斯特拉文斯基、布索尼、欣德米特还举办了他们个人作品的首演。放映的科学电影也将当时最新奇的电影慢动作效果向人们作了展现。

纵览历史，从地理上讲，魏玛从来都是一个不折不扣的小城。在东德时期，它仍然只有6 000多居民，在其城北建立了很多工厂，后来城市的定位转为文化城市，关停了不少工厂，还将周围的6个村落合并了进来，才使其所辖地区的人口增加到了60 000多人。但是，魏玛也同时具有许多大城市所未能具备的伟大性质。今天，魏玛有25座国立博物馆，其中市属7座，5座是艺术收藏博物馆，另13座属于古典魏玛基金会。每年的文物保护费用达1.2亿欧元，从联邦和州政府得到500万欧元的保护补贴。从1985年开始，欧盟隔几年挑选和确定一座“欧洲文化之都”，头几个当选的是瑞典首都斯德哥尔摩、葡萄牙首都里斯本和西班牙首都马德里，到了1993年，欧盟宣布魏玛为1999年的“欧洲文化之都”。1998年，联合国教科文组织作出决定，将魏玛的歌德故居、席勒故居、赫尔德教堂、魏玛国家剧院等历史建筑以及多处园林，一共11处名胜古迹，列为世界文化遗产。

设计领域的先锋骑士：包豪斯

作为现代设计的零起点，包豪斯之名今日可谓是无人不知。我们生活中遇到的许许多多的设施和日用品，从整栋建筑到建筑里的一张椅子、一座台灯，它们的设计都可能从包豪斯开始的革新那里找到最初的源流。赫斯曼说：“包豪斯是我们这个时代最广为人知的艺术机构。从我们的阅读物、穿着到居住，几乎我们生活中的每一部分都受到了它的影响。包豪斯是20世纪人类新理想的一次严峻考验，并孵化了我们后来逐渐意识到的现代性。”

梳理德国造产品的发展历程，包豪斯也可以被视为它的第二次跃升。它的第一次跃升完成于19世纪后期。在那之前，德国的工业化还处于初生牛犊的阶段，拥有的是劳动力廉价的优势，出口的产品却在质量上乏善可陈。这种状况导致德国人1886年去美国费城参加世博会时丢尽了脸面，评委会给德国产品下的评语是“价格便宜，质量低劣”。1887年，鉴于许多外国进口产品以价格优势冲击了英国消费市场而后又以其低劣质量让消费者吃尽苦头，英国立法规定各国商品必须标明产地，以这种方法来方便国人区别英国的优质产品和外国的劣质产品。从那时候起，德国人不得不在产品质量上下狠功夫了。他们掀起了真抓实干的提高质量的运动，几十年之后，就彻底扭转了尴尬局面，甚至是从一个负面的极端走向了一个正面的极端，人们似乎对“德国造”不假思索地予以接受和崇拜。

作为德国产品制造历史的第二次跃升，包豪斯可以应运而生的因素是多方面的。

1851年在英国水晶宫举办的世界博览会

首先，机器在社会生产中的主导地位已经基本确立。早在1851年万国博览会在伦敦海德公园举办的时候，蒸汽机、发动机、车床、起重机和水压机等工业机器强大的阵容就已经让世人目瞪口呆，而水晶宫用预制的金属拱和薄片玻璃建成也是人们见所未见，从那时起，对这种新时代的感受就人人各异。后来到包豪斯任教形式课程的纳吉于1922年写作的《构成主义与无产阶级》对之由衷赞美道："我们这个世纪的现实就是技术：就是机器的发明、制造和维护。谁使用机器，谁就把握了这个世界的精神。它取代了过去历史上那种超验的唯心论"。"在机器面前人人平等。我能用机器，你也能用机器。它会碾碎我，它也会碾碎你。在技术的领域里没有传统，没有阶级意识。每个人都可以是机器的主人，或者是它的奴隶"。但另一些还是表现出很大的不适应，传统手工业的命运沦陷还是让许多人痛惜不已。在英国，著名的诗人、建筑学家、艺术史家拉斯金根本反对使用机器；而崇拜哥特精神的莫里斯则非常反感假装成人工制品的机器产品，认为它们很不诚实，而且穷人比猪一般的富夫更需要精神上的慰藉，只有那些通过诚实和理性而制造出来的产品可以满足他们的这种需求。在德国，我们在伟大的德语诗人里尔克的不少诗歌里，可以读到他对工业文明的壮大与机器时代的来临持有抵触情绪。同样在包豪斯任教的抽象主义画家克利认为："机器实现功能的方式是不错的，但是，生活的方式还不至于此。生命能够繁衍并且养育后代。一架老旧的破机器几时才会生个孩子呢？"

其次，是怎样处理美术和工艺的关系问题。在这里，美术是被狭义理解的，即只是作用于观者的精神领域的美术，而工艺是指落实在日用品上的被用者体受着的广义的美术的运用。在包豪斯的创始人格罗庇乌斯看来，艺术从文艺复兴时期就开始衰退了，因为画家和雕塑家为了追求更高的社会地位，开始疏远与工艺之间的传统联系，艺术家和设计师开始分立。他希望在包豪斯通过“缪斯运动”和“异花授粉”来实现各家之融合，取消艺术和设计之间的藩篱，造就“全能造型艺术家”。格罗庇乌斯宣称：“我们的雄心就是要把有创造力的艺术家从超脱尘世的彼岸状态中唤醒过来，并使他们与现实世界的平凡工作重新结合起来；而同时，又要把生意人那种严峻的、几乎是极端实利主义的心理状态予以扩大和人性化。”

严格地讲，包豪斯想要解决的不只是这两个问题，但这两个问题是主要的问题。包豪斯对它们的解答也不是始终一致的。

在包豪斯的早期阶段即学术观点的形成时期，应当说它更多地同情着传统手工艺与从事着工艺的匠人们，希望通过互相接触和渗透的方法，调和机器和传统手工艺的分离和对立，也调和艺术家和工匠之间的分立。格罗庇乌斯号召“建筑师们、画家们、雕塑家们，我们必须回归手工艺！因为所谓的‘职业技术’这种东西并不存在。艺术家和工匠之间并没有根本的不同。艺术家就是高级的工匠。由于天恩照耀，在出乎意料的某个灵光乍现的倏忽间，艺术会不经意地从他的手中绽放出来，但是，每一位艺术家都首先必须具备手工艺的基础。正是在工艺技巧中，蕴涵着创造力最初的源泉。”在包豪斯工作的形式大师和作坊大师是分别由画家、雕塑家等美术家与各个门类的工匠出任的，包豪斯规定它们两者之间的地位是平等的，虽然在实际操作上，形式大师的薪酬和休假待遇等方面还是要优裕一些。但在包豪斯发展成熟时期，我们可以明显感觉到它已经坚定地转到了拥护机器的立场上了，格罗庇乌斯1923年在一次演说中讲道：“如果认为包豪斯早期重点是探索所有艺术门类共通的特性，并努力复兴工艺技巧。现在则不可逆转地要教育出一代新型设计师，让他们有能力为机器制造的方式构思出产品来。”在1926年，格罗庇乌斯为包豪斯写的宣传页还这样鼓吹道：“只有不断地接触先进的技术，接触多种多样的新材料，接触新的建筑方法，个人在进行创作的时候才有可能在物品与历史之间建立起真实的联系，并且从中形成对待设计的一种全新的态度。”“坚决接受这个充斥着机器和交通工具的生活环境。遵循物品的自身法则，遵循时代的特质，进行有机的设计，避免罗曼蒂克的美化和机巧。只运用老妪能解的基本形式和色彩。在多样性中寻求简洁性，经济地运用空间、材料、时间和金钱。为一切日常用品创造出标准类型，这是社会的必要需求。”盖棺定论，应该说，包豪斯之所以能成为被后世称颂的对象，之所以能形成自己创新者的伟大形象，主要是由它后来明确的这种偏向所决定的。

事实上，在包豪斯之前，就已经有人试图回答上述两个问题。格罗庇乌斯写于1924年的《国立包豪斯的观念与发展》，表示要感谢英国的拉斯金和莫里斯，比利时的维尔德，德国的奥尔布里希、贝伦斯等人，还有德意志制造联盟，因为他们最早找到了一些将劳作的世界和艺术家们的创造结合起来的一些方法。在英国，1837年成立了政府公立的试验性设计学校。1852年成立了应用艺术部，为政府统领各种设计学校。到1864年，英国拥有90所设计类学校，学生总数有16 000人。而威廉·理查德·莱斯比领导的中央艺术与工艺学校在1896年成立，可谓是包豪斯的先声。在德国，1851年，著名建筑学家申佩尔受伦敦世博会启发，发表了《科学、工业与艺术》一文，揭示美术和工业的关系。到1914年，德国有81所专门机构从事各种各样的艺术教育，其中63所开有工艺系。特别是德意志制造联盟的成立，掀开了德国工业设计革新的序幕。

德意志制造联盟是穆特乌斯说服了12位工业家和12位艺术家，于1907年成立的。政治家弗里德里希·瑙曼是它的坚定支持者，他卓有远见地认识到：对于德国这样一个缺乏原材料的国家来说，必须发展高质量的产品来确保在国际市场上占有一席之地。“对德国的未来来说，建立一个经过精心艺术培养的机器民族是最理想的了。”

坐落在德累斯顿的申佩尔歌剧院

穆特乌斯1896年作为一个“经济间谍”，被德国政府派到德国驻英国使馆，在一个专门为他设立的职位上工作，研究英国的城镇规划和住宅政策。他在那里待了7年，写出了颇有影响力的《英国住宅》一书。他认为英国人在建筑住宅时强调功能，其个性是庄重节制的，转而希望在德国的工艺制作中也能如此。“我们想在机械产品上看到的，是平滑的形式，简化到只剩下最基本的功能。”他坚信设计是工业化的技术学科，极力倡导规范化和标准化。他还受申佩尔影响，强调规范和典型的普适性意义和价值，反对任何艺术风格，追求没有风格的所谓明确的实用性，反对德国“新艺术运动”中青年风格的装饰性及其表现主义的非理性。

穆特乌斯回国后，在普鲁士商业部主管各地的工艺美术学校。他任命了几个人去德国各地任相关学校的校长。其中，彼得・贝伦斯在1903年去了杜塞尔多夫工艺美术学校任校长。

作为工艺设计领域里的一位起到开创作用的领袖级人物，贝伦斯对机器的无穷潜力早有洞察，期望它能与传统工艺技巧协调。“什么时候，用什么方法，才能把我们这个时代的伟大的技术成就，变成一种成熟的、高级的艺术，这个问题至关重要，在人类的文化中具有深远的意义。”1899年，贝伦斯到达姆斯塔特德的玛蒂尔德霍尔博物馆群落工作，当时的黑森州最后一位大公爵厄恩斯特・路德维格是德国新艺术运动的重要资助人，他首倡在自己的原公爵公园的旧址建立一个融展览与住所为一体的综合性建筑群。贝伦斯是响应公爵号召的那群艺术家中的带头人之一，他和分离派的奥尔布里希设计了自己的住宅，从门把手到家具和餐具，无论物件巨细，都进行了崭新的富有创意的设计。

1907年，贝伦斯离开杜塞尔多夫，去波茨坦建立了自己的建筑工作室，格罗庇乌斯和包豪斯的第三任也是最后一任校长凡・德・罗都被他网罗到了他的工作室。贝伦斯在那一年也成为德意志制造联盟的成员，并从那一年直到1914年成为德国通用电气公司的艺术顾问，为电话、风扇、水壶、路灯和公司宣传品进行设计，并为德国通用电气公司完成了整体美学设计，发明了在今天被称为“企业识别”的概念。

德意志制造联盟成立的时候，德国的产品设计依然流行着历史主义风格，比如每一台缝纫机上都带着德国皇帝的肖像，住宅被舞台式的布景装饰着。德意志制造联盟以之为时弊，积极宣传实用主义风格与建立在工业产品基础之上的美学。作为德国第一个设计组织，德意志制造联盟的活动内容包括：结合艺术、工业、手工艺，通过教育和

柏林一家百货公司里的展示设计

宣传提高德国的设计水平，提高艺术家、工业家和手工艺匠人的合作水平，在德国设计艺术界宣传和力主功能主义和接受现代工业，反对任何形式的装饰，主张标准化与批量化生产。

德意志制造联盟的主要领导者还有一位是比利时人维尔德，他与后来的包豪斯有着更直接的联系。作为“新艺术运动”的传播者，他受德国著名的心理学家和美学家里普斯和维也纳艺术史学家李格尔的影响很大。维尔德希望艺术家借助设计，不但改造物质世界还改造人类的思想意识。他认定设计活动是属于艺术家的创造活动，艺术家绝不会屈从于任何规律或原则。

维尔德后来与穆特乌斯之间出现了严重的分歧。穆特乌斯一派强调设计中的理性原则、人体工学原则和功能原则是设计上天经地义的宗旨，更加符合工业社会的时代潮流和社会需求，赢得了更多的社会认同。在这场论战中，贝伦斯和格罗庇乌斯对维尔德的观点持支持态度，但他们的设计思想和立场并不完全相同。

值得特别为维尔德书写一笔的是，他还有一个特别的过人之处：他在1906年就考虑设计的革新应当从教育着手。而且维尔德是一个不仅仅满足于坐而论道的人，于是他前往魏玛并获得了理解和支持，被大公任命为艺术顾问，在他的倡导下，市立美术学校被改建成萨克森大公艺术与工艺学校，维尔德亲任校长，在教学中倡导积极地发展个人直觉所蕴含的创造力量，坚持设计的审美性和情感性目的，其所思所为已经和日后包豪斯的那批抽象主义画家的所思所为颇为类似。只是，当自己的祖国在第一次世界大战时向德国宣战后，他不得不离开魏玛回国。

维尔德离开魏玛时，推荐了3个继任自己职位的候选人，结果是格罗庇乌斯幸运入选。

作为建筑和设计领域的风云人物，格罗庇乌斯1883年5月18日生于柏林。其父是一名建筑师，其祖父则是一名画家，较为有名，还与当时最著名的建筑界名流辛克尔是好友，而其叔父则设计了柏林的工艺美术博物馆。格罗庇乌斯在柏林和慕尼黑学习建筑，获得学位后，到贝伦斯的设计事务所工作了3年。他与阿道夫·迈耶合作，为莱茵河上的小镇阿尔菲尔德的法古斯鞋楦厂设计厂房，其中一个创举是用钢材和玻璃取代常规的承重墙。格罗庇乌斯还介入了在墙纸、火车头、火车客车设施设计等方面的工作。1910年，他还斗胆给德国通用电气公司的总裁拉特瑙写信，建议用标准化的预制件为工人家庭兴建住宅。同年，他开办了自己的事务所，与迈耶合作设计德意志制造联盟办公楼。

第一次世界大战爆发之后，格罗庇乌斯加入了骑兵，在西线作战，两次获得铁十字勋章，又受过重伤，直到1918年秋天才获准复员。

格罗庇乌斯一度有着很高的政治热情，而且是偏左的政治热情。他在1919年担任了德国艺术工作苏维埃组织的主席，还是柏林左翼组织“十一月会社”的成员。在1919年发表在《德国革命》的《自由民主国家的建筑》一文里，他又强调“资本主义和强权政治使我们这一种族变得无比沉闷，生活的艺术更是被中产阶级的俗人们所压抑。古老王国的资产阶级——漠不关心、没有生气、懒惰而傲慢——已经没有能力维护德国文化。”“我们无法通过政治革命而获得‘解放’，只有通过精神上的革命。”

魏玛大公在1860年兴办的魏玛第一所美术学校

但是，格罗庇乌斯的政治性并没有在高强度上维持多久，他很快对一些有组织的政党产生厌恶。甚至在

1920年给友人的信上表示：“我们必须摧毁政党。我希望在这里建立起一个非政治的社团。”阿尔玛初识格罗庇乌斯的时候，认为那时的他很适合去演《大歌唱家》里斯托尔钦的角色。婚后，阿尔玛也常常提醒自己的丈夫不要参与政治活动。不过，在格罗庇乌斯为包豪斯努力奋斗的时候，阿尔玛不可能再帮上更多的忙了。阿尔玛基本上待在维也纳，只是当丈夫需要她出面帮忙招待一些要人的时候，她才偶尔来到魏玛。最主要的原因是：阿尔玛那时虽然已经年过半百，不过芳心未老，又将感情转移到了比自己小11岁的作家弗朗茨·韦弗身上。她与韦弗1918年就诞下一子，1919年开始一起生活，而和格罗庇乌斯的离婚到1920年才完成。

格罗庇乌斯对自己到任后的计划是1916年1月交给魏玛当局的。当时的萨克森大公艺术与工艺学校尚在关闭之中，它的校舍被军方征用去作了后备医院，具有先见之明的格罗庇乌斯全心全意地设想着为魏玛注入一种全新的艺术生命力，他建议魏玛当局开办一所新型的设计院校，以期拯救在工业化批量生产中濒临消亡的传统手工艺。学校要试图改善工业产品的非人化问题，提供生活用品的艺术水平，学校应当与工业生产关系密切，课程也按工业生产的目的安排，学生要到工厂实习。

1919年3月16日，魏玛政府内务大臣弗里希任命格罗庇乌斯为萨克森大公艺术与工艺学校和萨克森大公美术学院的校长，4天之后，大公又同意将两校合并，成立国立包豪斯。

在战后德国急需重整旗鼓的严峻时刻，魏玛也意图在重建德国的事业中更有作为，积极支持有助于重振德国经济的一切活动。所以我们可以看出魏玛这个小城的确具有很宽广的胸怀和很远大的抱负，一种很优秀的传统已经渗透进了它的血脉之中。

于是，我们看到一个将改变世界工业设计面貌的新型教育机构在魏玛诞生，魏玛的伟大历史又增添了一页灿烂的篇章。

包豪斯诞生在魏玛，并在魏玛度过了自己的前6年的时光。1930年，一个博士在《安哈尔特通讯》的头版上发表文章，这样谈到了包豪斯与魏玛——“在这个光辉的世纪开始进入20年代的时候，如

包豪斯图章（左为1919年设计，右为1921年设计）

果你曾经探访过魏玛，这个歌德的古城，这个德国的艺术与德国的伟大思想的古典胜地，并且希望从这里找到力量、找到精神支柱的话，你越来越容易经常遇上一些年轻人，他们多数时候是三五成群的，黑发飘飘，长腿伶仃，看上去像是一排醋栗树。这古老的贵族城市弥漫着一片文雅的宁静，他们却给它染上了一丝俄国的味道……正是在这个时期，成千种拯救世界的想法披上了成千种不同的外衣：宗教的、审美的、社会的，其中大多数与布尔什维克的红星有着密切的关系，而其信徒也同样如此。如果你去问问路人，这些年轻人想要干什么，多半你会听到这样的回答：‘那是包豪斯的学生——你明白我的意思吧！’”

包豪斯（bauhaus）之名由格罗庇乌斯所创，将德语的“房屋建筑”一词颠倒而来。在德语里，“bau”是建筑之义，“haus”是房屋之义。其次，“bau”还能让人联想到“bauen”，它的意思是种植植物，当然寄托了格罗庇乌斯希望这个新的教育机构日后茁壮成长的美好期望。还有，让人容易联想到的“bauhutten”的意思是中世纪时建筑工人与装潢师的行业协会，从那里衍生出了著名的互济会，格罗庇乌斯也希望今后在新的教育机构里，形成一个与互济会类似的具有向心力的团体。日后，格罗庇乌斯在教学中也经常以中世纪手工业生产行会中建筑师、设计师、工匠和艺术家同心协力建造教堂的方式来倡导大家具有集体精神。

《魏玛国立包豪斯纲领》宣布了包豪斯的目标——包豪斯向着统一一切艺术创造的目标而努力，向着新建筑，以及作为它不可分割的组成部分——雕塑、绘画、工艺、手工劳动重新统一的目标而努力。纵然遥远，但作为包豪斯的最终目标，是永远不朽的艺术和装饰艺术两者无区别的统一的艺术——大建筑艺术。

朱斯特・斯密特为1923年的包豪斯展览设计的招贴

《包豪斯宣言和教学大纲》让接触到它的人总会热情沸腾一阵子，“因此，让我们来创办一个新型的手工艺人行会，取消艺术家与工匠的等级差异，再也不要用它树起妄自尊大的藩篱！让我们一同期待、构思和创造未来的新建筑，融所有元素——建筑与雕塑与绘画于一体，有朝一日，它将从成千上万的工人手中冉冉升起，直指上苍，水晶般清澈地象征着未来的新信念。”

包豪斯的字面含义是房屋建造，1926年，它对自己的名字稍加变易，成为“包豪斯设计学院”，但其具体教育内容所涉及者一直涵盖了当时所有现代设计的领域，如建筑和产品设计、服装、戏剧舞台设计、平面印刷设计、广告设计等。它的教育科目设置了木工、陶瓷、金工、编织、印刷、戏剧、建筑、玻璃工艺等，还有音乐、舞蹈、诗歌等派对活动，力求对学生进行综合性的教育。

包豪斯的入学条件是：经包豪斯师傅会确认，只要基础良好、品行端正，无论何人，不管其性别与年龄都可入学，每年学费180马克，第一次必须另缴纳入学金20马克。外国人的学费则要加倍收取。

包豪斯创建之初，整个国家的社会经济状态都非常恶劣，它自己的生存环境也遇到了许多挑战。政府租了7 000平方米的城边土地给学校，他们自己用来搞菜园子。许多学生囊中羞涩，格罗庇乌斯筹到一些钱，去批发来一些裤子和鞋子分给他们。对一些贫困学生，也通过募集来的钱，为他们开办起免费餐。大多数的教员住在客栈，而大多数学生则住在青年旅店。

通过初步课程和作坊训练两个阶段，包豪斯的完整学业包括造型创造的一切知识和实践领域。在创建初期，学生要先进行半年的预科教学，教授基础课程，其中担任艺术造型课程的教师称形式大师，担任技术、手工艺制作课程的工匠称“作坊大师”或技术大师。这半年的学生只是“学徒工”的身份。第二个阶段是为期3年的技术教学，学生要在各个作坊实习，使自己兼具艺术和技术能力。合格通过了这一阶段的学生获得“匠师”证书。第三阶段是设计教学，有培养前途的学生留校接受房屋构造和设计理论的训练，结业后就能获得“建筑师”的称号。

包豪斯非常有特点的作坊本质上类似实验室，在其中研究适合大批量生产的、具备时代特征的设计原型。学生们在其中摸爬滚打，从而在基本的工作方法上训练有素，对形式设计与机器设计的元素机器构成法则都了如指掌。

到包豪斯任教的人员，后期吸纳了许多包豪斯自己的优秀毕业生。而在早期，是由不少后来被历史证明是杰出人物的画家、雕塑家和建筑师担任的。画家基本上出自抽象主义画派。究其原因，抽象主义画家期望揭示那种视觉艺术中蕴含的功能性。他们相信人造物具有的高效简洁的实用性并不具有绝对的标准，也不是人造物使用的核心价值，人造物所呈现的视觉样貌可以提供比简洁高效的实用价值更有意义的价值，那就是昭示新时代人类感情的精神价值即和谐性、自发性、创造性与民主性。正因为他们在绘画形式上极端地体现了归向不可再简约的基本元素的追求，并企图在其背后通过对形式的感知影响人去重构自己的精神价值，和格罗庇乌斯创办包豪斯的初衷之一是非常契合的。

康定斯基是1922年来到包豪斯的，他出任壁画作坊的形式大师，并教授部分基础课程。当他不久前还在莫斯科艺术文化研究所期间就与格罗庇乌斯保持着通信，对后者的思想已有了解和表示了认同。而他对俄国革命的热情已经很快冷淡了下来，他也预感到现代艺术不会在苏联获得好的前途。

包豪斯的教师里，还有两位非常重要又相互形成鲜明对比的人物，一个是约翰尼斯·伊顿，一个是莫霍里·纳吉。事实上，他们一个代表着包豪斯前期的浪漫主义特征，而另一个代表了包豪斯后期的理性主义特征。

伊顿是由阿尔玛1919年介绍来的，伴随他来到魏玛的还有他在维也纳时的10多个学生，他们组成了首批包豪斯学生的核心骨干。

伊顿负责基础课程，并担任色彩玻璃作坊和制柜作坊的形式大师。伊顿将学生的创作活动分为3种类型：自然—印象表现类型是从大

伊顿

纳吉

量观察自然界的多种多样变化着手，现实地把观察结果再现出来，丝毫不掺杂自我情感的表现；知性—构成表现类型是把握一个物体的内在结构，努力理解一切，将一切按顺序列好，将形态还原为几何形加以组织；精神—自我表现类型是充分依靠自己的直觉和主观感情进行造型活动，而忽视那些构成分析性的造型。

伊顿还是一个对波斯拜火教和原始基督教有着强烈信仰的人，并偏好它们的修炼方法，他甚至将自己的这种信仰与偏好带到了包豪斯的课堂之上。在上课前，他居然让学生以精神冥想、静坐、唱歌、肢体放松、呼吸调整、绝食等形式来集中精力，“我们改造自然的自然科学研究与技术必须同内省的东方精神文化取得平衡”。他剃了一个光头，穿着修士袍一样的服装，结果有20多个学生模仿着跟他一样打扮起来。

1922年，随着格罗庇乌斯提出“形式的世界肇始于机器，并且与机器相始终”，转变了自己的教学思想，伊顿显得不合时宜了，他太强调艺术创造的精神性意义了，并沉浸在神秘兮兮的东方传统精神文化当中。格罗庇乌斯以委婉方式让伊顿辞职，他去了柏林创立自己的美术学院。

格罗庇乌斯请来接替伊顿讲授基础课程的是匈牙利抽象主义画家纳吉，他还担任金工作坊的形式大师。由于他始终穿着一套工装，在形象上就仿佛已经被机器同化了一般。

纳吉是从战火中走出来的，对画家在一个社会动荡时期的正当性表示怀疑，非常强调艺术的社会责任，自称在大战期间开始觉悟自己的社会责任，检讨自己在整个社会处于混乱之时跑去画画到底是对还是错。他受俄国抽象主义画家马列维奇的影响较大，也自称“构成主义者”。

到了包豪斯之后，纳吉认为标准的艺术家应当是一名生产工作者和工程师，设计应当理性化，极力清除了伊顿那种神秘主义的训练内容和方式，转而强化学生对材料和机器技术的训练和应用，逐步将包豪斯的教学模式引向探索创造力和为现实生活必须服务的实验室模式，事实证明，包豪斯的许多经典工业产品设计都和纳吉的创新试验有着莫大的关系，他也因此成为包豪斯当时最受欢迎的教师之一。

包豪斯历史上出现过这样几次重大的调整或动荡。

1920年，包豪斯进行了重组。新组建美术学院，让包豪斯中遗存的学院派教授及部分学生脱离出去，他们对包豪斯的诸多创新之举感到严重的不适应。

1924年，魏玛所在的图林根州议会的大多数席位被右翼民族主义势力获得，他们开始执行鼓励民族主义风格和偏好滥情的通俗艺术风格，包豪斯前卫的、抽象主义的风格成为了他们的肉中刺和眼中钉。

鉴于政府很快就减少了对包豪斯的补助并宣布将不再同教师续签工作合同，包豪斯的魏玛时期结束了。

当位于柏林不太远的德绍、位于今日波兰境内的布雷斯劳和位于法兰克福不远的达姆斯塔特都想包豪斯迁到它们那里去的时候，包豪斯最后在1925年搬去了德绍。因为社会民主党控制着德绍，从德绍乘火车去柏林也只要两个小时，而且德绍有7万多人，处在一个采煤区域的中心，德国化学工业的四分之一分布在它的周边地区。

1928年元月，格罗庇乌斯决定辞职，他已经为包豪斯的生存竭尽全力并感到疲困，同时他也急于重归到自己的建筑设计业务中去。格罗庇乌斯对包豪斯的贡献无需赘言，他的生日对包豪斯人而言一直都是极其不同寻常的日子，包豪斯人每年到了那天都会举办极有想象力的仪式来向他祝贺。

格罗庇乌斯首先请凡·德·罗继任权力但遭到拒绝，便转请来自瑞士的建筑师汉斯·迈耶上台。

迈耶在1927年接受任命，组建了包豪斯建筑系并担任教学工作。让包豪斯的理想在现实化过程中变得更加圆满或者说真正合乎初衷。格罗庇乌斯一直都相信建筑在所有造型艺术中是至高无上的，因为它体现了绘画、雕塑和手工艺的完美结合，他也这样表述过，“包豪斯的理想是，以一种融合时代精神的方式，为住宅的发展作出贡献——从最简单的用品直到整个居住建筑”。但包豪斯在1927年以前却一直没有开办建筑系，虽然有关建筑的工程技术和建筑制图的课程还是开设有的，而且还能与作为建筑商业学校的魏玛工艺学院互相选修对方的课程。迈耶担任校长之后，使包豪斯明显地向工科的建筑学院方向发展。

然而，迈耶很快给包豪斯带来了混乱乃至灾难。由于建筑在学习中成为了首要的领域，有些人感到重新统一艺术和技术的理想开始裹足不前，重组社会的梦想凝固了，剩下的只有专业化，权威和结构全都重新登台亮相了。而检讨迈耶有关设计的思想，其中有正确的部分，比如

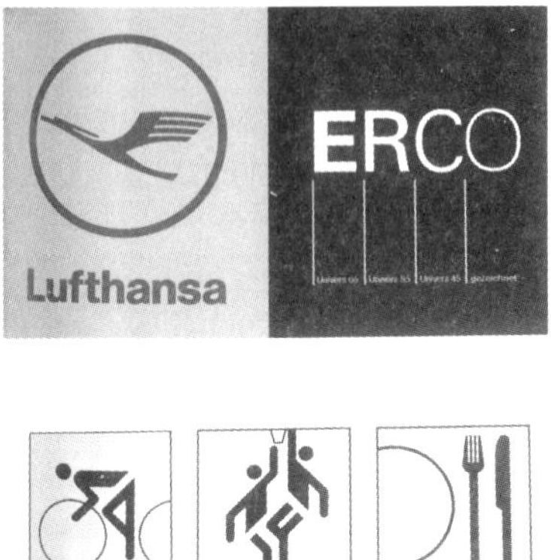

奥托·艾舍的设计作品，他是乌尔姆艺术学院的创始人和倡导人之一

认为设计要为广大群众服务；也有相当偏激的部分，比如认为“生活不过是氧气+碳水化合物+糖+淀粉+蛋白质，一切形式都应当以此为标准，建筑是一个生物学的过程而不是审美学的过程”。“时时处处，艺术都让生活变得让人窒息”。“造型乃算术之产品” “设计中不设计美学因素”。由于志不同道不合，康定斯基和克利等人都与之发生了争执，纳吉等人也辞职了，这一年的人事变动代表了包豪斯一个黄金时期的结束。

更为严重的是，迈耶的新政为包豪斯引来了非常严重的政治压力。他本人是一个德国共产党党员，有着激进改革和泛化的社会主义立场，他在学校开设了政治理论课，鼓励学生进行政治活动，还成立了一个共产主义小组，吸收了15名成员，在1930年包豪斯剧本的狂欢节聚会上，学生们还唱起了俄国革命歌曲。

为了让包豪斯继续顺利地开办下去，包括德绍市长、格罗庇乌斯在内的许多人都主张必须换一个新的校长。迈耶最后只好在1930年递上了辞呈。

凡·德·罗这时还是站了出来，承担了包豪斯最后一任校长的重任。凡·德·罗出生在亚琛，曾担任德意志制造联盟第一副主席，是1929年巴塞罗那国际博览会德国馆的设计负责人。他的口号是“更少就是更多”，曾致力于用钢与玻璃设计功能主义建筑。他也主张在满足功能的前提下，均衡形式与功能的作用，因为“如果你遇到两个孪生姊妹，她们几乎一模一样，同样聪明，同样富有，同样健康，但是一个丑陋，另一个美丽，你会娶哪一个为妻子呢？”

凡·德·罗上台后，虽然改正了迈耶的一些激进措施，试图恢复往日整体艺术的综合理念，冲淡意识形态的意味，但他继续将建筑的地位凌驾于一切作坊之上，建筑外形设计和室内设计成为教学的两个主要领域，包豪斯成为一个单纯的建筑学院的趋向更加明显了。以前由康定斯基和克利等抽象主义画家任教的基础课程也被从必修课改

迈耶

凡·德·罗

为选修课，这导致了克利选择了离开包豪斯而前往杜塞尔多夫艺术学院，康定斯基虽然没走，但他已基本上无事可做。

1932年，已经改由纳粹势力控制的德绍市议会决定解散包豪斯，包豪斯的校址被改用来作为纳粹党成员的培训学校。凡·德·罗只好带领包豪斯前往柏林斯泰格利茨郊区的桦林大街，利用一家废弃的电话机制造厂落脚，同时他希望能将包豪斯作为一所私人机构维持下去。

但是，德国政治形势的发展已经将包豪斯呼吸的空间基本排除了。从纳粹的观点看，包豪斯是犹太马克思主义的艺术观念最显眼的据点之一。比所有种类的艺术都要低劣得多，只能断定它是一种病态。他们的论据当然很多，虽然未必都具有正当性，比如他们认为平屋顶不适合德国所处的北方气候，是亚热带地区的产物，是东方化与犹太化的，但包豪斯的建筑坚持使用平屋顶设计，这就证明了包豪斯持有异心。

尽管凡·德·罗曾在呼吁希特勒当选的名单上签字，但希特勒真的上台之后，包豪斯还是逃不掉似乎是命中注定的厄运。1933年4月11日，在魏玛共和国被终结2个多月之后，包豪斯也被终结了。警察和纳粹特遣队占领了包豪斯，逮捕了32名学生。在学校被查封4个月后，纳粹曾想给包豪斯一条生路，但前提是作为社会民主党党员的建筑师希尔伯西默和具有很危险思想的康定斯基必须被开除掉。但凡·德·罗还是在8月10日给全体学生发出一份传单，宣布校方在最后一次会议中决定解散包豪斯，因为包豪斯在经济上陷入了难以拯救的困境。

包豪斯的教员和学生就此作鸟兽散，许多人流走美国，格罗庇乌斯在1937年流亡到美国，出任了哈佛大学建筑系的教授，最后于1969年在波士顿逝世。凡·德·罗1938年移居美国，出任伊利诺伊州理工大学建筑系系主任，1969年在芝加哥去世。

到达美国的包豪斯人以美国强大的经济能力为依托，在后来发展出国际主义这种新的风格。而在德国国内，包豪斯的学生马克斯·比尔于第二次世界大战后在乌尔姆创办乌尔姆造型学院，其最主要特征是将设计以前在艺术和技术之间摇摆不定的立场坚决地转移到科技的基础之上，但在初期它沿用了包豪斯的办学模式，聘请的老师也和包豪斯有很多关联，到20世纪五六十年代成为世界上影响最大的设计院校。

包豪斯存在的14年时间里，共有学员1 250名，同时在校就读的学生平均只有100人左右。但它在理念与设计两个方面都奠定了欧洲现代设计教育的体系和原则。

德国的产品及服务都非常注重通过设计体现出更好的文化品质

包豪斯的诸多教学方法、诸多设计成果和诸多产品在今天看来，肯定是寻常之物或平凡之举，人们早已习以为常，视为天经地义一般，但是回到90多年之前，它们要横空出世，需要包豪斯人拿出挑战传统的巨大勇气，并具备迎接未来的无穷智慧。

康定斯基和克利分别尝试了各种方法，从意识与无意识两个方面去分析艺术性创作的基本问题，并寻求了它们与人类经验的关系，特别是他们对色彩心理学和几何形状的运用进行了精妙的研究，皆被奉为20世纪设计教育的最高典范。

被看成是设计界20世纪出版领域重大成果的《包豪斯丛书》1925年开始出版，到1930年共出版了14期。康定斯基的名著《点、线、面》在第九期出版。克利的《教学笔记》、格罗庇乌斯的《国际建筑》、蒙德里安的《新造型》、杜斯伯格的《新造型艺术的基本概念》、纳吉的《绘画、摄影、电影》都在相关领域提出了他们的真知灼见。

威廉·瓦根费尔德和卡尔·J.容克1924年设计的台灯带有玻璃灯座和由乳白色玻璃制成的白色灯罩，其外形是基本化和样品化的，也被直接地称为“包豪斯灯”，它是功能主义的一个象征。创作者将其最优秀的特征归结为“无要求的”、使用的、物美价廉的和令人满意的日常用品。

马歇尔·布劳耶1925年设计的钢管椅发动了一场成功的形象运动，他选用钢铁和铝作材料，在满足极大的静力学要求的同时还特别地轻，而滑板式的造型也提高了坐椅的可搬运性，称得上是功能主义的精髓和现代主义的标志。他在两年后又设计了木制悬臂椅，用编织物包住支架，将钢铁冰冷的严肃与木头的家具感完美地结合在了一起。

在施托茨的指导和康定斯基抽象艺术的影响下，织物作坊制造出按照非实物形象、通常是几何形态的模式织出的地毯，很快占领了市场。

印刷作坊在使平面设计方式从传统的手工艺操作方式转向了机器工业方式方面取得了很大的进展，它提高了印刷的效率和质量；在文字设计和版式设计这一印刷的重要环节上进行了革命性的改革；探索了摄影在平面设计中的应用，强化了设计的视觉冲击力。

包豪斯也可以说是只用纯小写字体这个概念的化身，由于德文语法的规定，大写字母出现的地方特别多，而且当时的德文印刷品还在使用带着衬线的哥特式字体，赫伯特·拜尔认为它们都纯属多余，因为它们缺乏解决问题的直接性和经济性，他积极开展了字体设计试验，设计出的Universal字体塑造了一种更加清晰的形象个性。他作为大师的第一个举措就是在1925年将垂直书写的“Bauhaus”校名悬挂在德绍新的教学楼外面。

布朗特1926年设计了带拉拨装置的吊灯，因其自身简单的构造和功能化成为现在许多餐厅吊灯的典范。她还设计了能在轨道上移动的壁灯，设计了支撑架能弯曲、能左右摆动的756台灯和702卧室台灯。她创作的包括奶油瓶、糖果罐、烟灰缸在内的70件作品，大多数都选用钢铁来做材料。

格罗庇乌斯在1926年设计了包豪斯的德绍校舍，是一个符合现代室内设计原理的典范，它包括教学区和作坊区，1个剧场、餐厅、1个健身房、28个画室套间，楼顶还有1个屋顶花园，由于运用了不少新材料和新工艺，只花了1年多一点的工期就建成投入了使用。格罗庇乌斯使用了钢筋混凝土的结构框架，用中空的预制板架在梁上做地板，在技术设备和制冷工程方面的所有细节上都作了细致的推敲。

墙纸生产商Rasch公司1929年与包豪斯合作研产墙纸。约瑟夫·阿尔伯斯和约斯·施密特的设计成果是150多种不同的墙纸，有14个大类，每种有5～15种不同的颜色，其无光的表面和精细的线条、网格、斑点所体现的风格是与功能主义相一致的，而且无须剪裁就可以直接粘贴。它们非常受市场欢迎，即使包豪斯后来被关闭了，但包豪斯的名字仍然被留作了产品的品牌名称，这是当时唯一的一个例子。

……

总而言之，包豪斯的创新之旅强有力地显示出机器的效率和艺术的意味的联合，创造了一种全新的、真实的现代艺术。如果说德国文化也毫无争议地在设计领域不断掀起过时代风云的话，那么，包豪斯就是这一路雄伟大军中的先锋骑士。

柏林一家大型商场的建筑与广告设计

Deutschland
Kennen und Lieben

第9节　海德堡　科隆

德国的浪漫派—通往天国的教堂

德国的浪漫派

对浪漫的定义是多种多样的。

早在1797年，弗里德里希·冯·施莱格尔在给哥哥奥古斯特·威廉·冯·施莱格尔的信中就提到："我对'浪漫'一词的解释不太好寄给你，因为有125张大开纸那么长。" 我们须知，他所说的125张大开纸相当于2000页。著名思想家伯林1965年春在美国华盛顿图书馆梅隆系列讲座上作了关于浪漫主义的脱稿讲座。他认为浪漫主义实在是一个危险和混乱的领域，关于浪漫主义文学的著述比浪漫主义文学本身还要庞大，而关于浪漫主义定义的著述又比关于浪漫主义的著述还要庞大，呈现一个倒金字塔结构。

无论怎样，我们今天所理解的浪漫，总是和凡常相对而言的，是从凡常出发，对凡常的一种突破和背离，而我们对这种突破和背离基本上持一种认可乃至赞赏的态度。

一般人理解的浪漫，很可能是外在的，是有关生活行为的，甚至是和衣着打扮联系在一起的。所以，提到欧洲国家，他们首先想到的是法国的浪漫，是浪漫的法国，是它的时装和香水。头一次去德国的时候，要在巴黎戴高乐国际机场转机，在它的候机厅，就布满了香水商店，整个厅内空间似乎都为香水味所充溢，那些在厅内流动的法国女郎也多半是酥胸微露，向外发散出较重的体味和香水味混合的气息。可以说，那确实是浪漫的，属于浪漫的一种，但是有些腻，很快让人觉得腻。所以，当我后来在那里登上飞往维也纳的飞机，在飞机上看到那些来自奥地利的空姐，心里的感觉反而要温馨得多，因为他们穿着大红的、基本将脖子都遮蔽了的制服，表情很纯朴，像阿尔卑斯山间自在自为却又不失灿烂的野花。那里面也蕴含了一种浪漫，却是内在的、德意志式的浪漫。

准确地说，必须这样去理解德意志的浪漫——它首先是而且主要是生命存在方式的浪漫，而不是生活方式的浪漫，当然也可以包含一定的生活方式的浪漫；它首先是而且主要是内在的浪漫，而不是外在的浪漫，当然也可以包含一

卡尔·斯皮茨威格所绘《周日漫步》里的德国人

在德国游历中拍到的德国人

定的外在的浪漫。在德意志的这种浪漫之外的其他种种浪漫，因为其是那样的浅显，就显得非常容易理解而且已经被许多人轻易地理解了。

对于感受德意志式的浪漫，海德堡是一个非常适宜的城市。因为海德堡常常被首推为德国的浪漫城市，但它的浪漫不仅仅体现为一种实体景观，还同时体现为一种精神传承，是美丽自然、悠久历史与深永独特的精神内涵的完美结合。

海德堡之所以是浪漫的，还与它是德国文学史上著名的浪漫派的重要据点之一密切相关。

浪漫派是德国文学史上最为复杂也最引起争议的构成部分，也可以说是最具有德意志民族特色或德意志国家特色的文学运动与文学派别，它的存在与歌德、席勒为代表的德国古典文学在时间上大致是重叠的，同与古典文学形成重大区别的对同一时代的现实所作出的另外一种美学反应形式。

德国的浪漫派强烈地在它之前的启蒙运动用理性来统辖世界的一切的做法，认为启蒙运动如果还没有将世界完全颠倒的话，也肯定将世界拉得过度的倾斜，现在，需要他们将这个不正常的世界尽快地扶正过来了！几乎所有的浪漫作家都崇尚整体主义，也就是要把被理性所分割的世界和被肢解的人重新归于它们本有的整体上去。于是，在浪漫派那里获得的整体，不再只有理性，当然，也不会不再有理性，或者说也不会只存在非理性。他们并没有排斥理性，只是强调了之前被理性所排斥的东西，强调了不为理性达到或不为理性所理解的东西。也可以这样理解：在浪漫派那里获得的整体，也就是生命本身。德意志人从来都对生命本身的原初性、完整性及因之蕴涵着的最丰富和最强大的人的力量加以崇拜，因而，那种偏执的启蒙运动，甚至是古典文化在德意志历史舞台上并没有赢得太久长的演出时间，浪漫派很快看到了它们偏离了德意志性的主要驱动方向，起而纠正那种偏离。

因此，可以更加准确地讲，浪漫派不仅仅是一个文学运动，是一个文学史上的阶段，对于德意志而言，它的意义要比其他文学运动更加深刻、更加奥妙，它也是对德意志性的第一次集中认识，是德意志人对自己所属的民族性格空前的觉悟。

至于浪漫派和古典文学的具体区别，首先体现在时长和作家人数上，古典文学作家主要就是歌德和席勒，其起点在1794年，其终点如果以席勒去世算，到1805年为止，如果以歌德去世算，到1832年为止。浪漫派作家多达几十人，其活动期大致从1796年到1850年。另外，古典文学注重形式完美，遵守传统的艺术规则，浪漫派偏爱片段化和混合形式，幅度跳跃大，许多名著仅是残篇。古典文学讲究注重事物的客观性，寻求理性和感情的平衡，浪漫文学强调主观真实，推崇自由的想象力。古典文学关注普遍人性，没有地域限制，浪漫文学则体现出明显的本土风格和民族性，素材多取自中世纪德意志的历史和传说。

一般将浪漫派分为早、中、晚三个时期。

1796年至1804年是浪漫派的耶拿学派阶段，该阶段的主要人物有瓦肯罗德、蒂克、让·保尔、诺瓦利斯、奥古斯特·威廉·施莱格尔、弗里德里希·施莱格尔、施莱尔马赫，他们的刊物是《雅典娜圣殿》，他们首先提出了浪漫派的文学纲领和思想主张，同时收获了丰富的文学创作成果。

中期浪漫派包括海德堡浪漫派和柏林浪漫派。

从1804年左右到1810年左右，浪漫派进入了海德堡时期，布伦塔诺、雅各布·格林、威廉海姆·格林、阿尔尼姆、戈尔勒斯、贡德洛德、舒伯特是主要的人物，另有晚期启蒙运动参与者福斯、格勒斯以及霍夫曼、克莱斯特、克劳斯等人，也以不同的立场介入其中，他们的刊物是《隐士杂志》，他们是在突出的民族主义背景前开展活动的。

浪漫派的柏林时期存续于1809年至1815年，恩施、沙米索、纽曼、科列夫、希齐斯是主要的参与者，霍夫曼、克莱斯特、魏尔纳等人也加以呼应，他们的刊物是《诗神年鉴》，他们比耶拿浪漫派奉献出了更多的文学创作成果。

施莱尔马赫

弗·施莱格尔

艾兴多夫

诺瓦利斯

1820年到1850年存在的是晚期浪漫派，这时，已经没有早、中期那样明显的中心或显赫团体，而主要由多个同质小团体来承载其存在。其中的施瓦本浪漫派，乌兰德、豪夫、默里克、克尔纳等是主要参与者。莱茵浪漫派致力于普及浪漫诗歌。蒂克在德累斯顿组织的团体则积极探索叙事文学的形式。弗·施莱格尔建立的维也纳浪漫派主张以宗教为基础的生命内在发展。晚期浪漫派最突出的特点是散发出明显的天主教气息。

瓦肯罗德和蒂克可以被称为德国浪漫主义的开山鼻祖。

因为伤寒病，瓦肯罗德只活了不到25岁，他的《一个热爱艺术的修士的内心倾诉》被弗·施莱格尔评价为“总体上最美的东西结合在一起”。他1793年进入了埃尔兰根大学法律系。

1773年夏天，瓦肯罗德和蒂克结伴，在埃尔兰根所在的法兰肯地区进行了一次长途旅行。这两位在柏林长大的青年，沿途看到了德国历史、自然风光和中世纪艺术，使他们眼界大开，亲身感受到中世纪远非启蒙运动描绘的那样黑暗阴沉，无论是它的历史还是它的艺术，都散发出朴实自然的迷人风采。他们因而相信，艺术的关键不在于外部条件，而在于内心的艺术情怀和艺术激情。从那时起，他们两人面对艺术之时也会产生如同面对神一样的感情，而且他们敏锐地觉察到，他们为之热血沸腾的艺术不是以古希腊艺术为范本的，而是扎根于德意志自己的土地上的创意之作。

蒂克和瓦肯罗德情如手足，亲如兄弟。瓦肯罗德生前出版的《一个热爱艺术的修士的内心倾诉》，是由蒂克撰写的前言，并写作了其中的三篇文章。瓦肯罗德去世之后，蒂克还整理了它的遗稿，并加上自己的同类文章，于1799年以《献给艺术之友的艺术幻想曲》予以出版。

浪漫派的理论基础是由诺瓦利斯和弗·施莱格尔奠定的。

毫无疑问的是，诺瓦利斯在所有浪漫派作家中具有最深刻和最精湛的哲学素养。可以说，浪漫主义的宣言是由诺瓦利斯来公告的，他如此写道：“世界一定要浪漫化，唯其如此才能发现世界的真义，浪漫化就是质的倍增，在质的倍增中低级的自我升华为高级的自我……我赋予卑微以高深，俗常以神秘，已知以未知的威严，有限以无限的灵光，这样我就完成了浪漫化的过程，反之亦然。用这种方法也会使高深、未知、神秘、无限变化……得到流行的表达。这就是浪漫主义的语言，升华贬抑，相互转化。”

施莱格尔兄弟被看作是浪漫文学运动的“双星子”。弟弟弗·施莱格尔在耶拿的家事实上成为了耶拿派作家们的大本营。1798年，他俩共同策划编辑的《雅典娜神殿》杂志横空出世，宣示了一种新的美学原则的诞生。

《雅典娜神殿》因为出版技术等方面的原因，只出了3年共6期，多数为施莱格尔兄弟所作，诺瓦利斯、施莱尔马赫、布林克曼、蒂克

海德堡全景

的妹妹等也踊跃投稿，其体裁包括了谈话、书信、诗歌、游记、思想片断、译文、书评和论文等。他们研究了许许多多的问题，提出了许许多多的新观点，事实上从总体上构成了有关浪漫文学的美学理论体系。

奥·施莱格尔作为一个杰出的翻译家，对德国和外国的文化交流以及在欧洲传播德国浪漫主义发挥了独特的作用。1797年，30岁的施莱格尔发表了他的莎士比亚德译本第一卷。他的莎士比亚德语翻译，逼肖其真，智妙入神，在他之前，不论在德国还是其他地方，都没有人尝试过用诗体逐行翻译莎士比亚的诗歌作品。除了翻译莎士比亚外，施莱格尔还翻译荷马的断简残篇，翻译希腊哀歌作者、抒情诗人、牧歌诗人和戏剧家的作品，翻译几乎所有罗马诗人和意大利、西班牙、葡萄牙诗人的诗歌，甚至后来还找来印度诗歌作品加以翻译。

弗·施莱格尔一生的夙愿，是“不仅要像路德一样传教和争辩，而且还要像穆罕默德一样用语言的火剑来征服世界上的精神王国” 。他对古典文化的修养达到了非常高的水准，甚至被人称为“希腊崇拜狂” 。在温克尔曼《古代艺术史》的激励下，他写出了《论希腊诗各流派》《论希腊人和罗马人》《论共和主义的概念》等高质量的论文，并发誓要成为“文学中的温克尔曼” 。

弗·施莱格尔非常不满于启蒙运动和机器文明时代的从根本上分裂人的思维方式，他大力抨击理智之泛滥是一种明显的时弊，他转而主张诗要与人生合一，理智必须和其对立面即天才结合在一起，才会构成完整的思维方式。那些肢解整体，规定各门各类之间不可逾越的界限的做法都应当加以摒弃，取而代之的将是浪漫诗即一种总体艺术，哲学、修辞学、批评等都是其中的成分，其基本方法即反讽，其思维方式具有非系统性和不确定性的特点。

而海德堡派的作家们各擅其长，但有一个共同特点使他们一起闪光，那就是他们都有一个急迫的心情与共同的愿望，即强化自己民族的精神，在排斥法国文化和否定法国大革命的同时，不遗余力地发觉和宣扬德意志的民族文化。他们没有过多地纠缠于理论的争论，而努力于直接让自己的作品去面向大众，去接近读者。由于他们认为德意志民族精神集中体现在中世纪，因此在整理德意志古代文学和民间文学方面贡献最大，还造就了艺术民歌这一种浪漫主义文学的形式和奠基了日耳曼学。

克莱门茨·布伦塔诺在耶拿学医时，结识了施莱格尔兄弟，并跨入了浪漫派作家的圈子。他的第一部小说《哥德维》，其中的插曲《罗累莱》和一些歌颂爱情的诗歌不失为精品，被认为水平超过了蒂克和施莱格尔。而作为一个优秀的浪漫派诗人，布伦塔诺被称为尼采、海涅、霍夫曼斯塔的先驱和表现主义、象征主义等现代派文学的先行人。他19岁开始写诗，其现存的上千首诗歌具有独特的意象、形象和形式，尤其深受民歌风的熏染，从民歌之中去吸取营养，将民歌的朴素语言和自由的格律消解那些高雅的格律诗带来的束缚和限制，从而造出融民歌艺术化和抒情诗民歌化于一体的崭新诗风。

布伦塔诺还和阿尔尼姆一起为德国民歌的收集作出了不朽贡献。他们结伴畅游了莱茵河，而后再游瑞士、荷兰、法国和英国。他们收集的民歌以《少年神奇的号角》的面目面世，共收入723首诗歌，他们创作的起止时期从中世纪直到他们当时的19世纪初，甚至包括一些他们自己创作的诗，其体裁和题材有圣歌、小曲、爱情诗、漫游诗、豪饮诗、童谣、叙事诗、赠别诗等，他们将这些诗歌按照他们的编辑方针加以处理，从而使它们有一种较为统一的民歌体风格，呈现了朴实、单纯、格律严整的特点，又依然可感浑然天成之美。

圣灵教堂

海德堡老桥的雅典娜塑像

他们之所以要这样积极收集整理民歌，表层意义是挖掘整理德意志文学遗产，实质上着眼于更远大的目标，那就是要通过它们，唤醒德意志的民族记忆，再现一个浪漫化视角看去的理想的德意志世界，尤其是面对法国入侵的形势，要让散居在各邦国的德意志人对他们的文化根脉有一种统一的认识，并因之激发起民族自强的热情。

格勒斯是海德堡圈子里年纪大、阅历多的一位，可谓是海德堡浪漫文学的思想导师。他发现了中世纪民间文学的价值，并始而研究德意志古代文化，收集古民歌和民俗资料。1807年出版了《德意志民间读物》，日后又出版了《古德意志民歌》。《德意志民间读物》、格林童话和《少年神奇的号角》三足鼎立，是德意志民间文学的瑰宝。他在1814年推出《莱茵信使》，号召人们起而抗击法国入侵。《莱茵信使》影响力之大，竟然让拿破仑以“第五盟军”称之，斯特芬斯说，从未有一份杂志有过如此强大的威力。

海德堡浪漫派还在童话领域为德意志人开辟了一个美好世界。童话是最古老的文学表达形式之一，德国的童话也有着非常悠久的形成和发展历史，但是一直被文学边缘化，尤其是它受启蒙主义者唾弃，他们认为童话的神秘色彩和奇幻因素是理性不能相容的，属于“无稽之谈”。但是，浪漫派作家们在童话那里看到了浪漫主义文学的最佳体现形式，它可以提供最自由的想象空间，能够表达最神秘的渴念，帮助从有限到无限的过渡。

浪漫派作家们几乎都存在或多或少的童话情结，耶拿派的蒂克所创的《金发爱克贝特》，是浪漫主义时期艺术童话的首部杰作。柏林派的霍夫曼创作了《金罐》等7篇艺术童话，主人公多重性格的写法特别引人注目。而海德堡浪漫派的格林兄弟，则收集整理出《格林童话集》，建立起德国浪漫主义时期的另一种童话文学范式。

1806年开始，格林兄弟开始深入民间搜集民间童话，历时6年，足迹踏遍莱茵河流域和黑森地区。现在德国旅游部门推出了一条绵延600公里的“童话之路”，南起美因河，北抵北海，沿途经过金兹格河谷、库尔的森林地区、卡塞尔西南部丘陵、威悉山区、北德低地平原，路经70多个城市和村镇，每年都要接待过百万游客。该线路的设计就是为了纪念格林兄弟的卓越功勋，并于1975年在卡塞尔古老的市政大厅推向市面。

《格林童话集》原名《儿童与家庭童话集》，是格林兄弟汇集古代文献和抄写口传民间故事编辑而成的民间故事集。格林兄弟在1812年出版了包含86则故事的《儿童与家庭童话集》初版第一卷，1815年出版了包含70则故事的《儿童与家庭童话集》初版第二卷，到1857年出版的第七版，也就是格林兄弟生前最后修改过的版本，《格林童话集》包括了200多篇故事。如今，《格林童话集》已被160多种语言翻译出版，成为仅次于《圣经》的在世界上流传最广的文学作品。

除了《格林童话集》，格林兄弟还编著了其他一些民间文学作品集。1816年和1818年出版了《德国传说》两卷，共收585篇作品，第二卷的历史成分更多一些，有不少历史传说，《汤豪塞》《罗恩格林》就在其中。1829年，威廉·格林出版《德国英雄传说》，1835年，雅各布·格林出版《德国神话》。

格林兄弟对德意志文化的杰出贡献还在于对德语的研究。雅各布在1819年到1837年间，出版了四卷本的《德语语法》，他以一个人之力对语言学的贡献，被海涅认为是超过了黎塞留创建法兰西学院以来200年间所有院士的成就。因此成就，当1846年德国日耳曼学者大会在法兰克福召开之时，雅各布·格林当选为首任主席。

描绘格林兄弟收集民歌的绘画

晚年期间，格林兄弟先后辞去教职，潜心于编撰《德语词典》这一他们“毕生最浩繁的工作”，旨在囊括马丁·路德以后所有德语词汇，但他们耗时20余年只编定26个字母中的5个半，直到1961年，沿着他们定下的规模和体例，柏林和哥廷根的两个编辑中心才一起合作完成了这一巨作。

作为后期浪漫派的代表人物，艾兴多夫与布伦塔诺并称最后的诗人，作为一位有建树的政府官员，艾兴多夫主持了但泽的玛利亚堡和著名的科隆大教堂的重修工作。

艾兴多夫的诗歌受到歌德、诺瓦利斯、蒂克和布伦塔诺等人的影响，同时他特别注意向民歌学习，因此诗风清新流畅，容易入歌，受到许多作曲家的喜爱，艾兴多夫也因而成为了德语诗歌历史上作品被谱曲最多的诗人。

今天，去海德堡的哲学家小径，人们可以看到艾兴多夫的塑像。

去海德堡旅游，最好去登一登位于海德堡主街的圣灵教堂的塔楼，那里的位置非常好，可以将环绕着它的海德堡美景尽收眼底——老桥就坐落在教堂正北不远处，内卡河从其下穿流而过，河北是海拔440米的圣山，位于其间的哲学家小径隐约可见。背后是海拔568米的王座山，它是海德堡的最高峰，山顶建有的海德堡天文台是德国5个天文观察站之一，而在连接古堡和圣灵教堂的视线上，海德堡大学图书馆顶端金色的神像雕塑反射着迷人的光泽，会诱走你的一部分心。

你所看见的，都是为浪漫浸泡了数十年、上百年、数百年之久的景物，它们永远与浪漫同在。

清晨，一条狗行过海德堡老桥。也许，各类有生者都会在海德堡感到非常温馨舒适

通往天国的教堂

到欧洲游历，不可不观赏它的教堂，如果你对世界的看法总还保留着一些神秘的因素，你面对教堂，就不仅仅是把它们当作一种建筑类型去欣赏，而是让自己的心进入教堂那种特异的空间里，在其间沉浸，让自己的灵性在那里得到复苏与升华，让自己的生命在那里体验到通往天国的愉悦。

德国当然可以为我们提供一次庞大的、丰富多彩的、震撼人心的教堂之旅。

西欧宗教建筑的样式变化，主要经历了这样几个阶段。

首先是罗马式教堂盛行于公元10至12世纪期间。德国境内的斯派尔大教堂是欧洲面积最大的罗马式教堂，地下室葬有1039—1309年间去世的8位日耳曼皇帝。由于罗马式教堂的修建处于早期的教堂修建时期，它们主要是为教会和国王、贵族服务，因而集中代表了宗教、行政和经济权利，并构成城市当时的中央功能区。

这种建筑典型的特征是：墙体沉重厚实，墙面上开户开窗均用圆拱形；采用“西面构建”，西立面上建立一到两座尖塔钟楼，有时也建筑“四聚塔”并在其上设钟楼，西立面设置正门，门中建筑多层同心圆拱，上面排列精美雕塑。

罗马式教堂的美学特征是厚重幽暗的，充满了神秘性和肃杀的感觉，总体形式上强调稳定的水平性，装饰缺乏细节和色彩，而且造型能力比较弱。高度受限和采光不足构成它的两个最明显的弊端。

而到了哥特式建筑的盛行期，大量为平民服务的教堂开始兴建，我们现在看到的哥特式教堂多为当年的平民教堂。哥特式教堂以明显向外开放扩张的艺术姿态表现了得之于宗教信仰的善良、温柔甚至喜悦之情。它的地基是十字形状的，建筑骨架由飞拱扶架和支撑石柱组成，主厅和侧厅宽大高深，尖顶、尖门、尖

拜罗伊特三一教堂

窗，富丽的窗花阻止光线直入，使教堂呈现半明半暗的效果，尤其适合祈祷气氛之所需。教堂内的雕塑人物又细又长，塔楼更高更瘦，装饰上富于细节和色彩，而且艺术造型力大大增强。哥特式教堂整体感觉是轻薄明亮的，突出垂直向度的具有强烈飞升效果的建筑形式，追求着超越感和神启的灵性。

哥特式在1230年至1550年期间流行于德国。在1510年至1630年期间，是文艺复兴式流行德国。文艺复兴式样最早在南部的奥格斯堡落户，这种样式在支柱、半露柱、山花、横向顶梁等方面吸收了古希腊建筑成分，教堂内顶部绘有反映《圣经》内容的图画。

文艺复兴式之后，是巴洛克式样。巴洛克是罗曼语“不规则的”的意思，表示独特、任意、个别。巴洛克文化始于17世纪初，在1770年左右消亡。1720年后又称洛可可文化。巴洛克式在德国的流行时期是1600年至1750年。

巴洛克风格的阿杉教堂内部

巴洛克文化的基本特征是节庆喜庆的、华丽的和情感放纵的。建筑上则体现为细节具有戏剧性夸张和形式上的反差，顶部是葱头样，山形墙镶嵌复杂的装饰，支柱采用螺旋形，楼梯的意义和功能得到强调。

巴洛克建筑的主要代表是意大利，而在德国，巴洛克式主要在南部天主教地区盛行，是对之前那些相对严厉的风格的反叛，也与当时物质生活较富裕有关。而且，巴洛克教堂也是欧洲反宗教改革运动的一个重大手段，反宗教改革的阵营希望找到一种新的更加具有传染力的形式，以教堂装饰的富丽皇堂来冲击新教教堂的简朴风格，通过眼花缭乱的视觉形象去捕捉和征服更多人来皈依天主教信仰。

洛可可样式更走向了一种过分讲究和过分夸张的地步，它最早出现在法国，具有轻盈纤细、华丽烦琐的装饰性等特点，喜欢用C形、S形或漩涡状的曲线，用色偏向柔和清淡，基调苍白，缺乏明显的色彩界限。洛可可建筑在德国可以以波茨坦的无忧宫为代表作。

接着是充分利用几何立体形状的古典式风格登场。它在1770年至1850年流行德国，其中有一个特别的诱因，那就是战胜拿破仑之后，为了纪念德国解放战争的胜利，各地纷纷修建纪念碑、凯旋门一类建筑，古希腊风格的庄严宏伟与这类建筑的目的一拍即合，因此备受青睐。

在上述各种样式中，最能体现德意志民族心理的是哥特式。

哥特式起初是文艺复兴时期的意大利学者用来对一种所谓野蛮风格的称谓，那种风格存在于中世纪晚期即在12—15世纪期间，其空间在阿尔卑斯山以北地区。“哥特”有粗野怪诞之义，是历史上的哥特人留给意大利人的深刻印象。

哥特风格在当时渗入到各种艺术和各类事物之中，从勺子到鞋到教堂都能看到哥特式的展现。而哥特式教堂的主要分期为：1140—1200年，在巴黎附近开始了修建哥特教堂的初步尝试；1200—1260年，进入哥特教堂的鼎盛时期，法国沙特尔教堂、兰斯教堂和亚眠教堂是其中的杰作；1260—1300年，哥特教堂的建设处于辐射式时期，更加注重线条和通透效果，以圣乌尔班教堂为主要代表；15世纪后期，火焰式则成为了哥特教堂建设的主流，教堂的墙面、尖塔和门廊，尤其是门廊部位，曲线装饰好似火焰，闪烁摇曳。

哥特式的基本特点，其实就是针对罗马式的明显弊端进行了革命性的创新。它首先是以尖拱顶，骨架、飞扶壁等结构元素作为介质，特别是尖拱取代圆拱之后，拓展到比圆拱更大的净空，教堂因而可以修得更高，空间修得更深更阔，并形成了一种非常明显的飞升效果。还有，它极大地解放了墙体，墙壁现在完全可以把主要的功能让位给玻璃画去发挥了。这时，“光”这一元

柏林大教堂

素，就不仅只是更好地从物理上得到了更好的应用，而且其象征意义得到了最为充分和最为精妙的挖掘和发挥。

哥特风格在当时具有很强的国际性，几乎遍及欧洲。它首先产生在法国，首座哥特式是絮热主持修建的圣丹尼斯教堂。但是，哥特式是在德国得到了最极致的发挥的，从中培养和提炼的所谓哥特精神，也成为了德意志性的一个经典体现。

歌德一度对哥特式过于烦琐的装饰不满，后来也转变了态度，将哥特式看作祖国形象最美的化身。

歌德1770年去斯特拉斯堡大学学习期间，为了增进健康，进一步改善自己的抑郁症状，他积极参加一切体育锻炼，其中就包括攀登哥特式的斯特拉斯堡大教堂。他在《诗与真》中回忆道："我独自一人登上了大礼拜堂尖塔的最高处，在塔顶或人们所说的冠塔下的所谓'颈部'坐上一刻来钟，然后才敢重新走出来接触新鲜空气，勉勉强强地站在一块几乎只有二尺见方的空地上，眺望远处，无尽的大地尽收眼底，而四周的景物和装饰品则把教堂和我脚下的一切都遮盖了起来。这时候的情景简直就像一个人坐着热气球升向太空。在我完全适应之前，我反复经历了这种恐惧和痛苦。"

多次的攀登使歌德对斯特拉斯堡大教堂了如指掌，并生出了亲密的感情，在他看来，它是德国艺术伟大的纪念碑，对他本人来说好像一次新的启示。1773年，歌德终于按捺不下对斯特拉斯堡大教堂的丰富感受，他写出了《德国的建筑》一文，对斯特拉斯堡大教堂大加赞美，"应该感谢上帝，我们终于可以大声宣布，这就是德国的建筑"。

乌尔姆大教堂

斯特拉斯堡大教堂是19世纪之前全欧洲最高的教堂，现在位于法国境内。但是，在德国境内，我们还是可以看到另外两座最有德意志代表性的哥特式建筑，一个是乌尔姆大教堂，它是世界单塔教堂的第一高；一个是科隆大教堂，它是世界双塔教堂的第一高。

乌尔姆大教堂始建于1377年，整个建筑完成共用了超过500年的时间，1890年终于完工。每块石头上的标记，用切削工具雕刻上去，表示该石块捐赠者的名字。教堂内有著名的以色列窗，这扇彩绘玻璃窗位于旨在纪念种族灭绝大屠杀中遇难犹太人的西门上方。通过768级台阶，能够登上大教堂143米高的观景平台，从那里可以观赏到黑森林地区，观赏到斯瓦比亚侏罗纪山脉，如果天气特别晴朗的话，甚至可以远望到阿尔卑斯山。

科隆大教堂的修建也是一波三折。它所在的科隆教区始创于公元4世纪，在今日科隆大教堂的地址上，曾修建了一座长约95米的加洛林式教堂，它于公元870年被祝圣。1164年，神圣罗马帝国皇帝巴巴罗萨从米兰夺到著名的“三王圣骸”圣物，并将它们转赠给了该教堂。在中世纪，三圣王被看作是王权的最早典范，因此，谁拥有三圣王的遗骨或遗物，就意味着他拥有最高的统治地位。科隆这个教堂安放了西方世界最大最奢华的圣体匣——“三王圣骸”金棺，重要的主教和圣人的陵墓也被安置于此，它也就成为了一个中古世纪最重要的朝圣地之一。1248年，大教堂会议决议兴建一座堪与主教堂座和朝圣地相称的新教堂，于是今日可见的科隆大教堂开始其漫长的建筑之途。但是，工程极其巨大，即使科隆是当时全欧洲继巴黎和君士坦丁堡之后的第三大的城市，它也力不从心，奇迹的实现始终遥遥无期，甚至到了1560年被迫中断。绘制于13世纪的设计图纸也在1814年遗失。

科隆大教堂，前面显现为阴影的部分是塔顶十字花部分的实际尺寸仿制品

1800年后，德国的浪漫派重新评价中世纪历史，对往昔时光、古建筑和古老传统充满了强烈的好奇。而热情的民族主义者更是希望能最终建成科隆大教堂，体现德意志民族的统一意愿。而遗失了的图纸也在那时候天如人愿地被重新找回。继续修建科隆大教堂，顿时成为了德意志热情关注的一个焦点。许多著名的思想家和文学艺术家都出来鼓与呼。于是，普鲁士国王威廉四世发布了续建许可令。续

建的费用，有的来自大教堂税收，有的来自大教堂兴建协会和个人的捐赠，有的来自专门发行的彩票收入，有的来自普鲁士政府的补贴。1842年9月，举行了续建大教堂盛大典礼，威廉四世在讲话中称，最终完成科隆大教堂的续建工程，将成为德国统一的象征。就这样，有赖于德意志的整体力量，这座巨型丰碑才得以在1880年完美无瑕地呈现于世人面前。

科隆大教堂总面积达8 400平方米，宽86米，长144米，中厅宽12.6米，净空高突破到了45.7米，塔身上更不厌其烦地重复着无数的尖拱、尖棘和小尖塔，强化着飞升突刺的印象。其双塔达到的高度是157米，使科隆大教堂成为了当时全世界最高的建筑，直到1889年后才把这项纪录让给了埃菲尔铁塔。

从开工到竣工，科隆大教堂建了632年，当一些部位尚处在新建或待建阶段时，一些已建成部位却又到了要维修或补建的时候了。第二次世界大战时，它先后遭到14枚航空炸弹、19颗榴弹以及无数的燃烧弹和碎弹片的袭击，但是它仍在90%以上面积化为瓦砾的科隆市区中顽强地挺立了下来。据说，当时有不少曾受惠于科隆大教堂的流浪汉拼命将教堂的彩色玻璃窗卸下来转运到安全地带，以免它们毁于炸弹袭击，盟军的飞行员在空中看到了那样的动人情形，生了恻隐之心，手下留情，才使科隆大教堂没被完全炸坏。

无论是何种样式的教堂，我们在利用视觉去赏识和体验它们的同时，还应当充分利用我们的听觉去赏识和体验它们。听觉的方式，就是听教堂的钟声和听教堂的圣乐。

科隆大教堂前广场一景

科隆大教堂前广场一景

海德格尔曾专门写出《教堂塔钟的奥秘》，为教堂钟声讴歌，“神秘的会聚之地，在这会聚之地中，宗教节日，重大节日前的日子，四季的转换，晨曦泛起的时刻，正午的时光，傍晚时分，日复一日，交合接转，常常是一声钟响，百味杂起，穿过年轻的心绪、梦想、祈祷和游戏。为了始终能变易不居地惠赐，也为了始终能崭新地惠赐，直到最后的声声钟响惠让出存在的山脉，这会聚之地想必是把那教堂塔钟最迷魅、最神圣与最持留的神秘一体地遮蔽起来。”

著名的军事哲学家克劳塞维茨也爱钟，他写道“……因为钟作为宣告我们祈祷的崇高的声音，没有什么比它更接近基督教所产生和培植的感觉了……基督教礼拜的这一部分和所有其他重要的部分，都是以一种极为纯真的感情为基础的，以致人们对那位在人类的绝大部分中唤起这种感情的奠基者的伟大，不能不表示钦佩，特别是因为这是在一方面是虚假的宗教信仰，另一方面是野蛮的粗暴使人类最远离这种感情的时期实现的。”

而音乐与教堂的关系也是水乳交融和血肉相连的关系。基督教不仅在创作方面，而且还在传播方面给予了古典音乐深厚的恩泽。中世纪到18世纪以前的作曲家基本上都归属于教会，他们一生都为宗教作曲。古典音乐开始之时，几乎就全部等于是宗教音乐；古典音乐发展之后，宗教音乐仍然是古典音乐的一个重要部分。最大型的乐器管风琴可以说就是一种专门的宗教音乐乐器，因为只有在教堂的空间里，它的物理性格才能得到最充分的发挥，而它那改善人心的微妙作用也只有当它在教堂里鸣响的时候才能运用自如。而世界上最大的管风琴就坐落在德国东部的帕绍。

去科隆大教堂朝拜的时候，不妨听一听德国浪漫主义作曲家舒曼的《第三交响曲》。

只活了46岁的舒曼相信“艺术家的最高目标一向是献身圣乐，年轻时我们深深执著于尘世间的一切忧喜，年纪愈长则愈渴望崇高的事物，愿不久之后我亦是如此。”在宗教音乐方面，舒曼自己写过弥撒曲（Op.147）和安魂曲（Op.148），而这部《第三交响曲》的第四乐章，也完全可以被当作一种“准圣乐”去聆听，因为它就是根据作曲家在科隆大教堂的强烈感受而谱写的。1850年9月，舒曼和夫人克拉拉再次访问科隆的时候，科隆大教堂的建设正如火如荼，而科隆大主教也在那段时间升任了红衣主教，科隆的宗教地位进一步提高。原先舒曼标明第四乐章和一次庄严的仪式有关，据传这一仪式正是科隆大教堂举行的红衣主教就职仪式。

去每一座教堂的时候，你都可以看准时机，参与它的弥撒仪式，时间一般不会太长，如果德语的布道对你完全是“对牛弹琴”的话，大家一起齐唱赞美诗的时候，管风琴独自演奏的时候，那些人声和器乐声是“放之四海而皆准”的，人们可以获得一扇理解世界和谐的奇特窗口，获得超出历史定数的界限和文明的界限的奇异能力，获得让我们在这个太多折腾的社会里不可缺失的根本宁静。

慕尼黑嘉思台附近路边的宗教主题构筑物

Deutschland
Kennen und Lieben

第10节　柏林

亦文亦武的克劳塞维茨—洪堡与德国教育

亦文亦武的克劳塞维茨

德意志的历史从一个侧面讲，也可以说是有关战争的历史，有的学者为普鲁士和德国统计过，在过去的每一个世纪里，德意志人最多给欧洲留下过20至25年的和平时间。那些大大小小的战争，从不同的立场去解析，会区别出哪些是正义的，哪些又是非正义的，其结论可能是大相径庭的。但是，发生在19世纪开端那些年的德意志民族解放战争，其正义性应该得到共识。

法国大革命后，革命法国同一些封建欧洲国家组织的反法联盟进行了多次战争并保持了胜势，但战争逐渐转折成了法国对德意志大地的劫掠和对德意志人民的蹂躏。

1805年10月，作为第三次反法联盟主力的奥地利军队在乌尔姆失利，维也纳跟着沦陷，年底法军取得奥斯特里茨大捷迫使奥地利签署和约，其势力被完全排挤出意大利和德意志。

1806年10月，参加第四次反法联盟的普鲁士又在耶拿大败给拿破仑，而次年拿破仑和俄国沙皇亚历山大一世签订的提尔西特和约使其面临亡国之灾。和约规定：以易北河为界，以西归拿破仑，以东归俄国，普鲁士因此失去了易北河以西的相当于全部领土一半的土地，普鲁士只剩下“旧普鲁士”、勃兰登堡、西里西亚和波美拉尼亚四个地区，人口从1 000万减少到不足500万，军队被裁减到4万人，而后在柯尼斯堡签署的赔偿协定，还规定普鲁士要向法国支付巨额的战争赔款，在它们未被付清之前，领土由法军驻扎。

为了挽救继而加强普鲁士这一德意志民族最可靠的砥柱和最可能的未来希望，许许多多的各方面的德意志英雄人物，从德意志的各个地区奔赴普鲁士。阿恩特用诗的语言向德意志人民发出了最强烈的呐喊：“激情燃烧，

克勒所作的爱国主义主题绘画《德国的觉醒》

人民站起来了……只有一种声音，一种感情，一种仇恨和一种爱，去拯救祖国，去解放德意志！”

普鲁士终于在1807年走上了全面改革的道路，这一改革又史称施泰因—哈登贝格改革，因为从1807年到1822年间主持改革的是自由主义贵族代表施泰因男爵和哈登贝格侯爵。由于军事改革是普鲁士全面系统改革中至为重要和最迫切需要完成的任务，许多著名的乃至伟大的军界人物也因此应运而生。克劳塞维茨就是其中一个典范。

著名德国史学家梅尼克在描绘德意志民族解放战争时期的《德意志的复兴时代》一书中，非常精准地刻画了克劳塞维茨与他的那些杰出战友们，“他们所具备的专注、如火的热情、节制和理性的勇敢等特质已可在克劳塞维茨身上找到。虽然他的教养带有明显古典和哲学时代的特征，在改革者中，他可说是最现代的一个。他的思想世界自18世纪的哲学精神走向19世纪的实际意识，有如跨过一道坚固的桥梁，前者欲穿透表象而到达其精神根源，后者则要以有实效和决定性的力量取代生命的表面价值。他敏锐的辩证理解力是他那个时代哲学教育的成果，他学会无畏惧的批判和建构宏伟的关系脉络的能力，也认识到精神创造事物的想法；但是当哲学一直强调创造的精神而忽略被创造的事物时，他的思想就走向实际的方向，注意周遭的现实生活。他对于政治社会情况的判断，对于人和民族性格的，特别是有关军务的判断都来自一个扎实和有创意的思想。现实意识使他没有理论家的幻想，他的哲学精神则使他避免纯粹就事实观察的短视和肤浅。但是他所理解的一起，都被他以一个高傲心灵的火焰加以精炼，而此心灵最特别的是，既奋发向上又具有自我牺牲的意愿。”

克劳塞维茨是标准的普鲁士人，1780年6月1日生于马格德堡。克劳塞维茨的家可谓是一个军事之家。在他的16位先辈之中，向上追溯到他的曾祖父，只有克劳塞维茨的父亲是唯一的一个军人，而他不过只取得了少尉军衔。但是，后来克劳塞维茨四兄弟中有三人从军，他本人最后取得少将军衔，二哥是第九步兵旅的少将旅长，三哥是第十三后备军上校旅长。

克劳塞维茨12岁那年，父亲因为以其年俸难以养活自己的家庭，所以他将自己的三个孩子送去当兵。克劳塞维茨在1793年随腓迪南亲王团围攻美因茨时就第一次体验了战争生活。他后来给他的未婚妻玛丽·冯·布吕尔倾诉道：“你想一想，我是一名军营之子，是现实世界的，而不是席勒的文学世界中像马克斯·皮科洛米尼那样的军营之子。我受了很普通的学校教育之后，12岁就踏进了美因茨城郊的战壕。当我们点起的熊熊烈火吞噬美因茨时，在那群粗犷的士兵的呐喊声中也夹杂着我的童音。正是在这样一种周围的环境千变万化的影响以及我自己的纤弱的力量的左右之下，外部的印象、环境，一句话，这些偶然的东西，竟然成了我的老师。我承认，我完全可能会变得更坏些。我本应当受到精心的教育，从而在我过去的一位尊敬的朋友的监护下保持一个更纯洁的实体，更稳妥地发展我的力量，用知识和艺术素养来武装自己。”

克劳塞维茨

稍微对克劳塞维茨有所了解的人，都会折服于他的深邃思想、丰富学识和优秀文笔，而这一切的获得都有赖于他自学成材。他充分利用了自己服役期间的空闲时间努力猎取知识。1801年，克劳塞维茨被腓迪南亲王团团长送往柏林普通军校学习，幸运地结识了第二校长沙恩霍斯特，后者像慈父一样帮助他，使他成为了最有教养的普鲁士军官之一。

1807年，晋升为少将的沙恩霍斯特出任了普鲁士军事改革委员会的主席，两年之后又担任了新成立的陆军部的首脑。沙恩霍斯特在那些改革岁月中，团结了一大批支持军事改革的优秀分子组成普鲁士军事改革集团，他们一致认为，军事改革首先必须把独立自主的感觉灌输给民族，军队必须由热情参与国家政治的爱国者们来组成。他们实施的诸多改革举措为普鲁士发动民族解放战争并最终取得战争的胜利奠定了扎实的军事基础。

克劳塞维茨曾经担任沙恩霍斯特办公室的主任，他将沙恩霍斯特视为自己的“精神之父” 。沙恩霍斯特1813年6月28日因为负伤后处理不当导致血液中毒而死，让克劳塞维茨无比悲痛，在献给沙恩霍斯特的悼词中，克劳塞维茨写道：“他是我们时代最杰出的人物之一。他为了达到一个目的愿做出不知疲倦的、不懈的和有条不紊的努力，他那明晰而又坚定的指挥，全面而又深邃的见地，毫无习俗的偏见，对表面荣誉的毫不计较的自豪的态度，在最不明朗的情况下以最普通的手段和仅仅运用强有力的智力为争取达到最大目标而奋斗的勇气，充满青春活力的事业心，最大的沉着机智，在危险时表现出来的勇敢和韧性以及他那极为渊博的军事知识——这一切使他成了德意志可以引为自豪的、最值得怀念的政治家和军人之一。”

1803年，只比克劳塞维茨大一岁的普鲁士亲王奥古斯特被任命为掷弹兵营的指挥官，他需要物色一名副官，结果沙恩霍斯特将克劳塞维茨推荐给了亲王。克劳塞维茨的命运从此步入了一条通向崇高的道路。

克劳塞维茨的职位决定了他除了适应军营生活外还需要适应宫廷生活。在这段时间里，他特别提高了自己的文学修养，在德意志文学里他特别喜欢席勒，到后来也与歌德有了个人的接触，他还专门去听哲学家讲授康德学说，掌握逻辑的和辩证的方法。

也是在柏林，克劳塞维茨有幸与宫廷女侍从长玛丽·冯·布吕尔伯爵小姐相识。布吕尔的头发是深色的，眼珠闪烁着蓝色的光芒，又特别有教养，对荷尔德林在内的德意志文学兴趣斐然。1810年，他俩在柏林的圣母教堂举办了婚礼。玛丽1812年底写给克劳塞维茨的信上，谈到了她自己对丈夫的认识："不仅成为他的崇高爱情和他珍惜尊重的对象，而且通过理智被引向敬佩，通过心心相印被引向爱情，这是多么幸福啊！一种忠贞、眷恋、天真无邪的感情是十分珍惜的；对我来说，这样一种感情也就够了，然而始终可能出现这样的时刻：理智提出自己的要求，而且对一个女人来说，如果不能无条件地抬头仰望自己的丈夫，那将是一种非常压抑的感觉。然而，当这一切都融会在一起，当人们在那个自己既感受到爱、又爱着的人身上能够在最大限度上得到这一切时，那该是一种多么不同的感觉啊！那时，人们才确实是超越命运的一切势力之上……"

克劳塞维茨和玛丽的结合是19世纪最好的夫妻典范，他们没有留下一男半女，但在精神领域却是非常多产的，19世纪几无任何第二对

柏林菩提树大街上有关德国统治者文治武功的雕塑

夫妇可以与之媲美。他们夫妻间的通信，保留下来的有239封之多，是他们之间甜蜜爱情的见证。

1806年，克劳塞维茨再次走上了战场，不过，这次他和奥古斯特亲王一起经过力战之后当了俘虏。接着，他和亲王一道被遣送到法国去受拘留。

克劳塞维茨充分利用了被拘留于法国的机会，将自己造就成了一个全面的人。他不仅从语言、艺术和民族性格等方面去增加了对法国和法兰西人的了解，同时在比较研究中特别加固和加深了对德意志祖国和德意志人民的感情，这两者对于一个要卧薪尝胆解放祖国的民族和个人来讲，都有着非常重大的现实意义。

克劳塞维茨常常去剧院看戏，不过他不是去作简单的消遣，而是在观赏艺术的同时，研究语言及其处理方法，更主要的是去研究民族性格。比如，他从剧院出来后，就能感到“法语尽管不是一种和谐的语言，但却是富有音响性的，并且以此特点可以与这个民族的性格中一切固有的虚荣相媲美……在德语里，由于人们可以完全自由地重读包括最小的音节在内的几乎任何一个音节，以便使所要表达的意思始终能够显示出新的、细微的差异，所以这是很难的。因此，比起法兰西演员来，我们的那些有才华的演员的表演就显得无比丰富多彩和令人满意，而那些平庸无奇的演员在得不到任何帮助的情况下，就要逊色得多。”

在法国流放期间，克劳塞维茨交出了两份较大的研究报告，一份是关于奥地利在参加反法战争的情况下的作战计划方案，另一份则是题为《德意志人和法兰西人》的主题研究。

《德意志人和法兰西人》集中表述了克劳塞维茨对两个民族的比较研究成果。克劳塞维茨毫不掩饰地蔑视了法兰西人的生存之道与生活方式，因为“法国人特别喜欢一切徒具虚表而无实际内容的事物；因此，法兰西人宁要诙谐，欢乐和玩弄理智游戏，而不愿深思，宁要消遣，而不愿工作，宁要嬉戏，而不要热情。这方面最常见的证明就是他们的生活方式，消遣娱乐所占的比重远比北方民族大。”“法兰西风俗中的这种放荡的特点、这种平淡无味的娱乐、这种要求很低的满足、这种小规模的劳动和经营、这种肥沃的土地，都使得政府只在很少情况下同人民利益最敏感的部分发生冲突。如果政府比较明智，善于珍惜人们的那些微薄的要求，那么它可以采取最残暴的行动，也不会遭到重大的反抗……因为几个投机者的怨声同其他民族，尤其同德意志人的大喊大叫根本无法相提并论，而在德意志很可能极大妨碍整个机器的运转。这里，我们得到了同样的结果：法兰西人的特有的

弗莱堡德国统一纪念碑局部

风俗习惯也使得他们变成其政府的顺从工具。”

尽管德意志在刚结束的战争中竖起了白旗，克劳塞维茨仍然为自己的同胞感到骄傲，因为“德意志人的感情更沉静些，热多于焰，外露得晚一些，更深地寓于性格之中”“德意志人的智慧恰好具备这种倾向。对一个已经领悟的思想，它会以更大的坚定性继续追踪下去，不会像法兰西人那样看到自己的想法与实际相吻合，就立即感到心满意足……而是要深入到本质中去，立即进行抽象思维，力求能完全把握住对象。有谁能否认德意志语言和文学中的这种精神？在这方面，德意志人是非常出众的，因为在大自然赋予人的整个精神财富中，这种抽象研究的智力肯定是最高的，并且将永远成为德意志人本性的最高级的装饰品。”“在风尚方面，德意志人是以勤奋和进取精神著称的。这一方面是由于德意志的土地一般说来要求付出更多的劳动，另一方面是德意志精神中就有着勤奋这一特点。德意志人的严肃性格使他们同消遣和嬉戏保持一定距离，这种严肃性是来自对进行深入研究的爱好，而恰恰是这种爱好导致了极为广泛的推论，使勤奋精神有所事事。”

《提尔西特和约》签订之后，他们已经从真正的拘留中得到释放，不过还不得不留在法国中部等待返回普鲁士的护照。在那期间，亲王带领克劳塞维茨去瑞士作了一次旅游，不仅是去观赏刚被浪漫主义者们发现的壮丽的阿尔卑斯山风光，更主要的是去拜访法国著名的作家斯太尔夫人，斯太尔夫人也是一个非常奇异的才人，她对德意志世界的热爱胜过对自己的祖国法国的热爱，她对德意志观察和思考的结果集中表述在《德意志论》一书中。因此，克劳塞维茨很快和她成为了好朋友，斯太尔夫人曾称克劳塞维茨和德国浪漫派的威廉·奥古斯特·施莱格尔是“两个杰出的德意志人”。

1807年11月，克劳塞维茨与亲王终于回到了柏林。3年之后，他晋升为少校并担任柏林军官学校的教官，他讲授了小型战争的战术，另外还讲授有关总参谋部的业务以及当时特别重要的有关炮兵的知识。

1812年春天，克劳塞维茨离开普鲁士前往俄罗斯军队任职，当时的俄罗斯是普鲁士反对法国的天然盟友。这一经历有助于克劳塞维茨加深自己对俄罗斯的思考，他后来在著作中写道："俄罗斯帝国是一个不能真正被征服（即永久被占领）的国家，至少用现在欧洲各国的军队是征服不了的……像俄国这样的国家，只有利用它本身的弱点和内部的分裂才能使它屈服。为了打击这个政治上薄弱的地方，就必须震撼这个国家的心脏。"

拿破仑侵略俄罗斯的行动最后以失败告终，他开始时统帅了50万大军气势汹汹地向东开进，最后是带着少数随从乘着雪橇狼狈西逃。陶罗根协定是这一过程中非常重要的一件事件，意味着拿破仑发动的战争的结束和解放战争的开始。受辖于拿破仑的由普鲁士军队组成的第三纵队当时作为后卫掩护全军撤退，但约克中将自主决定与俄罗斯军队缔结了中立协定，东普鲁士实际上得到了间接的解放。克劳塞维茨积极参与了俄军与约克将军的谈判。但是，陶罗根协定是先斩后奏的，实质上已经干涉和冒犯了君主主权，参与协定签订的人都可能被国王视为不忠诚的异己者。

果不其然，普鲁士有关方面以克劳塞维茨转到俄罗斯军队服务为由对他进行了审讯，最后是国王接到克劳塞维茨上书后下令取消了审讯，但表示只有克劳塞维茨在未来的战争中立下非常卓越的战功，才可能重新回到祖国任职。身处逆境，克劳塞维茨依然表现出旺盛的热情，他身穿俄军军装，在几个战场上为祖国而战。直到1814年4月，国王在克劳塞维茨的执著请求下，才将他接纳入普鲁士军队，并下达了步兵上校的任命状。

1813年夏天，克劳塞维茨作为军首长之一，带领第三军挺进到法国首都。布吕尔也来到巴黎，开始同他一起在法国游历。

德意志解放战争结束之后，为了使被法国人占领了太久的莱茵地区同普鲁士联系得更为紧密，人民英雄格奈森瑙于1815年秋天被派到科布伦茨，执掌设在这里的新的军区司令部，因为他不只是因军事业绩已经在人民之中享有崇高的威望，而且他是一个天主教徒，乐于社交，殷勤好客，在这些方面也深得人心。格奈森瑙选中了克劳塞维茨担任他的参谋长，因为他们都具有改革思想，格奈森瑙曾这样形容他和克劳塞维茨与沙恩霍斯特的关系，他写道：他是沙恩霍斯特的彼得，克劳塞维茨是沙恩霍斯特的约翰。他俩的关系还因为格奈森瑙的女儿和布吕尔的弟弟结婚而更多一条亲密的链条。

他们的司令部很快成为了一个非常和谐的集体，可谓是当时科布伦茨市和莱茵地区一个活跃的上流社会。柏林的宫廷则以"莱茵河畔

科布伦茨的德意志之角，威廉一世策马的塑像矗立其上

的华伦斯坦阵营”来讽刺他们的军区司令部。司令部的军官们天天聚集在格奈森瑙的桌子上用餐。只要天气许可，他们下午就偕同夫人们到附近优美的地方郊游。克劳塞维茨的一个任务，就是组织连夫人们也能参与的公差旅行。于是，他们或者是沿着莫泽尔河逆行到特里尔去，或者是沿着莱茵河顺行去科隆，或者是沿着莱茵河逆行至吕德斯海姆一带。他们每到一处都受到这样热烈的欢迎：彩旗招展，鼓乐齐鸣，军人列队，在春天的日子里还有束束鲜花。当时的一些画家描绘了那些和平年代里非常浪漫的情景。

1818年5月，已身为少将的克劳塞维茨被内阁任命为柏林普通军事学校的校长，从那时一直到1830年，他都在柏林度过，表面上非常平静，但是他却埋首写出了激荡四海的巨著《战争论》。

早在驻守科布伦茨期间，克劳塞维茨就写出了许多关于战争的警句，布吕尔鼓励他根据战争的根本性质加以补充，并使之系统化。1821年秋天，克劳塞维茨一度想争取担任普鲁士驻伦敦公使，他在法语之外，又在玛丽的帮助下，学会了英语。但是，从事外交工作的希望最后落空了，于是，整整12年之久，克劳塞维茨可以完全投入他的主要著作《战争论》的撰写了，玛丽再次激励他把全部精力转向战争科学的王国，“这样，他希望通过自己的著作为社会造福，便成了他的生活目的”。布吕尔也成为了克劳塞维茨写作《战争论》的得力助手，她不仅仅是帮助誊写和记录，还能发挥自己当过宫廷女侍从长，比许多一般的人了解更多国家各方面的情况的优势，同丈夫一起综观

描绘第二次世界大战时德国军队活动的绘画

汉堡以第二次世界大战德国军队为主题的雕塑

大的战略态势，还能以女性的移情作用补充克劳塞维茨男性的理性，和克劳塞维茨一起思考和讨论。

1832年出版的《战争论》共3卷8篇124章，前言是布吕尔撰写的。这部名著是她在丈夫去世之后整理出版的他的遗著中涉及军事理论的部分，因而也可以说间接地也是布吕尔的作品。

《战争论》是在研究分析了历史上从16世纪到19世纪的130多个战局的基础上写出的，它引起了战争理论上的一场革命，奠定了近代军事思想的基础。克劳塞维茨在其中表达的最著名的思想即是政治为“整个社会的一切利益的代表”，战争是政治的工具，是政治通过另一种手段的继续。他写道：“我们再重复一遍：战争是政治的工具；战争必不可免地具有政治的特性，它必须用政治的尺度来加以衡量。因此，战争就其主要方面来说就是政治本身，政治在这里以剑代笔，但并不因此就不再按照自己的规律进行思考了。”由这种战争和政治的关系出发，克劳塞维茨认为充分考虑敌对双方的政治目的及力量是制定正确的作战计划的前提。克劳塞维茨还提出了精神、物质、数学、地理和统计是夺取胜利的五大战略要素。对于集中优势兵力于主要方向、最大程度地使用全部军力、在防御战中积极歼敌、积极利用民众作战等战略、战役和战术问题，克劳塞维茨都创造性地进行了思考。

《战争论》第一版只印行了1 500册，并在20多年后才获得了再版的机会，它起先受到的重视可以说是微不足道的。是近卫军军长卡尔·冯·格勒本伯爵把总参谋部的注意力引向这部作品，他与格奈森瑙和克劳塞维茨有过良好的私交，曾在科布伦茨当过他俩的首席参谋军官。他为克劳塞维茨遗著的第9卷亲自撰写了序言，从而为克劳塞维茨的品德、精神和性格树立了一个永存的纪念碑。格勒本这样赞誉克劳塞维茨，“如此强有力的沉思能力、如此深沉的情绪和如此温柔的感情，像克劳塞维茨那样融合在一个人身上，是罕见的……正如一棵含羞草时而张开、时而闭合自己的叶子那样，他也敞开自己以迎接信任，闭合自己以抵制猜忌。但是，朋友和敌人在生活的各种变幻中，都把他看作是一个正直的人，是一个只认事而不认人的人。他是一个冷静沉着的人、一个难得的明辨是非的人、一个信念坚定的人。但他不仅在军事科学和战争领域内功夫深厚，而且在作为高级国务活动家方面也是有造诣的。而正因为他是这样，所以他才同当代十分受尊重的那些人物如格奈森瑙、沙恩霍斯特、施泰因等人的关系如此密切。”

柏林一景。前景中的钢管雕塑是为纪念柏林建城750年所立，远处是在第二次世界大战中被毁去大半的威廉皇帝纪念教堂

从那个时候开始，《战争论》逐步成为了德国军事的乃至世界军事的“圣经”。从思想影响上看，它创造了并持续影响了普鲁士的、德意志的和西方的历史。

《战争论》问世之后，从思想影响上看，它创造了并持续影响了普鲁士的、德意志的和西方的历史。

1830年，已经过久沉浸于静观生活的克劳塞维茨又渴求重新做一些实际工作，并通过在部队任职进一步收集经验。国王同意了他的请求，将他派到位于今日波兰境内的布雷斯劳，担任第二炮兵监察部总监。上任才半年，鉴于波兰爆发了起义并可能蔓延到普鲁士东部有波兰族居住的地区，国王命令组建东部监视军团，格奈森瑙元帅被派往波森，担任由4个军组成的军团司令，他推荐克劳塞维茨担任了参谋长。这是克劳塞维茨一生中最后一项使命，非常需要政治智慧和政治立场的坚定性。

波兰的起义很快就失败了，克劳塞维茨在11月又回到布雷斯劳担任第二炮兵监察部总监。这时候，他显得有些抑郁，因为1831年流行的霍乱已经夺走黑格尔、施泰因、格奈森瑙等伟大人物的性命，他失去了一些最好的朋友，同时感到从根本上振兴祖国的希望也一时难以实现。

哪知肆虐的霍乱并不知足，它又将魔爪伸向了克劳塞维茨。11月16日，克劳塞维茨暴卒在布雷斯劳家里。由于医学鉴定的病因是霍乱，在安葬克劳塞维茨时没有举行仪式，也没有发表悼词，一切都显得那样简单和凡常。

布吕尔是在克劳塞维茨去世之后5年在德累斯顿离开人间的。她和丈夫合葬在一起，十字架的基座上，镌刻着“痛苦死亡岂能拆散恩爱情侣”。他们的遗骸后来被东德的执政党统一社会党运回了克劳塞维茨的出生之地。

洪堡与德国的教育

著名的柏林大学坐落在菩提树大街6号。在19世纪初，这里是普鲁士王子海德里希的宫殿，它建于1748—1766年，国王威廉三世在批准创建柏林大学的时候，将它慷慨赠与了学校。在学校各项设施并不完善的情况下，国王还要求皇家图书馆无条件对学校开放。为了感激国王，柏林大学在1828年更名为腓特烈·威廉大学。

到了1831年，柏林大学终于拥有了自己的图书馆，后来柏林市的一些其他学院机构被相继合并进来，使它在19世纪末成为了一所兼容并蓄的综合性大学。今天，它的注册学生达到了3万多人，设有10个科系，它们分别是：法律系、农业园艺系、数学科学系、医学系、哲学系、神学系、经济科学系、博物馆中心研究所、大不列颠中心研究所、语言研究中心。

俯瞰柏林

在第二次世界大战之前，柏林大学可以说是执世界学术的牛耳，产生过29位诺贝尔奖得主，费希特、萨维尼、谢林、黑格尔、施莱尔马赫、叔本华、爱因斯坦、普朗克、兰克、梅尼克等各科学领域的领袖级人物都曾在该校执教，费尔巴哈、海涅和俾斯麦等各界名人也曾在该校就学。

第二次世界大战迫使柏林大学在1945年终止了所有教学科研活动，次年1月，首先有7个专业率先复课。由于战后的柏林被英、美、法、苏一分为四，柏林大学位于苏占区，苏联的势力不断向大学渗透，导致了师生的不满，他们离开了柏林大学，前往美国占领的西柏林，成立了柏林自由大学。

1949年，柏林大学以其主要创始人威廉·洪堡和其弟弟亚历山大·洪堡的名字，正式更名为洪堡大学。今日，一进校门，就能看见在入口处两边，分别矗立着白色大理石的大洪堡和小洪堡的坐像。

柏林大学被人们尊称为“现代大学之父”，德国乃至其他国家的大学后来都纷纷效仿柏林大学崭新的办学理念和办学方法，从而兴起了全德国范围内乃至世界范围内的高等教育改革。而当时提出一系列革命性的建校方针的，正是威廉·洪堡。所以，也可以将“现代大学之父”的荣誉落实到威廉·洪堡头上。而亚历山大·洪堡也对柏林大学的创建有所贡献，在他的推动下，柏林大学创建了一些新兴学科。

德国文化史上出过好几对建树非凡的兄弟，施莱格尔兄弟、格林兄弟、洪堡兄弟是其中的佼佼者。当洪堡的母亲去请教歌德该如何教育洪堡兄弟时，歌德说：一对兄弟，他们身上充分体现了人类奋斗的多样性，使大量行动和享受的可能性成为最典范的现实，这实际上是一场戏，能赋予思想以希望，赋予精神一些思考。洪堡家里的大管家将歌德的话理解为，这是一种实验，要使其中一位从事文化工作，另一个则从事科学工作。

威廉·洪堡是1767年在波茨坦的一个贵族家庭出生的，其祖父和父亲均为普鲁士军官，父亲当过高级副官和宫廷侍卫官，母亲则来自一个法国胡格诺派教徒的家庭，继承了家族的大宗遗产。当她1796年去世之后，这笔遗产又往下留给了洪堡兄弟，分到威廉·洪堡头上的是位于柏林的一处房产和特格尔庄园。分到亚历山大·洪堡头上的是9万塔勒即相当于后来的90万马克。

亚历山大·洪堡拿着母亲去世后分给他的巨款完成了世界环游，在5年间行程达2万多公里，其美洲之行可谓是历史上最昂贵的一次自费科学考察，他也因此被人称为“哥伦布第二”。在徒步攀登海拔5881米的欣博拉索山峰顶之后，通过高山病的体验，他提出了高山缺氧理论。从美国回到欧洲之后，亚历山大·洪堡出版了30卷的旅行记。当他60岁之后，他还去中亚地区、乌拉尔和西伯利亚一带旅行考察，而后用25年的时间写成了他的又一部名著《宇宙》。第一张全球等温线图和第一盏矿工安全灯都出自亚历山大·洪堡之手，大气等压线、等温线的概念也是由亚历山大·洪堡提出的。

和弟弟偏好自然科学不一样，威廉·洪堡更多地对哲学和人文科学感兴趣，他的成名领域是在教育、外交、比较语言学、语言哲学和自由主义政治思想。

李长之就这样评价威廉·洪堡：“在他将近七十年的生涯中，他贡献给人类社会的是多方面的，所以我们很难以一个头衔去称呼他，他有著作，然而也有事业，他有教育的设施，却又有政治外交上的功绩；他的学问吧，自哲学，美学，以至语言学，而且还写的有诗篇，同时他的人格之庄严，高尚，无有瑕疵，又确足称为古典主义者的理想人格之实现，所以我们不能不说他是立功、立言、而且立德的人物了。”

威廉·洪堡

威廉·洪堡先在法兰克福大学读法学、经济学、教会史和国家史，而后又在哥廷根大学学习法学、历史和哲学课程。毕业不久，他没有急于去社会上施展抱负，而是在1791年到1794年前后，通过教育旅行的方式去巴黎，实行自己的“自我教育计划”，开始对政治问题、教育问题和以希腊文化为焦点的欧洲古典文化的学术探索。

1794年初，洪堡和妻子卡罗琳娜移居耶拿，卡洛琳娜在认识丈夫之前，就和席勒的妻子是亲密的朋友。他们两家人事先就商定要一同在耶拿居住。现在他们都在耶拿安居，两家的住所挨得很近。洪堡和席勒几乎天天见面，有时洪堡深夜里睡不着也要到席勒那里去，他们到了清晨还沉浸在热烈的谈话中，而烟雾弥漫了整个房间。那段时间里，还在耶拿以东的拜罗伊特当矿务监督官的小洪堡有时也会来访。

洪堡可以被划入晚期的启蒙思想家和德国古典文化的主要体现者之列。他与歌德、席勒有着深厚的友谊，尤其是席勒在他的心目中有着非常高大的形象。洪堡曾将康德视为哲学天才，将歌德视为诗歌天才，而席勒则被他视为兼具哲学天赋和诗歌天赋的天才，已经是完善的与和谐的人类知识的代表。1805年席勒去世后不久，洪堡伤心至极，他在写给克尔纳的信上悲叹道：席勒的去世使他感到像是突然失去了一颗给他指出知识方向的明星，因为在结识席勒之后，他写每一篇文章都是以席勒的思想作为唯一的判断准则。到了1830年，洪堡还将自己与席勒的部分往来信件汇集成册出版，并加写了序言《关于席勒及其思想发展的过程》。

而席勒将洪堡视为自己作品的第一个评论人，赞扬洪堡对事物的纯粹的兴趣，以及值得注意的、领会和检验别人思想的敏捷性。

1897年夏天，洪堡搬家去了维也纳，后来再去瑞士，最后又到了巴黎。进行了自己的第二次巴黎之行和两次西班牙之行。在巴黎，他遇见了拿破仑和斯太尔夫人等名人，斯太尔夫人将洪堡作为一个“欧洲最有能力的人”相待。洪堡再次近距离地观察和探索了社会现实，他以强烈的兴趣多看、多思和多写，从多个方面去赏析法兰西文化生活并注意观察和描绘自己遇到的人。同时，他向法国人如实和热情地报道了德国古典文化的进展与歌德和席勒的生活及著述情况。

1801年，洪堡回到德国，并于次年被派驻梵蒂冈教廷当普鲁士帝国驻罗马公使。在意大利期间，他同样积极地宣传德意志文化。

施泰因领导普鲁士改革之后，向国王力荐洪堡出任文教司司长。洪堡1809年2月上任，其管辖范围包括从小学、中学到大学的教育，还有科学院的活动与教会事务。

洪堡在创建柏林大学的过程当中，将自己崭新的大学理念发挥得淋漓尽致。

洪堡还根据瑞士教育家和社会改革家裴斯塔洛奇的教育思想，创建了普鲁士文理中学，并坚持要将小学、文理中学和大学结为一体。洪堡力主建立统一的公民教育体制，取消了贵族阶层在接受教育方面的特权，提出任何儿童和青年都有受教育的机会，在国家考试委员会面前人人平等，从而为平民阶层提供了跻身上层社会的通道。

早期的柏林大学

今日的柏林大学

洪堡取消了学校的教育直接为职业和现实有用性服务的原则，反对那种将医生的儿子培养成医生、鞋匠的儿子培养成鞋匠的实用教育，而主张把人类之子培养成人的那种教育。担负这种教育的学校因而是“普通的”和“人文的”，前者意味着一切人都有权利在其中受到教育，后者意味着它是有别于专业教育和职业教育的“通才”教育。

洪堡还为普鲁士建立了独立的科学研究体制。当时的大学承继传统，通常设立神学、法学、医学和哲学四个学院。前三个学院以满足国家的实际需要为基本功能，它们是所谓的高级学科，而哲学院追求纯科学目标，其本质和国家格格不入。洪堡为其他隶属在哲学名下的数、理、化各系争取其独立地位，让它们和大学传统中的所谓高级学科即神学、法学和医学学科平起平坐。为了保证师资质量，洪堡又提出国立中级学校的教师都必须通过大学考试，中学教师都要获得大学毕业文凭，从而使那些获得了独立地位的哲学名下的各系科与中学教师这一社会职业建立起直接的联系，它们得以成为培养和训练中学教师的基地。

但是，由于施泰因去职，自己又与内政部长道那相处不和，洪堡在这个位置上只待了一年半的时间，不过，他已经为德国此后200年的教育打下了很好的科学的基础。

在辞掉文教司长职务之后，洪堡旋即又被任命为普鲁士王国驻维也纳特命全权公使，他致力于把奥地利争取到由俄国、英国和普鲁士组成的反法同盟一边，在民族解放战争进行当中和胜利之后，又代表普鲁士和英国、奥地利等国谈判，作为首相哈登贝格的副手参与维也纳会议。洪堡还为抢救和保护德国文化遗产作出了独特的贡献。众所周知的是，当时德国的大量艺术珍品被拿破仑劫掠去了法国，连勃兰登堡门上的胜利女神和双轮车也被法军拆卸下来，装了12个大箱，作为战利品运回了巴黎。洪堡在维也纳会议之后，多次和法国人展开谈判，为德国的画廊、教堂、博物馆、艺术馆和图书馆等索回了绝大部分被抢走了的收藏品，其中，包括海德堡大学图书馆的4 000多册手写书珍本，它们在30年战争期间被抢去送给了罗马教皇，后来一部分又落在了拿破仑手上。

1819年夏天，洪堡当上了普鲁士宪法部长。他起草了一份有关宪法改革的备忘录，并争取到6位内阁大臣的签名，但是，洪堡有关保障个人法权、信仰及新闻出版自由、限制首相权力和培养公民参与意识的改革主张开罪于威廉三世，结果，到了年底，他的部长一职就被解除了。

1822年，当哈登贝格死后，不少有识之士纷纷举荐洪堡担任内阁首相，威廉三世也承认，洪堡的能力应是首相一职最合适的人选，然而，他最终没有将担子压到洪堡的肩上，也许国王有些忌讳洪堡的自由民主思想。8年之后，当洪堡积极筹建的新博物馆在柏林揭幕之际，他再被任命为博物馆委员会主席，威廉三世还特意发布内阁命令，授予洪堡黑鹰勋章，并表示希望他考虑重新参加国务院的回忆和工作。

海德堡大学图书馆

海德堡大学图书馆建筑顶部的雅典娜头像

不过，这时候的洪堡已经不再对政治有太大的兴趣了，而且妻子卡罗琳娜也离世了，他的精神失去了平衡，也许是寻找一种有价值的生活替代吧，洪堡充满激情地将更充裕的时间投入到了学术问题的钻研之中，特别是在语言学的研究上结出了硕果。

洪堡本人有巨大的语言天才，他13岁时就掌握了两门外语，14岁时再多掌握2门，15岁时已经掌握了7门。在洪堡看来，语言不仅有雷同于呼吸的作用和特性，而且还是一个民族生存所必需的“呼吸”，是一个民族的灵魂之所在。一个民族所在的自然环境和人为条件在一定条件下都可以跟这个民族脱离开来，唯有语言却是它无论如何都不能舍弃的。一个民族通过其语言，才能将部分人类群体凝聚为某个民族，一个民族的特性也只有在语言之中才能被完整地铸刻下来。“因此，民族的定义应当直接通过语言给出：民族，也即一个以确定的方式构成语言的人类群体。”

洪堡提出了哲学中著名的语言决定论，认为各种言语都在为自己编织着一张网，编织着一张围绕着本民族的网，这张网就构成了该民族的世界观。一个民族的世界观所用的词汇都是存在于这个民族长期发展而形成的语言体系之中的，民族生活各个时代的思想总是与那个时代的语言保持着一致，世界观的组成成分和可能的组合形式当然也就被包含在语言里。从一种语言即是一种世界观的观点出发，洪堡认为外语教育是人性教育，学习外语将有助于扩大自己世界观的范围，并且使不同民族的人们互相接近，因此学生应该学习古典语言并尽可能多地接触外国语言。

和自己的语言学研究成就相比，洪堡的教育学研究成就就不仅仅拥有理论形式，更在实践方面展现了傲世之姿。

1807年，普鲁士不敌法国军队的入侵，且战且退，国王威廉三世已经撤到了普鲁士东部的小城麦默尔。普鲁士也随着领土的丧失而减少了7所大学。8月份，不得不流亡的哈雷大学校长率部分教授觐见威廉三世，请求以哈雷大学教师为基础在柏林重建大学，国王当时甚为感动，大声回答道：“好，有勇气！国家应以精神的力量来弥补物质上的损失。”9月4日，他发令称“由于易北河彼岸地区已被割让，国家丧失了哈勒大学，从而失去了最重要、最完备的教育机构。填补这个空缺应当是国家重新缔造时期的首要任务。法兰克福和柯尼斯堡那两所大学并不合用，因为前者基金有限……后者则远离政府所在地”。他将原来发给哈勒大学的经费全部拨给将要建立的柏林大学。

柏林大学的创建无疑是洪堡担任文教司长期间的最大建树。当时，人们已经对旧式大学贬抑多多，大学被视为中世纪的遗留物和僵

柏林宪兵广场上席勒纪念碑代表历史的局部造型

化的行会组织，其存在的合法性受到质疑，洪堡却坚持认为“大学是一种最高手段，唯有通过它，普鲁士才能为它自己赢得在德意志世界以及全世界的尊重”。他在1809年7月向国王呈上了建立柏林大学的申请，并得到了包括费希特和施莱尔马赫等著名的开明人士的鼎力支持。1810年10月，教师们就在这所新型大学里向第一批62名学生授课了。

早在自己出任文教司长的就职演说中，洪堡就说道：“科学是更为根本的东西，因为当她纯洁时，就会受到人们正确而真诚的追求，尽管也有个别的越轨情况发生。特立独行和崇尚自由是科学王国里流行的原则。”“特立独行”意味着3个方面的自主性:首先是大学应独立于国家的政府管理系统；其次是应独立于社会经济生活，不是直接满足社会的实际需要的；最后是师生们应当完全潜心于科学，而不为任何俗务所干扰。

洪堡要求大学在教研工作、学术交流、学位授予、行政管理的各个方面都享有应有尽有的自由。这种自由当然也包括了学生的自由，洪堡对此特别宽容，他主张：大学生的自由也就包括什么也不学、什么也不作的自由。学生可接受教师指导，也可独立研修，“听课径可偶尔为之”。

拜罗伊特大学的学生

洪堡强调大学也有发展知识的职能，而不仅仅只有教学和传递知识的职能。因为大学教师“由于常常要面对听众（这其中有相当数量的独立的思想者）口若悬河地讲课，这就肯定会让他们专注于自己的工作，他们的孜孜以求，并不亚于笔耕者的离群索居，或者某个学生团体里松散的成员关系”。

大学生们在柏林波茨坦广场一带参观学习

洪堡的大学观强调了研究与教学之统一、科学与教养之统一、科学与启蒙之统一和科学自身之统一。他力求把人当作目的，将个性的熏陶放在新教育的中心位置，要唤醒人的判断和自决能力，使人在无法预料的处境当中也能自由地作出决策和行动。大学就应当成为“通过科学而完成教养”的场所，在无目的和强调整体性的研究与探索活动中，发展人的个性与独立性，大学的发展目标要从传统的那种功利化的、实用性的职业训练所转变出来，而成为纯粹科学的容身和发展之地。

洪堡死于1835年4月，他的永别意味着德国古典文学时期落下了帷幕。

为了纪念洪堡对教育与科学研究事业的不朽贡献，德国于1860年设立了洪堡基金会，总部放在波恩。现在基金会每年都为1 800名世界各国的学者提供在德国从事科学研究的机会，两万名洪堡奖学金获得者组成的联络网已经覆盖了所有专业领域并遍及全世界130个国家，得到洪堡基金资助的学者中产生了40名诺贝尔奖获得者。